国家认同视域下的英国公民教育研究

GUOJIA RENTONG SHIYUXIA DE
YINGGUO GONGMIN JIAOYU YANJIU

季文君 ◎ 著

中国政法大学出版社

2024·北京

声　明　　1. 版权所有，侵权必究。

　　　　　　2. 如有缺页、倒装问题，由出版社负责退换。

图书在版编目（ＣＩＰ）数据

国家认同视域下的英国公民教育研究 / 季文君著. -- 北京 : 中国政法大学出版社, 2024. 7. -- ISBN 978-7-5764-1685-5

Ⅰ. D756.14

中国国家版本馆 CIP 数据核字第 2024KY6525 号

出　版　者	中国政法大学出版社
地　　　址	北京市海淀区西土城路 25 号
邮寄地址	北京 100088 信箱 8034 分箱　邮编 100088
网　　　址	http://www.cuplpress.com（网络实名：中国政法大学出版社）
电　　　话	010-58908285（总编室）58908433（编辑部）58908334（邮购部）
承　　　印	固安华明印业有限公司
开　　　本	720mm×960mm　1/16
印　　　张	15
字　　　数	250 千字
版　　　次	2024 年 7 月第 1 版
印　　　次	2024 年 7 月第 1 次印刷
定　　　价	69.00 元

上海政法学院学术著作编审委员会

主　任： 刘晓红

副主任： 郑少华

秘书长： 刘　军　康敬奎

委　员：（以姓氏拼音为序）

蔡一军　曹　阳　陈海萍　陈洪杰　冯　涛　姜　熙
刘长秋　刘志强　彭文华　齐　萌　汪伟民　王　倩
魏治勋　吴苌弘　辛方坤　徐　红　徐世甫　许庆坤
杨　华　张继红　张少英　赵运锋

总　序　FOREWORD

四秩芳华，似锦繁花。幸蒙改革开放的春风，上海政法学院与时代同进步，与法治同发展。如今，这所佘山北麓的高等政法学府正以稳健铿锵的步伐在新时代新征程上砥砺奋进。建校40年来，学校始终坚持"立足政法、服务上海、面向全国、放眼世界"的办学理念，秉承"刻苦求实、开拓创新"的校训精神，走"以需育特、以特促强"的创新发展之路，努力培养德法兼修、全面发展，具有宽厚基础、实践能力、创新思维和全球视野的高素质复合型应用型人才。四十载初心如磐，奋楫笃行，上海政法学院在中国特色社会主义法治建设的征程中书写了浓墨重彩的一笔。

上政之四十载，是蓬勃发展之四十载。全体上政人同心同德，上下协力，实现了办学规模、办学层次和办学水平的飞跃。步入新时代，实现新突破，上政始终以敢于争先的勇气奋力向前，学校不仅是全国为数不多获批教育部、司法部法律硕士（涉外律师）培养项目和法律硕士（国际仲裁）培养项目的高校之一；法学学科亦在"2022软科中国最好学科排名"中跻身全国前列（前9%）；监狱学、社区矫正专业更是在"2023软科中国大学专业排名"中获评A+，位居全国第一。

上政之四十载，是立德树人之四十载。四十年春风化雨、桃李芬芳。莘莘学子在上政校园勤学苦读，修身博识，尽显青春风采。走出上政校门，他们用出色的表现展示上政形象，和千千万万普通劳动者一起，绘就了社会主义现代化国家建设新征程上的绚丽风景。须臾之间，日积月累，学校的办学成效赢得了上政学子的认同。根据2023软科中国大学生满意度调查结果，在本科生关注前20的项目上，上政9次上榜，位居全国同类高校首位。

上政之四十载，是胸怀家国之四十载。学校始终坚持以服务国家和社会需要为己任，锐意进取，勇担使命。我们不会忘记，2013年9月13日，习近平主席在上海合作组织比什凯克峰会上宣布，"中方将在上海政法学院设立中国-上海合作组织国际司法交流合作培训基地，愿意利用这一平台为其他成员国培训司法人才。"十余年间，学校依托中国-上合基地，推动上合组织国家司法、执法和人文交流，为服务国家安全和外交战略、维护地区和平稳定作出上政贡献，为推进国家治理体系和治理能力现代化提供上政智慧。

历经四十载开拓奋进，学校学科门类从单一性向多元化发展，形成了以法学为主干，多学科协调发展之学科体系，学科布局日益完善，学科交叉日趋合理。历史坚定信仰，岁月见证初心。建校四十周年系列丛书的出版，不仅是上政教师展现其学术风采、阐述其学术思想的集体亮相，更是彰显上政四十年发展历程的学术标识。

著名教育家梅贻琦先生曾言，"所谓大学者，有大师之谓也，非谓有大楼之谓也。"在过去的四十年里，一代代上政人勤学不辍、笃行不息，传递教书育人、著书立说的接力棒。讲台上，他们是传道授业解惑的师者；书桌前，他们是理论研究创新的学者。《礼记·大学》曰："古之欲明明德于天下者，先治其国"。本系列丛书充分体现了上政学人想国家之所想的高度责任心与使命感，体现了上政学人把自己植根于国家、把事业做到人民心中、把论文写在祖国大地上的学术品格。激扬文字间，不同的观点和理论如繁星、似皓月，各自独立，又相互辉映，形成了一幅波澜壮阔的学术画卷。

吾辈之源，无悠长之水；校园之草，亦仅绿数十载。然四十载青葱岁月光阴荏苒。其间，上政人品尝过成功的甘甜，也品味过挫折的苦涩。展望未来，如何把握历史机遇，实现新的跨越，将上海政法学院建成具有鲜明政法特色的一流应用型大学，为国家的法治建设和繁荣富强作出新的贡献，是所有上政人努力的目标和方向。

四十年，上政人竖起了一方里程碑。未来的事业，依然任重道远。今天，借建校四十周年之际，将著书立说作为上政一个阶段之学术结晶，是为了激励上政学人在学术追求上续写新的篇章，亦是为了激励全体上政人为学校的发展事业共创新的辉煌。

党委书记　葛卫华教授
校　　长　刘晓红教授
2024年1月16日

目 录 CONTENTS

总 序 ··· 001

绪 论 ··· 001

 一、问题的提出 ··· 001

 二、国内外研究现状 ··· 004

  （一）国外研究现状 ··· 005

  （二）国内研究现状 ··· 015

 三、研究思路与方法、意义 ··· 020

  （一）研究思路 ··· 020

  （二）研究方法 ··· 021

  （三）研究意义 ··· 022

第一章 国家认同与公民教育的分析框架 ································· 024

 第一节 国家认同 ··· 024

  一、国家和国家认同的内涵 ··· 024

  二、国家认同的基本语境及维度 ······································· 029

 第二节 国家认同的功能及建构模式 ····································· 034

  一、国家认同和国家权力正当性 ······································· 034

  二、国家认同和社会稳定 ··· 036

  三、民族认同与国家认同的辨析及国家认同建构的模式 ··················· 037

 第三节 作为国家认同建构重要路径的公民教育 ··························· 044

一、公民和公民身份 ·· 044
　　二、公民教育和公民身份 ·· 049
　第四节　国家认同和公民教育的关系 ································ 051
　　一、从公民身份到国家认同 ······································ 052
　　二、公民教育的功能 ·· 053
　　三、国家认同视角下的公民教育 ·································· 056

第二章　英国早期的国家认同和公民教育 ···························· 059
　第一节　现代国家的确立与早期的国家认同 ·························· 059
　　一、民族国家初创 ·· 059
　　二、英国特性的形成与混合的国家认同 ···························· 064
　第二节　公民教育的早期尝试 ······································ 078
　　一、宗教教育和贵族教育中的公民教育思想 ························ 079
　　二、早期的公民教育探索 ·· 084
　小　结 ·· 092

第三章　帝国主义时期的英国国家认同与公民教育 ···················· 094
　第一节　帝国时代的危机与极端整合的国家认同 ······················ 094
　　一、危机起伏的大英帝国 ·· 095
　　二、帝国主义与国家认同 ·· 098
　第二节　公民教育的新发展 ·· 108
　　一、政府缺位与民间倡导 ·· 108
　　二、极端整合的公民教育 ·· 111
　小　结 ·· 119

第四章　二战后的英国国家认同与公民教育 ·························· 121
　第一节　多元文化主义与国家认同 ·································· 121
　　一、二战后英国的调整与重新定位 ································ 121
　　二、关于国家认同的争论与多元文化的兴起 ························ 125
　第二节　公民教育的理性探索 ······································ 141

一、政府倡导与国家统一课程的建立 ………………… 142
　　二、由权利转向责任的"积极公民"培育 …………… 144
　　三、以跨学科课程纳入国家管理 ……………………… 149
　　小　结 ……………………………………………………… 150

第五章　21世纪前后的英国国家认同与公民教育 ……… 152
　第一节　国家认同面临多重冲击 ………………………… 153
　　一、一体化的冲击 ………………………………………… 153
　　二、多元文化的困境 ……………………………………… 154
　　三、重塑国家认同——重提"英国性" ………………… 157
　第二节　公民教育的突破发展 …………………………… 168
　　一、《科瑞克报告》 ………………………………………… 168
　　二、国家课程的实施 ……………………………………… 177
　　三、再调整：协调身份认同和多样性的公民教育实践 … 180
　　小　结 ……………………………………………………… 191

第六章　英国公民教育对中国思想政治教育的启示 …… 192
　第一节　对我国思想政治教育规律探索的启示 ………… 194
　　一、注重主体性的协同发挥 ……………………………… 197
　　二、构建知识和价值兼顾的育人体系 …………………… 200
　　三、构建统领多元的价值共识 …………………………… 203
　　四、强调教育全过程的实践性参与 ……………………… 205
　第二节　对我国国家认同建设的启示 …………………… 208
　　一、构建基于制度性完善的政治认同 …………………… 209
　　二、培育中华民族的文化认同 …………………………… 212

结　语 ………………………………………………………… 216

参考文献 ……………………………………………………… 219

INTRODUCTION

绪 论

当今世界，全球化、现代化与民主化的浪潮不断推进，迅速改变着人们传统的生活方式和观念，以往以民族国家为边界的公民身份在各民族文化交流和碰撞中日益突破原有的界限，国家认同、族群认同、文化的冲突与融合等问题逐渐浮现。其中，国家认同是核心问题。美国著名政治学家塞缪尔·亨廷顿（Samuel Huntington）说："几乎每个地方的人们都在询问、重新考虑和重新界定他们自己有何共性以及他们与别人的区别何在：我们是什么人？我们属于什么？国家特性/国民身份危机成了一个全球的现象。"[1]因此，如何维系国家认同，处理好公民和国家认同的关系，成为学术界必须面对的重大理论课题和现实问题。

一、问题的提出

国家认同出现危机或问题在近代以来逐渐成为一个普遍的国际现象，伴随着现代化的不断深入与全球化的不断拓展，各国所面对的国家认同危机或问题具有一定的相似性。英国是最早进入现代化的国家，历史上，英国国内的民族主义倾向就一直存在，由于英国国内四个民族地区长期以来在政治、文化等方面存在着巨大的差异，各具特点的民族认同长期存在，有可能会在某些特殊时期强化并超越国家认同，2014年9月苏格兰独立公投便是一个例子，这引发了人们对英国主权国家统一问题的关注，之后苏格兰又再次递交

---

[1] [美]塞缪尔·亨廷顿：《我们是谁？——美国国家特性面临的挑战》，程克雄译，新华出版社2005年版，第11页。

了独立公投的申请，虽然被英国最高法院驳回，但苏格兰政府表示，将在2024年英国大选前再次寻求独立公投的机会。伴随着全球化和移民的大量涌入，多元文化冲突、宗教极端主义、分裂主义等引发的恐怖袭击、暴力冲突事件时有发生，并有不断加剧的趋势，狭隘的民族主义更加高涨，英国的国家认同受到更加严峻的挑战。重塑国家凝聚力，处理好不同历史发展时期国家认同与其他认同的关系，维系国家认同，是英国必须面对和妥善解决的问题。

英国是一个历史悠久的大国，但英国的国家认同问题长期以来一直没有得到根本性的解决，随着英国国内外局势的不断变化，近年来这一问题愈加凸显，形势愈加严峻。英国政府对此高度重视，其国内外学术界也投入了广泛关注，开展了热烈讨论。英国前首相卡梅伦在公开场合多次强调加强推广"国家认同"，注重对英国"共同价值"的培养。英国教育部在2015年发布的《学校检视手册》（School Inspection Handbook）中明确要求学校必须推行基本英国价值观（Fundamental British Values）的教育，教师的职业规范标准中也明确指出，教师不能存在阻碍英国价值观推行和破坏基本英国价值观的行为。一时间，学术界和民众掀起了关于这一问题的热议，虽然对此做法褒贬不一，但是这一问题的重要性却实实在在地体现了出来。

英国国内历史上存在几个突出矛盾。一方面，由于历史的原因，英国国内四个民族地区长期以来在政治、文化、教育等方面存在着巨大的差异。2016年6月英国公投脱欧，并于2020年正式脱欧，又一次激发了苏格兰和北爱尔兰的国家认同危机，他们要求独立的意愿增强。2007年，英国《卫报》牵头组织了一项民意调查，认同"英国性"（Britishness）的人所占比例有52%，而10年后该比例降至44%。一项针对14-18岁青少年的调查在北爱尔兰展开，数据显示42%的青少年认同自己为爱尔兰人，18%认同自己为北爱尔兰人，而认同自己为英国人的只占23%。[1]总而言之，英国国内几个地区民族主义倾向一直存在，这些年来民族独立的呼声更加高涨，对英国的统一国家认同提出了严峻的挑战。另一方面，英国的移民和少数族裔问题频繁显现。二战后由于经济发展的需要，大量少数族裔群体涌入英国。起初英国公众对此非常排斥，并因此引发了激烈的种族冲突，随后，英国政府多次调整

---

[1] 参见陶翀、饶从满：《英国人国家认同建构中的公民教育：作用考察与背景分析》，载《外国教育研究》2018年第11期。

移民政策，逐渐缓和了国内的紧张局势。20世纪70年代以来，英国开始大力推行多元文化主义，主张尊重和包容多样性和差异性文化，在一段时间内取得了较好的效果，但是2005年发生的伦敦地铁爆炸、2014年"特洛伊木马"事件等，近年来英国骚乱事件频频出现，使得多元文化主义日渐受到质疑和抨击，促使英国政府重新审视英国价值观和国家认同问题。英国开始重视对于"共同价值"的培养，逐渐抛弃多元文化政策，强调国家认同应居于各种认同的最高位阶。布莱尔政府在少数民族政策方面开始推行"共同体凝聚"，卡梅伦任首相期间在学校推广英国基本价值观教育，英国的国家认同建设进入了新阶段。

教育与认同具有内在的关联，事实上教育就是解决培养什么样的人的问题，换句话说，也就是使人把价值观、道德标准等内化为自己的主动认同，外化为行为实践。正如美国学者班克斯（J. A. Banks）等指出的："多元文化社会面临着国家身份构建，这种国家身份接纳和吸收其公民的多样性，并相信所有公民可以坚守并共享共同的价值观、理想和目标……公民对于一致与多元的理解和行动并非来自稀薄的空气，而是来自他们的教育。"[1] 公民教育是现代社会实现国家认同的基本教育途径。现代公民教育的重要任务是整合、塑造和巩固民族国家，主要通过培养公民的政治意识、社会责任感和参与国家的能力实现。公民教育的目的、内容符合国家核心价值的中心诉求，是整合统一民族国家的重要实现方式。因此为强化国家认同，必须发展公民教育，通过公民教育改造公民对国家的态度、建构高度统一的国家认同。现代意义的公民教育虽然起源于西方，但是随着世界一体化的深刻变革，它逐渐突破了原有的边界被赋予了更加深厚和丰富的内涵。

英国是最早进入现代化的国家。国家认同与国家的发展变迁相伴相生，是国家存在的社会心理基础和思想根基，可以说，不同的国家发展阶段必然伴随着差异化的国家认同形态和建构需求，相应地，公民教育思想和实践也必然呈现出明显不同的特点。现代化初期，英国几乎没有关于公民概念或公民权利和义务方面的官方陈述，相比较而言，"臣民"一词似乎更容易被公众所接受，这与当时封建社会的残余影响有关，因此这一时期的国家认同呈现

---

[1] 陶翀、饶从满：《英国人国家认同建构中的公民教育：作用考察与背景分析》，载《外国教育研究》2018年第11期。

出松散模糊的特征。不过，人们已经开始意识到公民教育的重要性，教育中君臣观念逐渐向着公民对国家的认同和归属转变，教育不仅强调公民对国家的责任和义务，而且开始强调公民的权利。19世纪中后期，英国迎来了帝国的由盛而衰。"帝国意识"充斥着整个英国社会，极端民族主义占据绝对优势，这一时期的国家认同明显带有军事主义的色彩，而公民教育也以培养忠诚奉献的公民为主要目标。经历了两次世界大战，英国的国际影响力大为削弱，英国开始重新调整自己的定位，开启了理性的反思和探索。移民的大量涌入与国内不同民族地区的文化差异等因素，使英国思考如何在尊重多样性和包容差异性中寻求平衡和发展，英国开始推行多元文化主义。然而，如前文所提及的，近些年来，英国国内出现了不少震惊世界的恶性事件，国家认同受到了前所未有的剧烈冲击，英国前首相卡梅伦在出席慕尼黑国际安全会议期间，公开发表讲话称多元文化主义在英国已经宣告失败，并重提"英国性"和"统一价值观"的重要性，英国试图重新塑造具有英国特性的国家认同，《科瑞克报告》的发布成为英国公民教育的里程碑，之后公民教育又根据社会现实调整增加了"身份和多样性"的新含义。

国家认同和公民教育一直贯穿于英国现代化的历史发展进程中，国家认同和公民教育的意义和价值也随着时间的推移而不断变化发展。国家认同需要公民教育，那么，国家认同在不同历史时期具有怎样的表现和需求，而公民教育又是如何回应英国国家认同的诉求，有什么不一样的特征和实践，如何处理好国家认同与其他认同之间的关系，如何在多元共存中寻求平衡和发展，这中间有什么可以借鉴的经验和可以吸取的教训……对于这些疑问的解答将有助于透视国家认同和公民教育的价值和意义，为我国当前国家建设和教育实践提供更多启示。

二、国内外研究现状

近代以来，英国逐步走向世界的中心，从封建国家到君主立宪，从农业国到工业国，从岛国到帝国，英国步步为营，成长为世界一流的现代化国家，在近代世界历史中具有不可替代的地位。它开创了一种新的文明，还形成了一种独具特色的渐进式发展模式。虽然英国的历史很悠久，但与其他大国不同的是，其国家认同问题一直没有得到妥善的解决。

绪 论 ❖

随着全球化、现代化与民主化趋势的多重渗透，近年来英国的国家稳定和发展受到了前所未有的挑战，英国国内的分裂倾向和苏格兰、威尔士民族主义的兴起就是证据。而英国的公民教育作为一个典型而又特殊的研究对象，也经历了曲折的变革之路。本书试图从国家认同视角考察公民教育的发展历程，探讨两者之间的互动发展。根据选题和研究的需要，本书将参考文献大致分为三个方面：关于国家认同和英国国家认同的研究、关于英国公民教育的研究和关于英国国家认同和公民教育两者关系方面的研究。

（一）国外研究现状

1. 关于国家认同和英国国家认同的研究

认同问题自20世纪50年代就引起了国外学者的关注。一开始的研究以宗教和法律关涉为主，弗洛伊德（Sigmund Freud）将其引入哲学和心理学讨论的范畴，美国著名心理学家埃里克森（Erik Erikson）在弗洛伊德的基础上拓展了认同的概念，认为认同的边界不应仅限于个体认同，也应包括群体的、社会的认同。直到20世纪70年代，随着行为主义革命的开展，政治学研究引入了国家认同的概念，并重点关照国家认同之于政治生活的角色。美国政治学家塞缪尔·亨廷顿（Samuel Huntington）说"国家利益起源于国家认同。我们只有先知道我们是谁，才能确定我们的利益是什么"。[1]从20世纪90年代开始，政治学、社会学、心理学等诸多领域都开始关注国家认同的研究，研究成果越来越多。

从数量上来看，近30年来有关国家认同的研究比较丰富，搜索中国知网发现，截至2023年5月，以篇名为"国家认同"进行搜索，共有2954篇。美国杂志Nation and Nationalism在近10年里以认同和国家认同为主题的论文就有近千篇。此外，近几年关于研究国家认同的专著也逐渐增多。

近年来，国外学术界针对国家认同问题开展了大量研究，一系列较有影响的论文和专著相继问世，这些论著有的着力于理论研究，有的聚焦于实践开展，从宏观和微观角度，对国家认同模式、民族主义与国家认同、多元文化主义等诸多问题进行了探讨和研究。

---

[1] See Samuel P. Huntington, "The Erosion of American National Interest", in Eugene R. Wittkopf, James M. McCoemick（eds）, *The Domestic Sources of American Forcign Policy*, Rowman&Littlefield Publishers, Inc., 1999, p.11.

(1) 关于国家认同的形成机制的研究

关于国家认同的形成机制,在学术界普遍有两种对立的观点:"原生论"和"建构论"。"原生论"认为生产力的发展,社会的变革和人类历史的演进历程促使了国家认同的自然形成,是原本就客观存在的东西,人们应该积极发现人类思想发展、国家建设的历史,寻求客观存在的一致性。而"建构论"并不否认国家的民族性所带来的国家认同的"原生性"特征,但同时具有明显建构性特征的国家政治制度、价值观念、国家形象也在影响着人们的心理认同,所以说,国家认同是一种心理认知的过程,基于共同的历史记忆得以想象和建构。"建构论"的典型代表是美国学者本尼迪克特·安德森(Benedict Anderson),他在著作《想象的共同体:民族主义的起源与散布》中提出,民族国家就是"想象的政治共同体",他认为,国家内的公民个体没有办法认识和了解共同体的每一个成员,对于他们的认同需要建立在想象的空间基础上。[1] 在现有的研究中,学者更多地从第二种观点出发,探讨国家认同建构的路径和对策。

(2) 关于国家认同建构模式的研究

从宏观角度看,对于国家认同模式的辩论一直以来都是国外学术界研究国家认同的焦点,并成为指导这方面研究的理论支撑和基本遵循。加拿大著名学者威尔·金里卡(Will Kymlicka)根据国家认同的基础的不同,将国家认同划分为自由主义的国家认同、社群主义的国家认同、民族主义的国家认同和宪法爱国主义的国家认同。[2]

美国学者约翰·罗尔斯(John Rawls)是自由主义认同模式的代表,他强调个人享有权利的自由,这种自由每个人都应该享有,包括公民的各种政治权利、财产权利。因为"正义"的存在会调和人们之间的差异化倾向,从而保持社会的稳定和团结。自由主义国家认同重视对制度的认同,而将文化认同置于次要位置。[3]

社群主义的国家认同,其主要代表是加拿大学者查尔斯·泰勒(Charles

---

[1] 参见[美]本尼迪克特·安德森:《想象的共同体:民族主义的起源与散布》,吴叡人译,上海人民出版社2005年版,第6页。

[2] 参见[加]威尔·金里卡:《当代政治哲学》,刘莘译,上海三联书店2003年版。

[3] 参见[美]约翰·罗尔斯:《罗尔斯论文全集》(上册),陈肖生等译,吉林出版集团有限责任公司2013年版,第369页。

Taylor)。在他看来,个人权利至上在理论上是不能成立的,个人的权利只有在社会和政治的语境中才能得以实现,国家必须构建一种共同的并且为所有公民所接受的生活方式,这个时候公民才能认同国家。[1]

民族主义的国家认同以英国民族学家安东尼·史密斯(Anthony D. Smith)、英国政治哲学家戴维·米勒(David Miller)为代表。安东尼·史密斯指出民族认同存在"公民"和"族群"两种模式,并归纳出认同对象的五个要素:共同的地域、共同的习俗、共同的法律、共同的文化、共同的经济生活。[2]戴维·米勒证明了基于民族的国家认同的意义:共同的归属感可以调和人们在行使个人权利和履行义务过程中可能产生的分歧,促进国家的和谐和统一。[3]

德国哲学家尤尔根·哈贝马斯(Jürgen Habermas)是宪法爱国主义的国家认同的代表。宪法爱国主义认为现代社会必然要面对文化多元的现实,并尝试找到一种能够兼顾多元性和统一性的社会纽带来建构国家认同。[4]人们互相尊重对自由、平等的宪法原则的差异化理解,与此同时,又能够理性地就宪法的内容体系达成共识。

这些国家认同建构模式在不同的历史发展时期发挥着不一样的作用,对于这些模式基本机理的把握,将有助于本书更准确地分析和定位国家认同不同阶段的内涵特征。

(3) 国家认同的研究焦点

从微观角度看,国外关于国家认同的研究热点聚焦在国家认同与族群认同的冲突与融合上,比如马鲁克、德克斯(E. Maloku, B. Derks)等通过调查揭示了科索沃阿尔巴尼亚人和塞尔维亚人群体间的动态,并为如何改善他们的关系提供了建议。[5]埃里克森(T. H. Eriksen)在他的著作中回顾了社会人类学视野下的认同政治问题,并通过印度、斐济、南斯拉夫的具体事例透

---

[1] 参见[加]威尔·金里卡:《当代政治哲学》,刘莘译,上海三联书店2003年版,第473页。

[2] See Anthony D. Smith, *National Identity*, University of Nevada Press, 1991.

[3] 参见[英]戴维·米勒:《论民族性》,刘曙辉译,译林出版社2010年版。

[4] 参见[加]威尔·金里卡:《当代政治哲学》,刘莘译,上海三联书店2003年版。

[5] See S. Mckeown, et al., *Understanding Peace and Conflict Through Social Identity Theory*, Springer International Publishing, 2016.

视了民族认同中的冲突和融合。[1]

也有学者从文化的视角探讨国家认同问题，如英国学者提姆·伊登索（Tim Edensor）在其著作中探讨了国家认同是如何通过流行文化和日常生活被展现和被空间化的。他通过苏格兰、英国、印度和毛里求斯的例子展示了丰富的文化形式和实践的探索，强调了文化对于身份认同的重要作用。[2] 安东尼·史密斯（Anthony D. Smith）在其所著的《民族认同》（National Identity）一书中认为，经济、政治、军事、文化等因素都是构建或消解民族认同的重要因素。全球化一方面增强了人们的全球意识，另一方面也助推了民族主义的增长。[3] 英国学者辛普森（Andrew Simpson）着力从文化视角出发，强调历史和文化等非物质因素在民族认同形成过程中的作用。[4]

有的学者主要关注政治、宗教等因素与国家认同的关系问题，如美国学者博伊德（Carolyn Boyd）[5]、纽约大学学者比拉利（Rezarta Bilali et al.）[6]。

（4）关于英国国家认同的研究

英国近些年来国内矛盾加剧，群体骚乱事件接连发生，国外关于英国国家认同的研究大多聚焦于移民和少数族裔的社会融入和身份认同问题、地区民族主义与国家认同的关系问题等。比如印度裔英国政治学家比希库·帕雷赫（Bhiku Parekh）就认同的概念，对个体认同和国家认同的区别等进行了具体的分析，并重点从国家认同的内在矛盾以及国家认同两大主流思想的主张出发，深入剖析了英国国家认同的内涵。[7] 英国政治学家大卫·鲍威尔（David Powell）在《国家和身份：1800年以来的英国》（Nationhood and Identity：

---

[1] See T. H. Eriksen, "Ethnic Identity, National Identity and Intergroup Conflict: The Significance of Personal Experiences", in R. D. Ashmore, et al., eds., *Social Identity, Intergroup Conflict and Conflict Reduction*, Oxford University Press, 2001.

[2] See Tim Edensor, *National Identity, Popular Culture and Everyday Life*, Routledge, 2002.

[3] See Anthony D. Smith, *National Identity*, University of Nevada Press, 1991.

[4] See Andrew Simpson, *Language and national identity in Asia*, Oxford University Press, 2007.

[5] See Carolyn P. Boyd, *Historia Patria: Politics, History and National Identity in Spain, 1875 - 1975*, Princeton University Press, 1997.

[6] See R Bilali, et al., "The Role of National Identity, Religious Identity, and Intergroup Contact on Social Distance across Multiple Social Divides in Turkey", *International Journal of Intercultural Relations*, Vol. 65, 2018.

[7] See Biku Parekh, "Defining British National Identity", *The Political Quarterly*, Vol. 71, No. 1., 2000.

The British State Since 1800）一书中就英国实行政治分权后国内四个民族地区的政治、社会、文化等方面的变化和影响进行了系统性的论述，并探讨如何在分权的特殊背景下寻求"英国性"的身份统一。[1] 英国学者琳达·莫里斯（Linda Morrice）以公民测试和英语测试的发展和变化为切入点，通过分析英国在移民问题处理上的新变化，透视英国国家身份认同强调共同价值的转向。[2] 牛津大学学者苏姬·沃尔顿（Suke Wolton）指出人们普遍认为英国缺乏共同价值认同是由于移民的大量涌入以及由此所形成的多元文化社会，但作者不同意这种观点，她认为造成这种局面的根源在于英国在制定和实施移民政策时就首先放弃了构建统一英国认同的共识。[3] 英国学者艾伦·曼宁（Alan Manning）从文化角度探讨了英国的身份认同，作者认为英国从总体上看并没有发生所谓的文化分离，大部分英国出生的人们，不分种族和宗教信仰，都认为他们是英国人，而外来移民随着居住时间的拉长，也逐渐形成了对英国国家的身份认同。[4] 英国学者琳达·科利（Linda Coley）于2017年出版的《英国人：国家的形成，1707-1837年》是研究英国国家认同问题的重要成果，通过分析宗教、王权、帝国更迭、男权、女权等全景式的历史实践，论证这一时期包容性的英国身份认同的形成和确立的过程。[5]

也有学者关注到宗教认同和国家认同的关系。英国伯明翰大学学者英格丽·斯托姆（Ingrid Storm）分析了宗教和国家认同之间的关系，并得出结论，宗教作为民族认同的重要部分，主要以文化特性参与民族认同的建构。[6]

有的学者以英帝国时期为核心展开关于国家认同的讨论。英国学者克里尚·库玛尔（Krishan Kumar）在其著作中从历史学、社会学的角度对何为"英国性"的问题进行了系统的论述，通过透视英国民族主义的发展历史，他

---

[1] See David Powell, *Nationhood and Identity：The British State Since* 1800, IB Tauris, 2002.

[2] See Linda Morrice, "British Citizenship, Gender and Migration：the Containment of Cultural Differences and the Stratification of Belonging", *British Journal of Sociology of Education*, Vol. 38, No. 5., 2017.

[3] See Wolten. S., "Immigration Policy and the 'Crisis of British Values'", *Citizenship Studies*, Vol. 10, No. 4., 2006.

[4] See Manning A., Roy. S, "Culture Clash or Culture Club? National Identity in Britain", *The Economic Journal*, Vol. 120, No. 542., 2010.

[5] 参见［英］琳达·科利：《英国人：国家的形成，1707-1837年》，周玉鹏、刘耀辉译，商务印书馆2017年版。

[6] See Ingrid Storm, "Ethnic Nominalism and Civic Religiosity：Christianity and National Identity in Britain", *The Sociological Review*, Vol. 59, No. 4., 2011.

认为英国作为一个长期的帝国主义国家,形成了一种以极端整合为特征的传教士式的民族主义,他独特的观点促使人们重新思考对于国家认同和"我到底是谁"的诸多根本性问题。[1] 英国学者麦克龙(David McCrone)以战争为线索,分析了英国国家认同在战争中被创造、巩固到衰落的过程。[2]

还有的学者以具体的事件为出发点,引申出对于国家认同的探讨,比如美国学者斯瓦米纳坦(Srividhya Swaminathan)围绕是否废除奴隶制的辩论,透视英国18世纪末期的国家认同建构。[3] 南安普敦大学学者米尔(Nasar Meer)等人围绕"面纱事件"分析了英国国家认同、公民身份及性别的观念。[4]

近年来,随着全球化和新社会主义运动的兴起,英国四个地区民族主义日益高涨,英国政府提出了"基本英国价值观"(fundamental British values)的概念,围绕此而开展的研究增多,将其与学校的贯彻落实、对教师的培训与考察、学生的接受程度等教育实践相结合,分析"英国性"的构建。

2. 关于英国公民教育的研究

英国的资本主义制度历史悠久,然而其公民教育却没有早早形成一套完善的国家教育体系,而是经历了漫长而曲折的变革过程,直到20世纪末才真正步入舞台的中心。对于英国公民教育问题的大规模研究也是从那时开始逐渐展开的。因公民教育关涉社会中的诸多领域,学术界从哲学、政治学、社会学、教育学等多个学科对其进行了广泛、深入的研究,既有关于英国公民教育史的研究,也有关于公民教育具体实践的研究,还有公民教育的比较研究等,这些成果都对本书提供了非常重要的参考。

(1) 关于英国公民教育史的研究

公民教育研究的逻辑起点在"公民"的概念和公民资格,英国相关领域的重要研究成果主要有:公民权利和义务的三元理论、公民社会权利理论。三元理论认为公民权利和义务具有三方面的内容:人民的、政治的和社会的

---

[1] See Krishan Kumar, *The Making of English National Identity*, Cambridge University Press, 2003.

[2] See David McCrone, "Unmasking Britannia: The Rise and Fall of British National Identity", *Nations and Nationalism*, Vol. 3, No. 4., 1997.

[3] See Srividhya Swaminathan, *Debating the Slave Trade: Rhetoric of British National Identity, 1759—1815*, Routledge, 2009.

[4] See Nasar Meer, et al., "Embodying Nationhood? Conceptions of British National Identity, Citizenship, and Gender in the 'Veil Affair'", *The Sociological Review*, Vol. 58, No. 1., 2010.

权利和义务，该理论深刻影响了英国公民教育发展，由英国著名社会学家托马斯·马歇尔（T. H. Marshell）及汤姆·波特莫尔（Tom Bottomore）[1]在其著作中提出。公民社会权利理论由英国学者约斯·哈里斯（Jose Harris）基于英国公民身份的特征和变迁考察提出。[2]此外，以色列特拉维夫大学教授伊其洛夫（Orit Ichilov）进行了多国比较研究，考察了美国、俄罗斯、匈牙利、英国在内的多个国家的公民和公民教育的发展变革。[3]

英国公民教育史研究领域的两位著名学者是德莱克·希特（Derek Heater）和丹尼斯·劳顿（Denis Lawton）。德莱克·希特在18世纪到20世纪的英国公民教育研究领域具有重要地位，其《公民教育史》一书是公民教育史方面的重要著述，对不同历史时期的公民教育进行了分段研究，涉及多个国家的公民教育理论实践。[4]北亚利桑那大学的丹尼斯·劳顿是研究20世纪英国公民教育的重要学者，丹尼斯·劳顿主要以英国公民教育的政府文件和报告为主要依据进行研究。[5]

（2）关于公民教育效果的研究

对于英国的公民教育的效果考察，英国官方部门和学术界一直以来都给予了高度的关注。《科瑞克报告》以后，特伦斯·麦克劳林（Terence H. Mclaughlin）在《英国公民教育：〈科瑞克报告〉及其超越》（Citizenship Education in England: The Crick Report and Beyond）中，对公民教育的效果提出了疑问，还对下一步将要面临的问题进行了具体的阐述。[6]英国教育部发布《英格兰2001-2010年的公民教育青少年的实践和对未来的期望：公民教育纵向研究的终期报告》[Citizenship Education in England 2001-2010: young people's practices and prospects for the future: the eighth and final report from the Citizenship Education Longitudinal Study（CELS）]，由英国国家教育研究基金会（NFER）历时8年对

---

[1] See Thomas Marshell, Tom Bottomore, *Citizenship and Social Class*, Pluto Press, 1992.

[2] See Jose Harris, "Nationality, Rights and Virtue: Some Approaches to Citizenship in Great Britain", in R. Bellamy, et al., eds., *Lineages of European Citizenship*, Palgrave Macmillan, 2004.

[3] See Orit Ichilov, eds., *Citizenship and Citizenship Education in a Changing World*, Routledge, 2013.

[4] See Derek Heater, *A History of Education for Citizenship*, RoutledgeFalmer, 2004.

[5] See Denis Lawton, *Overview Citizenship Education in Context*, in Denis Lawton et al., *Education for Citizenship*, University of London Press, 1996.

[6] See Terence H. Mclaughlin, "Citizenship Education in England: The Crick Report and Beyond", *Journal of Philosophy of Education*, Vol. 34, No. 4., 2000.

公民教育进行多方面的调查研究,涉及学生人数 18 000 人,涉及与公民教育执行过程中几乎所有会接触的对象,并由此形成了多个专题调研报告,如《公民教育纵向研究:2001-2002 年度首次抽样考察》(Citizenship Education Longitudinal Study: First Cross-Sectional Survey 2001-2002)、《公民教育纵向研究:文献综述——一年后的公民教育——意味着什么?——英国公民教育国家课程第一年所形成的定义与方法》(Citizenship Education Longitudinal Study: Literature Review—Citizenship Education One Year On—What Does it Mean?: Emerging Definitions and Approaches in the First Year of National Curriculum Citizenship in England)、《公民教育纵向研究:二次文献综述》(Citizenship Education Longitudinal Study: Second Literature Review)、《2005 年欧洲公民教育年:最终报告》(Evaluation of the 'ized 2005 European Year of Citizenship through Education' 'Learning and Liring Deruocrauy': Final Report)、《公民教育纵向研究:第四次常规报告》(Citizenship Education Longitudinal Study: Fourth Annual Report)等。这些官方报告通过对英国公民教育成效的持续跟踪调研,为其发展和改进提供了现实的依据。

(3) 关于公民教育的比较研究

随着经济全球化的深入推进,政治、经济、文化交流日渐频繁,对英国的公民教育研究不能脱离这样的国际形势而孤立存在,近年来,关于公民教育的比较研究增多,而英国的公民教育也被置于更宽广的领域,对总结和归纳国家认同和公民教育的关系提供重要的理论依据。

1994 年联合国教科文组织国际教育局启动了《什么样的公民通过什么样的教育》研究项目,该项目通过对公民教育课程体系和教师素质、授课方法等多项公民教育实施要素的横向比较和考察,希望提出有针对性的改进对策。该项目共调查 36 个国家,其中就包括英国。

从 20 世纪 90 年代中期开始,国际教育成就评价协会(IEA)就组织开展了公民教育的比较研究。通过设计共性的公民教育问题,对 24 个国家的公民教育进行全面的考察和研究,并发布了《各国公民教育:IEA 公民教育计划的 24 国案例研究》(Civic Education across Countries: Twenty-four National Case Studies from the IEA Civic Education Project)。2001 年,该协会出版了第二阶段的研究成果《28 国的公民资格与教育:14 岁儿童的公民知识与参与》(Citizenship and Education in 28 Countries: Civic Knowledge and Engagement at Age

Fourteen),这项研究报告是基于1999年对28个国家或地区的9万名14岁学生的调查。自此之后,该协会定期出版有关公民教育的比较研究成果,这不仅有益于公民教育的执行和实施,也为广大研究人员提供了丰富的一手数据,有利于拓宽观察视野,丰富研究视角。英国本国也对公民教育开展过比较研究。英国全国教育研究基金会(NFER)和英国资格与课程委员会(QCA)共同开展了针对16个国家的公民教育比较研究并形成了研究报告《公民教育:一种国际比较》(Citizenship Education:An International Comparison,1999)。该报告基于16个国家的调查数据,从宏观和微观两个维度提出了影响公民教育的因素并思考了相应的对策建议。伦敦学院学者休·斯塔基(Hugh Starkey)的《法国和英国的公民教育:理论更新与实践》(Citizenship Education in France and Britain:Evolving Theories and Practices)比较了20世纪以来的英国和法国公民教育理论和实践。[1]

3. 关于英国国家认同和公民教育两者关系方面的研究

目前有关英国国家认同和公民教育的研究成果数量较少,为数不多的成果中,关切的重点多集中于英国国内矛盾突出的几个具体问题上:少数族裔、移民问题,穆斯林的身份认同和宗教教育等,多元文化的教育问题等方面。

在移民和少数族裔的问题上,国外学者给予了较多的关注。劳拉·奥康纳(Laura O'Connor)、丹尼尔·法斯(Daniel Faas)在《移民对全球化世界中国家认同的影响:英格兰、法国和爱尔兰的公民教育课程比较》(The Impact of Migration on National Identity in a Globalized World:A Comparison of Civic Education Curricula in England,France and Ireland)中通过对英格兰、法国和爱尔兰公民教育课程的对比分析,探讨移民如何在国家认同的话语体系中找到自己的生存空间。研究认为尽管几个国家的公民教育在促进人权和民主方面具有共性,但是在宗教问题上还是出现了疏离。[2]英国学者克莱尔·廷克(Claire Tinker)也主要分析了少数族裔的教育和身份问题。[3]

---

[1] See Hugh Starkey, "Citizenship Education in France and Britain:Evolving Theories and Practice", *The Curriculum Journal*, Vol. 11, No. 1., 2000.

[2] See Laura O'Connor, Daniel Faas, "The Impact of Migration on National Identity in a Globalized World:A Comparison of Civic Education Curricula in England, France and Ireland ", *Irish Educational Studies*, Vol. 31, No. 1., 2012.

[3] See Claire Tinker, "Rights, Social Cohesion and Identity:Arguments for and against State-funded Muslim Schools in Britain", *Race Ethnicity and Education*, Vol. 12, No. 4., 2009.

由于当前世界局势的新变化，在全球化与多元文化教育方面也有一些研究成果出现。英国卡迪夫大学学者里斯·安德鲁斯（Rhys Andrews）指出，在公民课程中推广英国价值观教育的国家政策近来引起了学界广泛的关注和讨论，尤其在学校教育中对"英国性"的提倡是否仍然与政策分权有关。文章着重探讨了"英国性"政治与国内不同公民教育体系的关系。[1] 英国学者奥德丽·奥斯勒（Audrey Osler）以英国首相托尼·布莱尔和戈登·布朗的演讲为分析对象，透视了他们在推行历史课和公民课教学中的主要思想，与以往倡导的多元文化主义不同，他们强调对英国历史和英国价值的重视。作者认为在全球化的新形势下，应调整历史课教学的模式，使学生认识到自己不仅是民族国家的公民，而且也是生活在国际化与普遍人权背景下的世界公民。[2] 奥德丽·奥斯勒通过对比分析法国和英国有关公民教育政策的文件，探析其中对于国家认同和公民身份方面的主张。文章基于国际教育成就评价协会（IEA）关于公民教育的调查数据，聚焦于公民教育在弘扬价值观、促进公平和正义等方面的效果，并提出相应的对策建议。[3]

在宗教教育方面，英国学者彼得·赫明（Peter J. Hemming）和艾琳娜·海尔伍德（Elena Hailwood）在《英格兰和威尔士学校的宗教公民：对不断增长的多样性的回应》（Religious Citizenship in Schools in England and Wales: Responses to Growing Diversity）中探讨了英格兰和威尔士学校教育中的"宗教公民资格"概念，书中重点考察了教育实施者在认可和适应宗教信仰多元化的过程中发挥的作用，强调了一系列基于宗教特殊性的公民教育形式的重要作用。[4]

此外，在国际比较方面，伦敦大学著名学者安迪·格林（Andy Green）通过对英、法、美教育体系的比较研究，揭示出阶级、政党及政府干预等因

---

[1] See Rhys Andrews, Andrew Mycock, "Dilemmas of Devolution: The 'Politics of Britishness' and Citizenship Education", *British Politics*, Vol. 3, No. 2., 2008.

[2] See Audrey Osler, *Citizenship and Democracy in Schools: Diversity, Identity, Equality*, Trentham Books Ltd, 2000.

[3] See Audrey Osler, Hugh Starkey, "Citizenship Education and National Identities in France and England: Inclusive or exclusive?", *Oxford Review of Education*, Vol. 27, No. 2., 2001.

[4] See Peter J. Hemming, Elena Hailwood, "Religious Citizenship in Schools in England and Wales: Responses to Growing Diversity", in Andrew Peterson, et al., eds, *The Palgrave Handbook of Citizenship and Education*, Palgrave Macmillan, 2018.

素对英国教育的影响。[1]

(二)国内研究现状

1. 关于国家认同和英国国家认同的研究

(1)关于国家认同内涵的研究

从目前的研究看,关于国家认同的概念始终没有形成统一,学者从不同的研究视角尝试对国家认同进行界定。有的学者从认同主体和对象的角度认识国家认同,认为国家认同是指公民对所属国家的政治制度、文化传统、核心价值信念、国家主权等的看法态度。[2]贾志斌侧重于从政治学的角度强调国家认同的作用,认为国家认同的核心是以民族为单位,捍卫本国主权和民族(国族)利益的主体意识。人们基于公民与国家的密切联系——即国家归属感,关心国家利益,甘心为维护国家利益而付出。[3]

总之,关于国家认同的概念表述有很多,不同学科都尝试从各自学科视角对国家认同进行界定,这在客观上使关于这一问题的研究成为一个开放的平台,很多学科,尤其是人文社科领域都能从中发现研究的价值和意义,这对于拓宽和丰富研究视野大有裨益。

(2)关于国家认同的内容体系和影响因素的研究

关于国家认同的内容体系的研究,大致可分为这样几个维度:第一种从宏观角度出发,将国家认同作为单体认同形态来讨论,将国家认同作为一个整体,重点从民族认同与国家认同的关系角度进行辨析,并探讨如何从民族认同上升到和达到国家认同。例如,贺金瑞、燕继荣认为,民族认同是国家认同的前提,民族认同经引导可上升和达到国家认同,但过于僵化、激烈的民族认同可能会阻碍国家认同的建立。[4]高永久、朱军则认为,民族认同与国家认同是共生共存的关联概念。以包容的思维视角来看,民族异质性要素可

---

[1] 参见[英]安迪·格林:《教育与国家形成:英、法、美教育体系起源之比较》,王春华等译,教育科学出版社2004年版。

[2] 参见贺金瑞、燕继荣:《论从民族认同到国家认同》,载《中央民族大学学报(哲学社会科学版)》2008年第3期。

[3] 参见贾志斌:《如何加强少数民族大学生的国家认同教育》,载《西北民族大学学报(哲学社会科学版)》2011年第1期。

[4] 参加贺金瑞、燕继荣:《论从民族认同到国家认同》,载《中央民族大学学报(哲学社会科学版)》2008年第3期。

以与国家的统一性和谐共存，因此民族认同与国家认同在具体的实践中可以达成一定的价值共识和功能上的相互依赖。关于二者统一的路径，合理的选择是构建一种更具包容性的社会纽带，完善公民权制度。[1]

另一种是对国家认同的内容进行要素划分，如划分为两元（政治认同、文化认同）或三元（民族认同、制度认同、领土认同）结构，并从该结构体系内的互动和关联角度进行要素和整体建构。支持该理论的学者金太军、姚虎认为国家认同是一种体系庞大、多维度、内部联动紧密的多元认同体，根据不同场域展示出不同的认同形式与理念，例如，可首先将国家认同分为政治认同、领土认同、文化认同，再从要素、要素与整体的关系角度考察。[2] 政治认同方面，李素华认为政治的认同属于国家认同的一部分，是作为公民对本国政治权力的承认、赞同和同意，从政治认同建构的角度看，主要指一个稳定的政治体系即一个国家执政的政治权力如何获得所需要的认同。[3] 在文化认同方面，韩震认为从国家认同结构的整体看，文化认同构成族群认同与国家认同的中介形式，而文化认同之所以具有该功能，是因为文化认同是人的社会属性的表现形式。[4] 在领土认同方面，周光辉、李虎认为领土认同因具有国家的整体性特征，所以是国家认同的基础，是国家认同不可或缺的内容和必要的观测维度。作为国家认同的基础，领土认同也是民族认同、制度认同等作用于国家认同的必要前提。[5]

需要特别指出的是，近年来有学者从全新的视角对国家认同的内容形式进行了归总和划分，通过对国家认同的对象"国家"的解构，认为国家是一体两面的结构。现代国家是由国土、享有主权的国族和统治组织这些要素集合而成的一个有机整体，这是"一体"；现代国家可以划分为两个主要部分——国家共同体和国家政权组织，这构成了"两面"。相应地，国家认同基

---

[1] 参见高永久、朱军：《论多民族国家中的民族认同与国家认同》，载《民族研究》2010年第2期。

[2] 参见金太军、姚虎：《国家认同：全球化视野下的结构性分析》，载《中国社会科学》2014年第6期。

[3] 参见李素华：《政治认同的辨析》，载《当代亚太》2005年第12期。

[4] 参见韩震：《全球化时代的公民教育与国家认同及文化认同》，载《社会科学战线》2010年第5期。

[5] 参见周光辉、李虎：《领土认同：国家认同的基础——构建一种更完备的国家认同理论》，载《中国社会科学》2016年第7期。

于国家的两面性，依据认同属性的不同，划分为赞同性国家认同和归属性国家认同。[1]国家认同都可以归入这样一体两面的结构体系之中。

关于国家认同建构的生成及影响因素方面，林尚立认为在当前时代背景下，国家认同的建构，要以民主为基本前提，以国家制度及其所决定的国家结构体系的全面优化为关键，最终在于认同主体的选择。[2]肖滨认为国家认同的形成是国家建构、社会塑造和个体自主三者互动的结果，国家建构发挥着重要作用，但是社会塑造的作用也不可忽视，另外公民在其中也具有一定的自主性。[3]这些对于国家认同的理论研究对本书构建理论分析框架提供了重要的参照。

（3）关于英国国家认同的研究

关于英国国家认同的研究，大多是对国外相关成果的跟随研究，关涉的主题也多是有关地区民族危机对英国国家身份的挑战，抑或是移民和少数族裔问题，多元文化主义与国家认同问题等。

在民族主义与国家认同方面，吕大永在《脱欧对英国民族国家身份认同的挑战》中，从历史的角度，研究了英国民族认同与国家认同之间的"张力"，分析脱欧对这种"张力"的平衡的打破，并提出了再平衡的做法建议。[4]曾亚勇在《国家认同危机与苏格兰独立问题的反思》中指出苏格兰独立运动的实质是一场英国国家认同危机，英国的当务之急是在短期内重新确立利益认同，在中长期进行民族整合或塑造新的国家认同意识形态。他认为，国家认同研究中应具备基本的国际视野。[5]乌小花、李安然在《坚守中国道路自信：对英国国家认同危机的反思》中分析了英国苏格兰、北爱尔兰民族独立问题的形成因素，同时探讨英国在国家认同危机方面的教训及对我国如何更好地加强国家认同的启示性意义。[6]

---

[1] 参见肖滨：《公民认同国家的逻辑进路与现实图景——兼答对"匹配论"的若干质疑》，载《中山大学学报（社会科学版）》2011年第4期。

[2] 参见林尚立：《现代国家认同建构的政治逻辑》，载《中国社会科学》2013年第8期。

[3] 参见肖滨：《公民认同国家的逻辑进路与现实图景——兼答对"匹配论"的若干质疑》，载《中山大学学报（社会科学版）》2011年第4期。

[4] 参见吕大永：《脱欧对英国民族国家身份认同的挑战》，载《管理观察》2018年第26期。

[5] 参见曾亚勇：《国家认同危机与苏格兰独立问题的反思》，载《国际关系研究》2015年第3期。

[6] 参见乌小花、李安然：《坚守中国道路自信：对英国国家认同危机的反思》，载《世界民族》2017年第6期。

在移民和少数族裔问题方面，史志钦、田园在《身份认同危机与英国反恐政策的困境》中提出，西方学者普遍认为民族认同和国家认同的关系冲突激化是欧洲本土极端事件产生的原因。解决英国反恐政策困境的关键是要从根本上改变英国身份认同建构的逻辑，同时在政策层面上避免将社会问题转化为安全问题，构建理解包容的社会氛围，消除因身份认同差异而引发的矛盾冲突。[1]

在文化认同方面，李泽生在《从母国到共享文化：演进中的英联邦认同》中从文化认同的角度，分析英联邦演进的阶段性特点。[2] 王海燕通过选取文化价值认同作为分析思想政治教育的视角，探索个体以怎样的态度来对待社会价值和自我价值、并做出选择，进而思考思想政治教育改革的紧迫性，并在与英国公民教育对比的基础上，提出我国借鉴他国经验所要解决的问题。[3] 侯明华在《民族共同语与英格兰身份认同》中指出共同语言是群体身份的重要标识，语言则是文化认同的一个重要构成要素，成为民族共同语的英语在英格兰身份认同的建构中起到了极其重要的作用，加快了近代英格兰民族国家形成的步伐。[4]

2. 关于英国公民教育的研究

在英国公民教育史方面，近年来，国内也有一些学者开始关注这方面的研究，赵明玉在其博士论文《现代化进程中的英国公民教育研究》中从现代化的角度对英国的公民教育进行了研究，并试图从国家建构的视角分析英国公民教育与现代化的关系，总结英国公民教育的发展特征，[5] 这对于思考本书脉络提供了参考，陈鸿莹的《英国公民教育简述》[6] 和蒋一之的《英国公民教育的历史变革与现状分析》[7]，也对英国的公民教育史进行了一定的梳

---

[1] 参见史志钦、田园：《身份认同危机与英国反恐政策的困境》，载《当代世界社会主义问题》2018 年第 4 期。

[2] 参见李泽生：《从母国到共享文化：演进中的英联邦认同》，载《西南大学学报（社会科学版）》2013 年第 2 期。

[3] 参见王海燕：《文化价值认同视角下英国公民教育对我国思想政治教育的借鉴研究》，载《改革与开放》2014 年第 10 期。

[4] 参见侯明华：《民族共同语与英格兰身份认同》，载《浙江学刊》2017 年第 2 期。

[5] 参见赵明玉：《现代化进程中的英国公民教育研究》，东北师范大学 2008 年博士学位论文。

[6] 参见陈鸿莹：《英国公民教育简述》，载《外国教育研究》2003 年第 9 期。

[7] 参见蒋一之：《英国公民教育的历史变革与现状分析》，载《外国教育研究》2003 年第 11 期。

理和阐述。李晓丽、曾长秋在《传统与变革中的英国公民教育》中也有对于英国公民教育历史演进的阐述。[1] 唐克军在著作《英国学校公民教育》中,以培育积极公民为主线,分析英国学校公民教育的观念、课程、跨课程的公民教育以及包容性的宗教教育、学生参与、全球公民等。[2] 李丁在《英国青少年公民教育研究》一书中通过研究英国青少年公民教育的途径和理念方法,总结了英国青少年教育的发展规律和经验。这些都为本研究提供了一定的借鉴。[3]

近年来国内也出现了一些开展公民教育比较研究的学者,如陈光辉、詹栋梁所著《各国公民教育》,蓝维等人所著《公民教育:理论、历史与实践探索》,唐克军所著的《比较公民教育》等,都有关于英国公民教育的专门章节。

需要指出的是,国内学者在进行英国公民教育研究中,大多侧重于对英国公民教育结构体系的考察,主要涉及公民教育的目标、内容、教学方法等微观层面。代表性的学者,如上面提到的陈光辉、詹栋梁、蓝维,北京师范大学公民与道德教育研究中心主任檀传宝,还有一些硕士和博士论文中都有关于这些内容的详细介绍。这些研究对于本书也有一定的参考价值。

3. 关于英国国家认同与公民教育的相关性研究

国内关于英国国家认同和公民教育的研究较少,王璐、王向旭在《从多元文化主义到国家认同和共同价值观——英国少数民族教育政策的转向》中重点针对英国少数民族的教育政策的变迁展开讨论,文章指出,进入21世纪后,随着英国本土接连发生骚乱事件,英国政府开始对多元文化主义进行思考,相应地调整了针对少数民族的教育政策,着力引导和培养对于共同价值观的认同,其中有关于公民教育的阐述。[4] 陶翀、饶从满在《英国人国家认同建构中的公民教育:作用考察与背景分析》中着重分析了英国国内四个地区的教育系统和公民教育课程的差异性,并提出构建统一的公民教育体系对于加强英国的国家身份认同具有非常重要的意义。[5]

---

[1] 参见李晓丽、曾长秋:《传统与变革中的英国公民教育》,载《西南科技大学学报(哲学社会科学版)》2009年第3期。

[2] 参见唐克军:《英国学校公民教育》,中国社会科学出版社2021年版。

[3] 参见李丁:《英国青少年公民教育研究》,人民出版社2012年版。

[4] 参见王璐、王向旭:《从多元文化主义到国家认同和共同价值观——英国少数民族教育政策的转向》,载《比较教育研究》2014年第9期。

[5] 参加陶翀、饶从满:《英国人国家认同建构中的公民教育:作用考察与背景分析》,载《外国教育研究》2018年第11期。

综合上述分析可以看出，国内外学者关于国家认同和公民教育的研究成果比较丰富，在理论上形成了较为成熟的解释体系，连同方法论，体现出综合多学科的特点，为开展相关领域的继承性研究提供了重要的理论基础和范式参考，但目前的研究还存在一些问题：

一是专门从国家认同视角对英国公民教育发展历程进行研究的成果比较有限，其中尤其缺乏国家认同和公民教育的相互关系方面的考察，相关研究缺乏解释力。由于未能深入梳理国家建构和国家认同建构的理论脉络，已有研究仅仅将国家认同作为一个背景性的历史进程，在宏观层面抽象地谈论国家认同对公民教育的影响，没能认识到国家认同和公民身份、公民教育之间的内在逻辑关联，因此也无法阐明国家认同和公民教育的关系。本质上，公民教育就是关于公民身份的教育，而真正的公民身份要求公民了解国家制度安排，对国家认同和忠诚，履行相应的权利和责任，积极参与国家建设等。

二是已有研究大多是单向的，有的是探讨国家建构对公民教育发展的影响，有的是关注公民教育对国家认同建构的作用，缺乏将公民教育置于国家认同视域中的系统性讨论，对于英国的国家认同和公民教育，缺乏一个综论性的理论参照，还需深入挖掘和研究。事实上，国家认同和公民教育是双向互动的关系，国家认同影响公民教育的价值目标和政策实践，公民教育通过培养公民身份认同，影响国家认同的构建效果。那么，在英国的公民教育发展历程中，国家认同呈现怎样的特点和需求，而公民教育又是如何反映这些诉求并强化国家认同的，有什么不一样的特征和实践？

本书将试图填补这方面缺失，以国家认同为研究视角，探析英国公民教育在不同历史时期的具体呈现，总结公民教育与国家认同之间的相互关系，并由此引发对我国国家认同建设和相关教育发展的思考。

三、研究思路与方法、意义

（一）研究思路

本书在马克思主义理论指导之下，从国家认同视角考察公民教育的发展历程，旨在基于英国现代公民教育的发展历程，探究国家认同和公民教育的关系，透析国家认同在公民教育中的动态体现，总结英国公民教育的发展特征，以此为深入思考在当代中国如何开展教育实践提供思路。基于这种考虑，本书以英国国家建构进程和其中的国家认同为基本遵循，综合考虑公民教育的主体脉络，将英国的公民教育划分为四个主要的发展阶段，考察不同阶段国家认同形成中国家建构的实践，不同的国家认同建构需求，并着力分析公民教育在各阶段的具体呈现。

依据这样的主体思路梳理出了英国国家认同与公民教育的发展脉络：英国早期的国家认同与公民教育的尝试，帝国时期的国家认同与极端整合的公民教育，二战后国家认同的理性探索与公民教育的变革，21世纪前后的英国国家认同的重新塑造与公民教育的再调整。在现代化初期，自由主义传统思想占据主导地位，公民身份是一种模糊的存在，公民观以强调个人权利的实现为主，这一时期的公民教育并未得到政府的重视，国家认同的内涵体现并不明显。随着大英帝国经历由盛而衰，帝国意识促使社会力量的高度整合，公民教育的内涵也集中体现着爱国主义和军事主义的倾向。随着两次世界大战的结束，英国失去了往日"日不落"帝国的国际地位，亟需收拾国内混乱的局面，英国开始了理性反思和探索，倡导"积极公民资格"，人们也越来越意识到公民责任和民主参与的重要性，这一时期的公民教育也体现出了尊重多样性、强调公民权责意识的特点。20世纪与21世纪之交，英国国内的恶性骚乱事件层出不穷，青年一代对政治表现出空前的漠视，著名的《科瑞克报告》在这一时期提出，公民教育正式纳入国家课程行列。接连发生的极端事件和暴动促使英国重新思考国家认同的定位和内涵，重提"英国性"，重视统一的英国价值观。这一时期，协调身份认同和多样性、把握一元主体与多元共存的公民教育得到发展。

本书将英国公民教育置于国家认同的宏观背景中，结合国家的建构、社会塑造以及公民身份的发展，遵循历史梳理与现状考察、政策分析与实践考察相结合的原则，对英国的公民教育进行全面的立体的考察，并深入分析国家认同与公民教育的关系，以此为基础引发对于我国国家认同建设及其教育实践的思考。

（二）研究方法

1. 文献研究法。本书主要采取文献研究的方法，根据研究的目的和任务，查阅并分析了大量相关文献资料，对学者在不同时间段内、从不同视角、运用不同理论、针对不同问题的各种研究成果进行系统梳理，分析取得的成果以及存在的不足之处，一方面增强研究的可信度，另一方面更为深刻地说明研究的理论价值和实践意义。

2. 历史分析和比较研究法。国家认同的形成和发展是一个复杂的过程，公民教育也是，综合英国政治、社会和文化等因素的影响，将国家认同建构与公民教育置于具体的历史进程，采用历史的方法进行分析。同时，对于英国公民教育的研究和对当前我国开展国家认同建构与教育实践的思考，正是在与西方国家和非西方国家的比较当中逐步理清和明晰的，本书既从历史溯源的角度对问题进行探究，又对不同类型的国家认同建构和教育实践进行比较研究。

3. 层次分析法。本书在探讨国家认同与公民教育的互动关系时，将分层次从国家建设、社会力量等方面入手进行解析，这就需要运用层次的分析方法，分别探讨不同维度中国家认同建构的特征及对公民教育的影响，而全球化与民主化等国际层面的影响，也构成了国家认同与公民教育变化的环境因素，通过对各层次要素的互动分析，较为全面地把握国家认同形成和演变的进程。

（三）研究意义

国家认同研究是当代认同研究的一个新热点、新趋势。教育，尤其是公民教育在促进国家认同和价值观整合方面发挥着重要的作用。本研究试图提供一个对英国国家认同和公民教育互动关系的综合概观，探讨不同发展阶段英国公民教育是如何探索和寻求变革的，通过透视其中呈现出的困境和突破，为深入思考当前教育可能的发展路径提供借鉴。

1. 有利于丰富相关教育研究的理论视角和内涵。本书将"英国国家认同和公民教育"作为研究课题，通过系统考察国家认同视角中的英国公民教育的发展历程，总结和概括不同时期公民教育的功能倾向，分析其中的有益经验和教训不足，将有助于丰富相关领域研究的理论内容，为我国教育研究提供一定的参考。

2. 对当代我国的国家认同建设具有启示作用。国家认同关涉我国社会建设的方方面面，构建和谐文明、公平正义的社会，培育公民意识、凝聚中国力量等都离不开对国家认同的讨论。深入认识和借鉴西方国家认同建构的策略，是我国现代化建设和社会主义民主政治建设的内在需要。而且，我国作为一个多民族的发展中国家,新疆、西藏等少数民族分裂问题日益成为影响国家和谐统一的重要因素,再加之全球化浪潮的深刻影响,国家认同面临着来自国内和国外的多重压力,分裂问题的透析和解决需要引入国家认同概念。在国家认同的分析框架内,弄清楚分裂问题的发生机制,才能制定行而有效的应对策略,开展切实的国家认同建设和强化工作。

3. **为我国进行教育实践提供方法论上的借鉴**。在如何建构统一的国家认同方面,各国纷纷从教育领域寻求解决的途径。英国的公民教育萌芽很早,有着丰富的思想来源和许多成功的实践,尤其是 20 世纪 80 年代以来,随着政府对公民教育的重视和主导,英国的公民教育逐渐形成了一套完善的系统化的体系。选取英国这样一个既坚守传统又散发着现代化气息的国家进行研究,能够为我国在新形势下思考适切的教育实践提供方法论上的借鉴。

第一章 国家认同与公民教育的分析框架

第一节 国家认同

一、国家和国家认同的内涵

(一) 关于国家

简单来说,国家认同,就是人们对其所生活的国家的认可和赞同,认同的对象是国家。那么国家到底是什么?我们首先要对国家的本质及其历史演变的规律性进行把握,这也是深化对国家认同理解的逻辑起点。

关于国家的概念,目前没有一个统一的定义,学术界对国家的界定可谓见仁见智。安东尼·史密斯(Anthony Smith)说,国家就是"一套与其他制度不同的自治制度,拥有在给定的疆界内对强制性和家世(extraction)的合法垄断"[1]。马克斯·韦伯(Max Weber)则将国家定义为"社会中掌握着合理使用暴力的垄断权力的那个机构"[2]。马克思主义经典作家对国家进行了更深入、彻底的研究。在马克思、恩格斯的理论中,国家不是自古就存在的,而是人类社会发展到一定阶段的产物,国家是历史的、具体的。国家的

---

[1] [英] 安东尼·史密斯:《民族主义——理论、意识形态、历史》,叶江译,上海世纪出版集团 2011 年版,第 12 页。

[2] [英] 厄内斯特·盖尔纳:《民族与民族主义》,韩红译,中央编译出版社 2002 年版,第 4 页。

本质是统治阶级为维护自身利益而建立的暴力机器。发端于阶级社会，经过发展和演变，国家逐渐从社会中独立出来，成为具有强制特性的存在。国家在对社会进行管理的过程中获得了自身的完全形式。

马克思指出，国家是伴随着私有制基础上的阶级和阶级之间的斗争而出现的，最初是统治阶级为了维护自身的统治地位和根本利益、实现阶级统治的暴力工具。"因为国家是统治阶级的各个人借以实现其共同利益的形式，是该时代的整个市民社会获得集中表现的形式，所以可以得出结论：一切共同的规章都是以国家为中介的，都获得了政治形式。"[1]列宁认为，"国家是阶级矛盾不可调和的产物，"因而，"国家是一个阶级压迫另外一个阶级的机器"[2]。基于上述各种观点，可以看出：国家是阶级社会中的特殊公共权力，是为了维护阶级统治，以暴力为后盾而组织起来的管理组织。

由此可以略作总结，一方面，国家并不是超阶级的存在，它是统治阶级进行阶级统治的暴力工具。另一方面，国家拥有凌驾于社会之上的能力。社会因阶级的分化产生了难以调和的冲突和矛盾，而国家的出现就是为了将这种强制手段以合法化的形式固定下来。国家独立于社会而存在，这是因为国家拥有一种权利，运用最高权力，也就是主权。主权指两件事情：第一是一种享有最高独立性和最高权力的权利，第二是一种享有某种独立性和某种权力的权利，这种独立性和权力在它们固有的范围内是绝对的或超越的最高的。[3]

权力一般是指个体或集团之间相互施加影响。但权力与普通的影响力不同，它具有强制性。因为有暴力为强制做支撑。但是，国家并不总是付诸暴力以实现其目的，更多的时候，是培养人们对于国家的认可和赞同，也就是权力的正当性。

权威是一种正当性，就是权力客体自觉自愿地认可和服从权力的安排。权威与暴力不同，不是强制性的，这种服从是权力客体主观上愿意的。"当领袖的影响力被披上正当性的外衣时，通常就被称为权威。那么权威就是一种特

---

[1]《马克思恩格斯选集》（第一卷），中共中央马克思 恩格斯 列宁 斯大林著作编译局编译，人民出版社1995年版，第132页。

[2]《列宁专题文集·论辩证唯物主义和历史唯物主义》，人民出版社2009年版，第290页。

[3] 参见［法］马里旦：《人和国家》，霍宗彦译，商务印书馆1964年版，第38页。

殊的影响力,即合法的影响力。"[1] 正是由于权威这种合法性的存在,才赋予权力正当的特性。

国家权力的正当性问题,其实就是回答作为权力主体的国家,其权力的道德基础是什么。韦伯作为研究政治正当性的主要代表,他指出,任何权力都有必要为自己的正当性辩护。[2] 韦伯将正当性问题与权威类型、支配方式联系在一起,建构了"权威类型—支配方式—正当性基础"三位一体的分析框架。塔尔科特·帕森斯(Talcott Parsons)在韦伯的基础上发展了关于政治正当性的观点。他认为权力主体得到社会最高价值的支持是使权力客体自愿服从的根本原因。也就是说,他认为在权力主体之上,还有更高的政治价值。权力使用的前提必须是共同的政治价值,只有如此才能被认同并支持。国家之所以能够垄断最高权力,就在于其合法性获得了支持,也就是我们所说的国家认同。

通过以上分析可以看出,国家认同是与国家的建构历程相伴相生的。任何国家想要得以长久稳定地存续和发展,除了具备有效的国家权力外,另一个重要的维度则指向这种权力的正当性维护。人们的国家认同,很大程度上取决于国家如何处理人与社会、人与国家的基本关系,这也是国家建设的题中之义。所以,国家认同其实本身就属于国家建设的一部分,国家建设决定国家认同,而国家认同又体现国家建设的好坏,国家认同是检视国家建设的一个重要维度。

(二)关于国家认同

1. 认同的内涵

"认同"(identity)一词,源于拉丁文 idem,即表示相同或同一的意思。弗洛伊德最早提出认同的概念并引入心理学领域。他认为认同体现着个人与他人、群体或被模仿对象在情感、心理上的趋同。埃里克森在弗洛伊德观点的基础上进行了拓展,将其从对本能的关注发展为自我的理性认知,并将其应用到青少年统一性危机的研究当中,对后世产生了深远的影响。埃里克森

---

[1] [美] 罗伯特·A·达尔:《现代政治分析》,王沪宁、陈峰译,上海译文出版社1987年版,第77页。

[2] 参见 [德] 马克斯·韦伯:《支配社会学》,康乐、简惠美译,广西师范大学出版社2010年版,第18页。

认为，认同回答的是关于"我是谁"的问题，那么"认同"的过程其实就是个体与他者互动的过程，反映的是人与人之间的关系。在认同主体上，也不局限于个体，还包含社会和群体的认同。[1]"我是谁"就转变为"我们是谁"，个体研究扩展到集体研究，这为解决民族、国家等层面的认同问题提供了理论依据。

20世纪60年代以来，政治学、社会学、哲学等社会科学领域开始广泛关注认同问题。安东尼·吉登斯（Anthony Giddens）、尤尔根·哈贝马斯、曼纽尔·卡斯特（Manuel Castells）都对其有深入的研究。吉登斯从现代性视角，主张通过对"自我和身体的内在参照系统"的建构来实现一种自我认同，并以此消除现代性所带来的风险文化。[2]哈贝马斯着重分析了人的自我认同和集体认同的危机问题。卡斯特认为"认同是人们意义与经验的来源，当它指涉的是社会行动者时，我认为它是在文化特质上或相关的整套文化特质基础上构建意义的过程。"[3]

认同概念被广泛引入中国是在20世纪90年代。欧阳景根指出，认同对应三层政治学含义。第一层含义是身份意义。英文单词"identity"本身就兼具"身份"和"认同"两层含义，认同的过程首先是身份识别的过程，所以认同的最基本含义就是指个体对某个群体或共同体的身份的确认；第二层含义是情感意义。因为具有相同身份的人组成群体，随着群体内频繁的互动和交流，会不自觉地在心理上产生对该群体的情感，而且这种情感会产生"移情"，对于素未谋面的该群体成员也会有类似的情感，安德森提出的"想象的共同体"就包含了这层含义；第三层含义是忠诚感。这是基于前两层含义基础之上而产生的。一旦个体对某个群体产生了身份认同和情感归属，很可能会进一步产生对该群体的忠诚感。这种忠诚感会表现为对认同集体的自豪感、责任感和献身精神。[4]

亨廷顿认为，任何层面的认同问题都只能在与"他者"之间的关系中加

---

[1] 参见沈晓晨：《反新疆分裂斗争中的国家认同问题研究》，兰州大学2014年博士学位论文。
[2] 参见[英]安东尼·吉登斯：《现代性与自我认同：现代晚期的自我与社会》，赵旭东、方文译，生活·读书·新知三联书店1998年版，第23页。
[3] [美]曼纽尔·卡斯特：《认同的力量》，夏铸九等译，社会科学文献出版社2003年版，第2页。
[4] 参见欧阳景根：《社会主义多民族国家制度性国家认同的实现机制》，载《浙江社会科学》2011年第5期。

以界定。因此，自我的确认必须置于相互作用的社会关系之中，这是一个动态变化的过程，其变化与场域的多样性和个体在社会中身份和地位的变化有关。安东尼·史密斯（Anthony Smith）认为，这些情境具体包括家庭、领土、阶级、宗教、族群、性别、国家等社会分类。个人身份认同是一个复杂而多样的概念，它受到众多因素的影响。在不同的情境下，人们会根据自己的经验和信念形成不同的身份认同。[1]

由此可以看出，认同是个体与他者之间进行的"认同"和"认异"的辨识过程。"认同"就是确认自己是谁，归属于哪个群体，而"认异"就是发现他者的存在，从而区分、排斥不同于自我和不属于该群体的其他人。"认同"和"认异"都属于认同的过程，"认异"通过对比自我与他者身上存在的差异性和不同，从而进一步提升了对于自我是谁以及归属于哪个群体的认知。

通过以上论述可以看出，认同具有三个特点：一是社会性，认同的过程是社会交往的过程，体现的是一种社会关系；二是主体性，认同的产生要依赖于认同主体的主观建构或理性选择，出于不同的利益考虑，认同个体可能会选择不同的认同或从某种认同转变为另一种认同；三是多样性，个体所形成的认同是多样性的，而且可以兼具多种认同形式，比如个体可以同时具有族群认同和国家认同。

2. 国家认同的内涵

从目前的研究看，关于国家认同的概念始终没有形成统一，学者从不同的研究视角尝试对国家认同进行界定。美国的维尔（Sidney Werba）和白鲁恂（Lucian Pye）把国家认同视为处于国家决策范围内的人们的态度取向。[2]有的学者从国家认同的具体内容出发，认为国家认同是指一个国家的公民对所属国家的政治制度、文化传统、核心价值信念、国家主权等的认同，即国民认同。[3]贾志斌从政治学的角度去界定，他认为国家认同就是一种自觉归属和认同的主体意识，人们只有归属于一个国家才会自觉地关心国家事务，在

---

[1] See Anthony D. Smith, *National Identity*, University of Nevada Press, 1991, p.5.

[2] 参见庞卫东：《安全利益视角下族群认同与国家认同的困境——以文莱在加入马来西亚问题上的选择为例》，载《南洋问题研究》2015年第4期。

[3] 参见贺金瑞、燕继荣：《论从民族认同到国家认同》，载《中央民族大学学报（哲学社会科学版）》2008年第3期。

国家遇到危难之际施以援手，勇于奉献。[1]

总之，关于国家认同的概念表述有很多，不同学科都尝试从各自学科视角对国家认同进行界定，这在客观上使关于这一问题的研究成为一个开放的平台，很多学科，尤其是人文社科领域都能从中发现研究的价值和意义，这对于拓宽和丰富研究视野大有裨益。

二、国家认同的基本语境及维度

（一）国家认同的基本语境

1. 现代国家

根据马克思的观点，国家在历史上是有不同的发展阶段的，马克思将其划分为"古代国家"和"现代国家"。

从组成上看，"古代国家"的基础是共同体，个体只能作为共同体成员才有意义，而"现代国家"的基础是独立存在的个体；从人与国家的关系上看，"古代国家"是国家决定人的存在，而在"现代国家"中是人的自主性决定国家的存在；在国家内容方面，"古代国家"中政治国家构成国家的全部内容，因此连私人领域也具有政治性，而"现代国家"则包括政治、非政治两方面的内容，[2]故而人们的生活不必然与国家发生关系，国家抽象成一种独立的存在。

从国家组织形态的演变上看，亚里士多德认为"古代国家"的组织形态形成于人类的发展，国家的形成是人们集聚的结果，这种集聚多基于血缘关系，通常被称为族群，具有共同的历史、语言、文化传统的人们从小的家庭开始集聚，逐渐扩大到村落，村落再扩大到城邦。具有公共权力的国家是因为解决聚合过程中的冲突和紧张而产生的，因此，人们对族群身份的认同与对国家的认同一致。而"现代国家"是通过一套制度体制将一定区域的人们整合为一个共享的集体，具有很强的主体建构性，这体现在人们因认同国家主权、国家制度的实施而发生聚集，并作为主体构成国家。马克思认为，现

---

[1] 参见贾志斌：《如何加强少数民族大学生的国家认同教育》，载《西北民族大学学报（哲学社会科学版）》2011年第1期。

[2] 参见林尚立：《现代国家认同建构的政治逻辑》，载《中国社会科学》2013年第8期。

代社会出现这样的国家建构逻辑，关键在于个体从共同体中独立出来，而这些个体人发挥人的自主性，最终组成了现代社会，促成现代国家的形成。

这种转变与当时的经济、政治环境有关，并深刻地影响了国家认同的产生。工业革命和新的资本主义生产形态使人从共同体成员变为独立个体，并产生了市民社会，与经济基础相对的，资产阶级政治革命解放了个体的人，把人归结为公民，归结为法人。[1] 在国民意识方面，个人的独立地位事实上赋予了人们理性选择和自我认知的资格，从而使国家认同有了产生的空间。

综上所述，现代国家是国家认同的基本语境。现代国家之前，个人与政治、国家不可分裂，国家决定人的现实存在，个人不具有独立的地位、没有主体性，此时所谓国家认同是被动的、强制的、无条件的，因此，事实上并不存在国家认同问题。唯有"现代国家"才构成国家认同的基本语境，在"现代国家"，人才从"共同体人"中得到解放，具有独立地位和自主性，才有决定国家存在的资格。

2. 民族国家

国家认同是伴随着近代欧洲民族国家的兴起而出现的一个概念。本书要研究的国家认同是现代主权国家的认同问题，而民族国家是当今世界占主导地位的国家形态，安东尼·史密斯评价其目前为止是唯一被国际承认的政治组织结构，[2] 因此，"民族国家"是认识和讨论国家认同的基本前提。

王朝国家时期，国家权力集中在少数当权者手上，所以并不能代表整个民族的利益，无法解决民族认同国家的问题。国内居民集聚形成民族共同体，民族共同体又催生了民族情感和民族意识的觉醒，民族情感、意识经过民族精英，即占有文化和话语霸权的民族知识分子的系统化、理论化后，产生了完整的思想体系——民族主义。民族主义作为一种巨大的精神力量，为民族的形成奠定了坚实的基础。

民族国家的建立起源于民族主义运动。最早的民族主义运动源于英格兰，16世纪爆发了民族主义运动，皇室和贵族对国家主权的控制被剥夺，人们普遍要求建立属于自己"民族"的国家。

---

[1] 参见林尚立：《现代国家认同建构的政治逻辑》，载《中国社会科学》2013年第8期。

[2] 参见 [英] 安东尼·D. 史密斯：《全球化时代的民族与民族主义》，龚维斌、良警宇译，中央编译出版社2002年版，第122页。

真正意义上"民族国家"的建立则要到18世纪晚期。资产阶级革命的胜利建立了政权,民族与国家融合,民族取得了国家的形式,并逐渐构成一种二元关系:一方面现代民族,或称为"国族"正式形成;另一方面形成了一种全新的国家形态,即基于对国家的认同而形成的民族国家。

本书讨论的国家认同问题,基本语境就是现代国家和民族国家,由此可以看出,国家认同的对象不仅包含政治因素,还包含了"国族"概念,两者共同构成了国家认同的基本内容。

(二)国家认同的维度

可以看出,国家认同的对象"国家"不仅包含对政治国家的认同,还包含对民族国家的文化共同体的认同。

关于国家,德国现代著名政治思想家卡尔·施米特(Carl Schmitt)说:"古老的原初观点将'国家'理解为个体权力因素手中所握有的统治手段之现实、具体的'状态'(Status),以及进行统治的主人及其组织,即人民内部的一个'实施权力的统治集团'。与此相反,现代观念将国家看成'一个统治组织、一个民族和一片国土相互关联的整体',将国家视为一个躯体。"[1]由此可见,现代国家是由主权、领土、国民和统治组织等基本要素组成的有机整体。肖滨认为,由这些基本要素组合而成的国家呈现出一体两面的结构。"一体"是指组成现代国家的各要素之间相互关联,共同构成了一个整体,"两面"是指这些要素可以划分为两个方面,一方面是由领土以及具有共同历史、文化传统等的人们构成的国家共同体,而另一方面是由主权以及一整套制度体系、统治机器而构成的国家政权组织。国家其实就是国家共同体和国家政权组织的结合,也被称为"民族—国家"。[2]所以,讨论国家认同时,我们指的就是民族国家,而且本身民族国家也构成了分析国家认同的语境。

通过以上对于国家二元结构的分析,相应地可以划分两类国家认同,一类是对国家政权组织的赞同性认同,也可称为政治认同;另一类是对国家共同体的归属性认同,也可称为文化认同。

---

〔1〕[德]卡尔·施米特:《论断与概念:在与魏玛、日内瓦、凡尔赛的斗争中(1923—1939)》,朱雁冰译,上海人民出版社2006年版,第12页。

〔2〕参见肖滨:《两种公民身份与国家认同的双元结构》,载《武汉大学学报(哲学社会科学版)》2010年第1期。

1. 政治认同

政治认同就是指人们在社会生活中对现存政治体系的一种情感、态度和行为。人们对国家政权组织的认同，基于对一个国家在政治、经济、社会制度等方面的认可、赞同而形成的政治性认同。

（1）对国家制度的认同。体现为对国家各类制度权威性的认可和赞同，构成了国家政权系统合法性的源泉。第一，制度认同基于本身的合法性，只有合法合理的制度才能使人们认可和支持，而合法性的现实政治基础，就是民主。国家的权力来源于人民，人民是国家的主人，这是最根本的问题，现代国家制度体系只有坚持以人民为中心的原则才能保证自身的稳固和发展。国家制度应以对公共利益的维护和民众个人利益的满足为基本遵循，尽可能在社会资源和价值分配中做到公正合理，以此提高政治合法性的程度。第二，国家制度必须兼顾合理性和有效性。国家制度满足人们自身利益的程度成为人们对政治认同的逻辑起点。在民主的价值合理性毋庸置疑的前提下，工具合理性的关键是解决在一定的社会用何种国家制度来实现民主。国家制度必须根据具体的社会历史和文化情景加以制定和实施，这样才能从根本上保证其合理性。第三，人们对于国家制度的认同是建立在共同政治价值的基础上的，也就是意识形态认同，因此，对国家制度的认同就可以转化为对意识形态的认同，它是政治合法性的心理基础，为政治权威提供了道义上的解释。

（2）对国家领土的认同。国家是具有地理意义的政治共同体。领土是一个政治空间概念，是现代国家不可缺少的组成部分。一个政治实体如果没有领土，就不能被称为一个国家。而且在现代国家，领土还代表着一种权利概念，如对属地的管辖权、资源权和边境控制权等。领土转变为一种国家权利，领土完整被称为神圣不可侵犯的存在。一定程度上，人们对于国家的认同首先是对其领土范围的认可。这也从空间上回答了"我是谁"的问题，我来自哪里，我的家乡是哪里。而且领土对于现代国家的重要意义也体现在国民的义务上，那就是每个国民都有保护国家领土完整不受侵犯的责任。领土体现着国家的完整性，因此也成为公民认同国家的基础。它首先表现为一种"在场感"，领土作为一种物理空间，使公民形成一种情境依恋和归属感，比如对于家乡、故土的观念就来源于此。此外，领土认同还代表了统一性的概念，在对外关系上保持统一和完整。

2. 文化认同

在社会学领域，文化认同是指共同体所共享的信仰和情感，是实现社会团结的内在力量，也就是一种集体意识。文化认同体现在对个体所属文化以及文化所在群体的认同和归属，这种认识会内化为个体的价值观念，并通过行为呈现出来。

共同文化认同是指国家形成共享的文化传统和底蕴，被国民所接受、认可，不仅从心理上接受，还会自觉将其价值观念内化为自身的价值观念，并自觉规范和指导行为实践。

（1）对共同历史的认同。对于国家或国族历史的认同既回溯过去，也关注现在，同时还指向未来。这既回答了我从哪里来的问题，还关照了未来将走向何处。这种认同不仅满足了民族历史中的寻根意识，而且强调了国家民族所面临的共同使命和历史任务，为未来发展指明了前进的方向。

（2）对共同文化的认同。国家不仅意味着空间上的实体，还在意识领域对应着特定的文化系统。就国家和文化的关系而言，文化诞生于国家代表的特定空间范围内，是一定地理范围内人们长期形成的生存方式、价值观念、行为规范、心理意识和精神气质的总称。上述过程从主体的角度看，可以得出结论：特定区域的人类在历史上通过实践活动形成了独特的文化，文化是该群体所共同遵循或认可的共同的行为模式，[1]但其实质是该群体倾向的价值观表象，一般体现为语言、宗教、风俗习惯等文化元素。另一方面，共同的文化传统又促进了一个民族独特的精神内核和外在特征的形成：文化传统由内而外地渗入、塑造民族的思维方式，又反过来表现于民族共同的行为方式。文化心理是民族文化中的重要部分，文化心理是一种潜移默化性很强的群体意识，作用于群体成员间的沟通和接近，表现在人们的感情、情绪、风俗、习惯、传统和社会风气中，具有很强的凝聚力。[2]

（3）对同胞的认同。国家不仅是地理上的政治共同体，也是由有共同的历史、相似的文化、彼此相关的族群而组成的同胞。对于同胞的想象所组成的"想象共同体"比现实实际组成的民族要更加重要。对祖国同胞的认同中，

---

[1] 参见衣俊卿：《文化哲学十五讲》，北京大学出版社 2004 年版，第 17 页。

[2] 参见王颖、秦裕华：《关于新疆民族文化认同与宗教认同》，载《新疆大学学报（哲学人文社会科学版）》2008 年第 6 期。

不仅让人们寄托了自己的祖国情怀,表达了对与自己有着千丝万缕关联的同胞的休戚相关、生死与共的关怀和牵挂,而且人们即使身在他乡,也有足够的理由来找寻自己的归属。

第二节 国家认同的功能及建构模式

民族国家的存在和发展离不开主权的不断巩固,国家统一的持续维护和共同体意识的一体化建构。美国政治学家艾恺(Guy Salvatore Alitto)说:"民族国家,不仅要求在固定的疆域内享有至高无上的主权,建立一个可以把政令有效地贯彻至全国境内各个角落和社会各个阶层的行政体系,……还要求国民对国家整体必须有忠贞不渝的认同感。"[1]

一、国家认同和国家权力正当性

杜赞奇指出,国家权力在现代的扩展设计了一个双面的过程:"一是渗透与扩张的过程,一是证明此种渗透与扩张过程正当性的过程。"[2] 国家权力的正当性问题,即国家掌握权力的道德基础为何的问题。《布莱克维尔政治学百科全书》将"正当性"定义为某个政权、政权的代表及其"命令"具有合法性。然而,正当性不是正式的法律或法令产生的特性,而是来自社会认可或认可的可能性和"适当性"。综上问题焦点在于两个方面:第一是政权能否、如何在某一社会范围内有效运行,并被以价值观念或规范所认可;第二是这种有效性的范围、基础和来源。[3]

在政治正当性研究领域中,马克斯·韦伯的观点具有较强的代表性,韦伯认为权力皆有必要论证自己的正当性,因此,国家统治的正当性必然需要正当性的理论辩护;在此基础上,韦伯提出:国民的同意、忠诚和支持即为国

---

[1] 转引自苏守波、饶从满:《现代化、民族国家与公民教育》,载《首都师范大学学报(社会科学版)》2009年第3期。

[2] 刘争先:《公民教育与国家建构的互动关系研究——基于中国近代公民教育史的考察》,浙江教育出版社2021年版,第49页。

[3] 参见暨爱民:《国家认同建构:基于民族视角的考察》,社会科学文献出版社2016年版,第429页。

家的政治正当性，也即得到人民认同的国家政治统治形式才具有正当性。[1]

帕森斯（Talcott Parsons）在韦伯的"国民同意、忠诚和支持"论基础上，进一步解释论证了"人民认同"赋予政治正当性的深层逻辑：他认为权力主体得到社会最高价值的支持是使权力客体自愿服从的根本原因。也就是说，他认为在权力主体之上，还有更高的政治价值，权力行使的正当性源于公众认可的政治价值，唯有具有这种政治价值，权力的客体才会自下而上地认同、支持权力的行使。之所以国家能够垄断最高权力，就在于其正当性获得了支持。[2]

政治学家戴维·伊斯顿（David Easton）从人民认同的原因出发，对国民的"支持"进行了系统的分类研究，认为政治"支持"包括特定性支持和散布性支持两种。特定成员为谋取自身利益而提供的政治"支持"称为特定性支持，但这种基于利益的支持因利益本身复杂多变，不具有长期性、稳定性，因此，散布性支持才能成为政治合法性的主要来源；散布性支持通过政治文化、意识形态塑造对共同事业的信仰，从而使人们具有与政治权力主体相同的思想和行动取向。伊斯顿注意到了国家认同在支持国家权力正当性方面的重要地位，他对支持的分析继承了帕森斯的观点，即建构公众认可的价值以获取权力客体支持的、具有正当性的权力。[3]

综合上述政治正当性理论分析，国家权力正当性证明的本质是"认同"，也即国家权力获得的支持源于"认同"。公民形成国家认同就是客观上确认自己的某国公民身份，主观上认可并服从其从属国家，并对国家产生归属感。国家认同不仅是国家政治的正当性基础，在国家团结和统一方面也起到非常重要的作用。

既往研究大多单向分析了国家认同、政治正当性的关系，事实上，一方面，两者的关系是相辅相成、互相促进的双向作用模式。国家政权组织形式、政治制度具有合法性、合理性，政治共同体才有可能获得国民的认同；另一方面，国民认同证明和增强了国家存在的正当性，而这种增强了的正当性也

---

[1] 参见［德］马克斯·韦伯：《支配社会学》，康乐、简惠美译，广西师范大学出版社2010年版，第18页。

[2] 参见田挺：《国家认同建构的政治传播路径研究》，东南大学2017年硕士学位论文。

[3] 参见暨爱民：《国家认同建构：基于民族视角的考察》，社会科学文献出版社2016年版，第434-438页。

会刺激国家认同变强,从而成为国家安全和稳定的基石。国家认同是国家权力正当性的心理基础,国家认同建构的过程也就是国家政治正当性建构的过程,换言之,国家认同是国家建设的应有之义。

二、国家认同和社会稳定

纵观历史上不同形态的国家演变,可以看出,国家认同是促进社会整合和稳定的重要力量,如果一个国家不再被其国民所认可、服从和支持,国家存在的正当性受到挑战,这个国家很难再长期维持一个稳定有序的状态,将陷入混乱,甚至政权的存在都可能受到威胁。

国家认同对于实现多民族国家社会心理整合,增强国家凝聚力和人民向心力,保障社会稳定和国家发展有重要的作用。简而言之,国家认同的形成、国家合理性建设是基础前提,其次要建构广大民众对公民的身份和政治价值的认同感,最终统一价值取向。但是,认同不仅仅停留在内在的心理活动,它还会外化为实际的行为实践,认同的力量更多的也是通过这种行为实践来发生作用。当国家能够为国民的生存和发展提供良好的条件、有效地维护和保障国民的权利时,人们会接受、认可并自觉地践行国家的各项政策和法规,自觉化解在政治、经济、文化等层面可能存在的分歧和矛盾,自觉维护国家的政权系统,这些都对维护社会的稳定和谐至关重要。

在《想象的共同体:民族主义的起源与散布》中,安德森提出国家认同是一种想象的政治共同体。他认为国家是一种抽象概念上的政治共同体,因为对于共同体成员而言,与大多数同胞具有实质性联结是不可能的,但这种联结意向却根植于所有共同体成员的观念中。[1]由此可以得出部分具有普适性的结论,如国家的认同是一种集体认同,民众通过共同的公民身份形成共同体意识,这种意识能使共同体内各成员在心理上产生一种休戚与共的关联,从而促进个体对共同体的情感依恋和归属及认同,对同胞的亲近与关怀,这一系列的情感体验将外化为对国家事务的关心,对国家的忠诚和热爱,促使个体积极投身于国家建设,支持国家政治制度的施行,维护国家的统一和稳定。

---

[1] 参见[美]本尼迪克特·安德森:《想象的共同体:民族主义的起源与散布》,吴叡人译,上海人民出版社2005年版,第6页。

国家是紧密联结各民族及其成员的政治纽带，而国家认同的根本要求和内在需要是维护多民族国家统一、社会稳定。国家认同构成了一个国家稳定存续和发展进步的心理基础和重要驱动力。正是由于公民对于国家的认可和热爱，才能在全社会形成一种强有力的凝聚力。这种凝聚力可以帮助国家抵御外敌，预防国内分裂，维护社会稳定，加速国家建设。相反，如果国家认同出现危机，公民与国家的关系产生疏离，国家在其认同序列中不再置于最高的位阶，公民将转而增强对其他政治共同体的认同，比如族群、宗教组织等，如果国家此时没有及时采取有效的措施，将进一步弱化公民对国家的忠诚感和归属感，甚至催生分裂主义，影响政治稳定和社会发展，最坏的结果将撼动国家认同的根基，也就是国家作为政治共同体的存在。

由此可见，国家认同是现代多民族国家维持国家统一和社会稳定的心理基础，并能为国家建设提供重要的保障。该观念对国家建设实践的启示是：国家认同本身就是现代国家建设的一部分，国家的全面建设必须建基于国民对国家的认同，国家认同的建构构成了国家建设的重要内容。

作为一个政治、经济、文化集合的多元共同体，国家内部达到较高的同质性是确保国家统一和稳定的关键。这种同质性既需要各种客观条件的保障，如政治制度、法律法规等，也需要主观内在的支持和强化，如公民在心理上对这个政治实体产生共同感和一致感等。

生活于同一地理单位的群体，具有共同的历史和文化传统，由此结成了一个集体，这种集体的认同是基于该群体产生的共同体内每个成员应有的观念，直接影响国家权力的正当性，也是现代国家统一稳定、国家形成凝聚力与向心力的社会心理基础，进而影响着国家建设的推进。人们的国家认同程度越高，国家越安全，社会越稳定，国家建设也越顺利。

三、民族认同与国家认同的辨析及国家认同建构的模式

马克思、恩格斯指出："城乡之间的对立是随着野蛮向文明的过渡、部落制度向国家的过渡、地域局限性向民族的过渡而开始的，它贯穿着文明的全部历史直至现在（反谷物法同盟）。"[1] 这一论述深刻揭示了民族和国家产生

---

[1]《马克思恩格斯选集》（第一卷），中共中央马克思 恩格斯 列宁 斯大林著作编译局编译，人民出版社1995年版，第104页。

的历程，民族与国家的发展相伴相生，似乎无法做出非此即彼的选择。

当今世界90%以上的国家是多民族国家，即民族间的交往产生的政治共同体是以多个民族为基础的，但是民族和国家在多民族国家的历史发展过程中遵循着不同的运行逻辑，表现出不平衡和一定的交叉：民族共同体具有分化和整合两种趋势，国家内各民族也相应地会发生分化与融合；而国家共同体则以整合趋势为主要表现，将各族群整合到一起，形成领土完整、政治统一的实体。

因此，不同于单一民族国家，多民族国家在领土疆界和民族边界上存在不一致性，也就是说，国家认同和民族认同不完全吻合，这种张力在某些时期会爆发甚至引发冲突。近年来，民族认同与国家认同的关系问题越来越受到重视，全球化、现代化的纵深增加了民族与国家互动的复杂性，民族认同和国家认同的紧张而引发的冲突此起彼伏。

民族认同以族群或种族为基础、在族群单元之间产生，内容包含认知、情感和行为三个方面。民族意识强调成员聚集的地域、个体间的血缘关系和共同缔造的历史、文化传统等，民族认同的作用体现在对内异中求同，对外同中求异。[1] 民族认同的最重要、最核心的作用是使成员产生民族身份的意识，并进一步认可自己的民族身份。

与国家认同相比，民族认同主要有两方面的特质。

第一，民族认同的核心是民族共同体中的人群的互动关系，其主要作用是族群的对外区分。置于同一国家背景下，这种民族认同不等同于国家认同，但可以构成国家认同的基础和前提。民族国家内可以存在众多民族认同，以民族作为感情投射和忠诚的对象，多个民族认同可以同时存在，但它还不具备涵盖国内所有成员的普适性。换句话说，民族认同是国家认同的一部分，不能完全替代国家认同，如果以民族认同取代国家认同，必然会因损害其他民族群体的群体利益而产生冲突。

第二，文化认同强化民族认同。首先，民族是文化的载体，文化是民族的凝聚力，独特的血缘关系、宗教信仰、风俗习惯、语言文字等体系，加强了民族内各成员间的联系和互动，其主观认知的文化因素又增进了彼此的凝

---

[1] 参见李远龙：《广西防城港市的族群认同（上）》，载《广西民族学院学报（哲学社会科学版）》1999年第1期。

聚力。其次，民族文化促进了价值、审美、好恶、感情、意识等主观心理的统一，形成了共同的民族心理活动。最后，民族文化全面涉及精神、物质活动，民族文化的认同有力地推动了民族身份的构建和认可，认同民族文化反映了人们对文化联系起来的群体的认同感与归属感，从而带来了彼此的亲近感。

（一）民族认同和国家认同的关系

多民族国家内一般同时存在多个民族认同。民族认同先于国家认同存在，是国家认同的基础，个人首先来自某一民族，从现代民族国家角度上看又可能属于某一国家。同时也要看到，国家认同是民族认同的保障，一方面国家认同可以发挥认可和保护民族认同的作用，另一方面民族作为国家的基础，国家是其存在形式，因此民族必然回归国家才具有现代意义。

综上，民族认同和国家认同并不是非此即彼的关系，两者可以共生共存，民族认同与国家认同并不冲突，但国家认同必须处于最高位置，国家认同引导民族认同逐渐上升为国家认同。但事实上，部分活动范围固定、较为封闭的少数民族内，其民族认同更为突出，一定程度上阻碍了国家认同的建构。

实践中民族认同和国家认同的关系深刻影响着民族关系、民族与国家关系、政治统治的正当性、社会稳定、国家安全，因此成为多民族国家建构的重要理论课题。

关于民族认同和国家认同的关系问题，目前学界存在着两种主要理论："冲突论"和"共生论"。当然，由于各民族间复杂的历史背景和文化传统，差异化的认知水平，在实际的处理过程中遵循的理论有很大的差异。

1. "冲突论"。在20世纪三次民族主义浪潮之后，尤其是20世纪90年代以后发展中国家进行的国家建构以及西方发达国家内部出现的离散化趋势，以及世界范围内民族分裂主义的崛起这样的背景下，国内外学者开始关注民族认同和国家认同的关系问题，"冲突论"因此而生。"冲突论"的主要观点是两者对立，民族认同与国家认同不可调和，是导致国家分裂和国内不同群体的冲突的来源。从国家的角度看，强烈的国家认同涉及所有民族的集合体，必然是基于各民族的共同性而非差异性，因此必然强调共性，希望弥合因民族间差异造成的分裂。但是，民族认同的对象是特定的单一民族，成员之间因共同的特质有更深厚的原生情感积累和共同安全利益，因此主张保留独特性以加强民族内的团结和安全。这两者之间存在着冲突。

以"冲突论"整合国内各民族的多民族国家主要有两种表现：推崇国家认同或消解民族认同，推崇国家认同通过建构国家的"同质性"来实现，包括用同质性的文化、国民特性来压制和消除各民族的差异性或异质性，具体表现为同化主义，大多数西方国家都不同程度地经历过这一阶段。另一种过度强调民族认同的民族整合方式，表现为各种民族主义的崛起以及民族分裂活动的开展。

某种程度上，"冲突论"为我们提供了一个研究民族认同和国家认同关系的视角，但是"冲突论"本身存在着很大的问题，其排斥性特征最终都会导致民族矛盾的激化，对于国家的稳定产生负面的影响。

2. "共生论"。基于对"冲突论"的批评，学者们形成了第二种观点，即"共生论"或"和谐论"，主张民族认同是国家认同的前提、文化根基，更是重要组成部分。持"共生论"观点的艾瑞克·霍布斯鲍姆（Eric Hobsbawm）提出，一般由政治国家创造出一种群体意识，在包容、引导民族意识的过程中缩小各民族的心理差异，体现出统一国家的理念。而且没有任何民族能够离开国家而独立存在，[1] 因此民族认同事实上对国家认同是有依赖的，其仅有两种发展途径，一是融汇于国家认同、得以强化，二是引导新的国家认同的产生。

不同性质的民族认同与国家认同具有在一定范围内达成价值共识、共生共存的可能性。国家的统一和长治久安，需要各民族的忠诚、支持和参与，这都要基于国家对于各民族差异性和异质性的包容和尊重，两者在功能上具有相互依存、不可分割的关联。

由上述可见，"共生论"处理民族认同与国家认同的关系更具有现实合理性和可操作性。历史反复向我们证明，民族认同和国家认同两者相互交织、相互关联，当民族认同和国家认同能够和谐共处，国家就会稳定和发展，反之，若民族认同试图超过国家认同，就会导致紧张和冲突，极端情况下甚至威胁国家的存在。因此，现代国家谋求发展必须处理好两种认同的关系，使其相互促进。

---

〔1〕 参见李智环：《民族认同与国家认同研究述论》，载《西南科技大学学报（哲学社会科学版）》2012年第2期。

（二）国家认同构建的模式

那么，如何处理民族认同和国家认同的关系问题，一直以来都是民族国家建构中的核心问题，这不仅关涉国家政权的合法性，还影响到国内各民族的交往共存、影响到国家与民族的关系稳定。在多民族国家中，由于不同的历史文化、语言及信仰等多方面因素的影响，以及各民族与国家之间的差异化的关系，在实际的政策推行过程中，遵循的理论和方式存在很大的差异，由此形成了不同的国家认同建构取向，也理所当然地导向了不同的实践结果。具体而言，对于国家认同建构中如何处理两种认同的关系，目前主要分为三种理论方案："同化论"、"多元论"和"超国家/泛国家认同论"。

1. "同化论"。主张消除民族认同，主张构建国族以实现民族和国家的深度融合。需要厘清种族主义与"同化论"的关系脉络，"同化论"事实上产生于对种族主义的批判完善。20世纪初出现了种族优越论，认为多民族国家内掌握政治、经济、文化话语权的种族具有优越性，这种观点激化了国内的民族矛盾，破坏了各民族与国家间的稳定关系，导致国家内频繁出现民族冲突和对抗。面对这种情况，"同化论"一方面批判种族主义中的不平等和民族歧视倾向，另一方面却保留了文化优劣的观点。

"同化论"首先不能贯彻各民族平等的原则立场，认为少数民族的文化是落后的，甚至认为少数民族愿意放弃本民族的"落后"文化；其次，"同化论"反对异质性，片面强调民族统一，希望使各民族融入主流，消解各种差异和区别，构建"国族"，以此实现民族和国家的高度统一。该理论在20世纪初的美国普遍流行，其采取的同化政策对此后的美国社会产生了深远影响。

大部分西方国家都曾在历史上推行过同化政策，直至今日，同化仍然是很多国家所采取的主要民族政策。他们认为，将多数群体的民族认同作为国家认同是政治稳定的需要，而少数民族融入主流社会，也是符合自身利益的实践，因此，各国推行同化政策具有一定的历史必然性。审视法国大革命时期的法国社会，盛行着一种强调国族与国家统一、否定多元化的"雅各宾主义"，作为法国民族主义的主流甚至部分演变成了沙文主义的民族意识，雅各宾派曾为了解决语言这一主要的民族问题，选择统一国内语言，强制推行国语而禁止少数语言。此外，雅各宾派各种思想和政策深刻地改变了法国的民族构成，法国大革命之后，巴斯克、布列塔尼和加泰罗尼亚等人数众多的少数民族被这种民族建构政策所同化。[1]

普遍认同同化理论的情况,在20世纪发生了逆转,有观点认为此时不再存在规模较大的少数民族被同化的现象。[2]"同化论"对于少数民族文化的否认本身就存在不合理性,而且个体在特定的历史环境中可能同时存在多重身份,也会生发出多重认同。

同化理论的问题在于主张消除民族差异,少数民族泯然于某一民族或社会主流文化。然而少数民族具备的各种独特性来源于民族认同、民族文化,具有难以磨灭的历史、地域、血缘根基,这种牢固的基础使得温和的自然同化进程难以推进,另一方面又使少数民族在面对强硬的同化手段时被激发出强烈的抵触意志和行为,最终可能导致民族冲突、国家与民族对立,甚至民族分离运动的爆发。

因此,"同化论"遭到了越来越多的批评和否认。面对反抗的少数民族主义,大多数西方国家在20世纪选择了包容和承认,这也就是"多元论"。这与当时社会历史背景有密切的联系。第一,二战以后,很多西方国家大量涌入外来移民,族群构成和文化特质更加多元。第二,方兴未艾的民族主义运动,影响到了统一多民族国家内的民族意识,各少数民族的民族认同与其共振,少数民族倾向于争取平等和权利。第三,19世纪民族同化主义的固有理论缺陷以及同化政策的各种弊端开始浮现,民族关系趋于紧张。因此,同化政策逐渐被抛弃,国家认同建构模式逐渐转向宽容、尊重差异、包容多元,注重保障少数民族的正当诉求,以此来稳定民族与国家间的关系,巩固政治统治的正当性。

2. "多元论"。"多元论"就是把民族认同和国家认同看作可以和谐共存的关系。承认、鼓励各民族保持自己的独特性,彰显自己的民族文化,促进民族多样化发展,以此获得各民族对于国家的认可。在"同化论"遭遇批判的前提下,"多元论"的主张收获了很多国家的赞同,多元关系建构成为许多国家在处理民族认同和国家认同关系问题上的建构取向。"多元论"的理论价值与可行性,能够有效缓和民族认同和国家认同间的矛盾,至今仍受到很多

---

[1] 参见[加]威尔·金里卡:《多民族国家中的认同政治》,刘曙辉译,载《马克思主义与现实》2010年第2期。

[2] 参见[加]威尔·金里卡:《多民族国家中的认同政治》,刘曙辉译,载《马克思主义与现实》2010年第2期。

国家的欢迎。

"多元论"的本质要求即平等、包容，要求在处理民族认同与国家认同关系时允许差异的存在，尊重不同，加强民族交往，维护各民族合法权益，以此为基础达到对国家的认同。这相比"同化论"无疑向前迈了一大步，但是"多元论"在具体实践过程中也暴露出了不少问题。它只是被动地承认各民族之间的差异，尤其是对于少数民族群体缺乏必要的引导和保障，这种不加区分的放任自流式的多元文化主义，实际上依然隐含着主体民族的优势地位和文化霸权，而处于弱势地位的少数民族非但不能很好地融入主流社会，在这种不加干预的政策下甚至会导致民族间的隔离，加深各民族之间的芥蒂，使少数民族处境更糟糕。

3. "超国家/泛国家认同论"。如前文所述，由于"同化论"和"多元论"在具体实践中都存在自身的局限性，并在一定程度上陷入了认同困境，有人提出了第三条路径，即"超国家认同"。这种全新的泛国家认同与传统国家认同的本质区别在于超越了现有民族认同多样性。它强调"多元一体"基础上的认同，倡导"一元主导、多样共存"，也就是"共同体政治"，民族认同和国家认同不再作为对立的两种认同，强调在保持民族属性的同时，加强国家共同体意识，最大化各民族之间的共同的价值目标和历史传统，使各民族自然产生交集，努力推进各民族自觉维护国家的统一，真心认同国家的共同体意识。

需要指出的是，在构建"超民族或泛国家认同"时，少数民族和主体民族都容易对之产生误解。一方面，对于少数民族成员而言，他们很容易认为这只是"同化论"改头换面后的方案，其实质还是同化主义的民族建构。另一方面，主体民族也会有这样的认识，即认为推进"超民族或泛国家认同"其实就是主体民族的认同。金里卡认为，关键在于在推进"超民族或泛国家认同"构建过程中，主体民族应该有意识地为少数民族的文化生存和发展创造条件。[1]

---

〔1〕 参见［加］威尔·金里卡：《多民族国家中的认同政治》，刘曙辉译，载《马克思主义与现实》2010年第2期。

第三节 作为国家认同建构重要路径的公民教育

一、公民和公民身份

(一) 公民和公民身份的内涵

要讨论公民教育，就不得不首先关注"公民"这一名词的概念。公民的概念自古希腊时期就已存在，公民的出现与社会政治生活的运行密切相关，并随着不同历史时期的演变而被赋予了截然不同的含义。

古希腊时期最早提出了"公民"的概念，亚里士多德将公民定义为"在政治生活中轮流充当统治者和被统治者"，由此可以看出，公民并不包括城邦内所有的居民，而是特指具有成为统治者和被统治者资格的一部分人，这种统治与被统治的权利使他们区别于一般的居民而成为尊贵的存在，他们可以在城邦内行使政治权利，参与决策，彼此达成一致，共同维护其政治生活的运行和稳定。到了古罗马时期，公民的内涵进一步扩展了，出现了以公民自由为核心的共和精神，人们宣称公民的权利神圣不可侵犯。到了中世纪，由于国家的权力受到强大的教会力量和封建君主的霸占，公民的历史中断了，这一时期不再存在公民，取而代之的是臣民和奴隶，公民的权利和自由彻底被剥夺。

真正意义上的公民概念是随着西方民族国家的建立而出现的。西方民族国家的兴起彻底消灭了封建君主垄断国家权力的局面，宗教的势力也不复从前，社会结构随之发生了深刻的改变，"君权神授"的封建君主专制让位于"天赋人权"的宪制政体，公民成为国家的主人，具有不容侵犯的自由权利。自此，现代意义上的"公民"概念确立了。公民通常指具有一个国家的国籍，并根据该国的宪法和法律规定，享有权利和承担义务的人。

公民指向的是个体的一种成员资格，公民身份则是对公民概念的一种普遍抽象。美国学者茱迪·史珂拉（Judith N. Shklar）认为，"公民身份"（citizenship）是政治领域的核心概念，但其内涵在历史实践中不断变化，在理论上极具争议。[1]

关于公民身份的理论，主要有自由主义和共和主义两种观点。古典自由主义公民身份理论早期以霍布斯（Thomas Hobbes）、洛克（John Locke）为主要代表，他们主要关注的是国家和个人之间的关系，强调个人拥有绝对的自由，国家应该保障个人权利和自由的实现。现代自由主义的代表人物是托马斯·马歇尔（Thomas H. Marshall），他提出了公民身份的三个维度，即公民权利、政治权利和社会权利。之后的自由主义公民身份理论发展，基本都是基于马歇尔理论的发展和延伸。自由主义以公民个人为主要理论视角，强调公民权利的维护和实现。而共和主义最早兴起于古希腊罗马时期的城邦社会，到中世纪末期，公民身份又再一次被提出，形成了早期的古典共和主义传统，到了近代，随着民族国家的相继建立，逐渐发展出了现代共和主义。共和主义是以集体为其主要考察视角，主张公民在享有自身的权利的同时，也要相应地承担对于国家或共同体的责任以及在公共领域的公民美德，甚至有时主张后者更为重要。因此，在谈及公民身份时，一般情况下会将其划分成两个部分：一是公民的权利与义务，二是公民的情感与归属。

正如哈贝马斯所说，公民身份"具有双重特征，一种是由公民权利确立的身份，另一种是文化民族的归属感"[2]。由此就对应两种公民身份：一种是公民在国家或共同体内所享有的权利以及要承担的责任和任务；另一种则是公民对于所在的国家或共同体的情感依恋和归属感。

英国著名的政治学家、社会学家 T. H. 马歇尔是公民身份理论的集大成者。他首先建立起了公民身份理论的结构框架。20 世纪 80 年代以后，相继有学者对公民身份理论内沿外缘进行了拓展，进一步丰富了公民身份理论在不同学科背景下的研究。包括美国学者雅诺斯基、英国学者希特等在内的著名学者都提出了系统性的公民身份理论，但这些都是基于马歇尔的理论框架而发展起来的。根据马歇尔的理论，公民身份可以划分为三种权利结构：公民权利、政治权利和社会权利。公民权利主要包括保障个人自由的权利，如财产权、订立契约权、司法权利等，这是最基本的权利。政治权利是指参政权

---

[1] 参见［美］茱迪·史珂拉：《美国公民权——寻求接纳》，刘满贵译，上海人民出版社 2006 年版，第 3 页。

[2] ［德］尤尔根·哈贝马斯：《包容他者》，曹卫东译，上海人民出版社 2002 年版，第 133 页。

和选举权，是作为国家主体的公民，参与国家管理、公共事务管理而享有的权利。社会权利是公民获得经济福利权、社会保障权、社会遗产权以及享有文明生存的生活权利。马歇尔将这三种权利结构置于英国的不同历史发展阶段进行研究。虽然马歇尔的理论是在研究英国的特定背景下提出的，但他的理论具有开创性和普遍性的意义。现代公民身份理论多多少少都能窥见马歇尔理论的影子。

此后，雅诺斯基发展了马歇尔的公民身份理论，将公民身份定义分为三个主要的类别，即法律、社会科学和道德规范三种。

法律上对公民身份的定义是个人应效忠于国家，强调的是个人对法律的服从，这是获得公民资格的基础。通过这个定义可以看出，法律公民身份是对个体具备成为一个国家成员资格的界定，这是最基本的法律意义上的一种身份。但这种身份是被动的，从中无法看出民主的主动权利的内涵。

社会科学层面的定义认为公民身份是个人在一民族国家中，在特定平等水平上，具有一定普遍性权利与义务的被动及主动的成员身份。[1]这个方面的定义侧重于分析个体与个体之间以及个体和国家之间的关系，还有其中的权利和义务。这里的权利不同于法律层面的被动权利，加入了主动成员身份的内容。

道德规范方面的定义强调个人应有的行为和态度，公民的美德。这一层定义主要围绕如何在公共领域践行良好的美德，发挥"好公民"的作用。通过公民积极主动地参与，履行应尽的义务，公民会不自觉地产生对于该群体的情感依恋，公共善就是基于这一归属感而逐渐形成。这也是对民主社会公民的基本要求。

肖滨认为，公民身份既是一种地位，也是一种实践。[2]奥斯勒（Audrey Osler）和斯塔基（Hugh Starkey）在《变革中的公民身份：教育中的民主与包容》一书中提出，虽然地位和实践、权利和义务是公民身份的关键因素，"但却没有考虑到公民身份可能是人们最有切身感受的归属感这样一个事实"[3]。

---

[1] 参见［美］托马斯·雅诺斯基：《公民与文明社会》，柯雄译，辽宁教育出版社2000年版，第1页。

[2] 参见刘争先：《公民教育与国家建构的互动关系研究——基于中国近代公民教育史的考察》，浙江教育出版社2021年版，第61页。

[3] ［英］奥德丽·奥斯勒、休·斯塔基：《变革中的公民身份：教育的民主与包容》，王啸、黄玮珊译，教育科学出版社2012年版，第7页。

他们提出，公民身份由地位、情感和实践三个部分组成。

第一层含义是作为社会身份的公民身份，这也是公民身份最普遍的含义。公民身份是成为公民的一种身份地位，体现的是个体和国家的关系。"作为地位的公民身份取决于政治和法律上的界定"，主要由法律所规定的权利和义务组成。

第二层含义是作为归属感的公民身份，指公民身份是公民对所在社区的一种归属感。如果仅仅获得法律上的身份地位，人们有时还是会或多或少觉得这种身份只是与某个国家的关系的体现，并没有深刻地认同。而公民情感主要指的是个人对国家或共同体的归属感和认同感。归属感是参与性公民身份的前提条件。

第三层含义是作为实践的公民身份，指的是个体认识到自己的生活与他人的关联，不管是公民的权利和义务，还是归属感和认同感，必须在公民的积极参与中才能得以实现，因此，公民的实践和参与是公民身份真正实现的重要路径。公民地位是公民参与的目的，而公民参与的结果又促进了公民情感的关联，三者之间彼此关联，密不可分。

通过上述分析可以看出，公民身份是一个关涉法律、社会、政治、道德等多领域的概念。但正如前面所提到的，20世纪末期，随着全球化的纵深发展和世界主义叙事的发展，公民身份的内涵和外延都发生了明显的变化，亚国家、世界公民身份相继被提出。公民身份突破了原来以民族国家为界限的研究框架。而且，公民身份不是一成不变的，它会因不同的社会情境和个人不同的利益诉求而发生变化，而且公民身份具有多样性的特点，同一个体可以同时具有多重公民身份。在一个国家的不同历史时期，甚至同一时期的不同阶段，都有可能发生变化。因此，对于公民身份的把握应该持一种开放的、动态的态度，将其置于具体的场域中，结合其社会、政治、文化等多方面要素综合分析界定。

(二) 公民身份的内容

基于上述的理论分析可以看出，法律确认的公民成员资格是基于权利和义务、公民德性、公民参与等方面，其深层目的是规范引导个人与国家间关系，最终服务于国家和社会的和谐发展。在国家认同视域下，公民身份强调共同体观念塑造和发展，追求公民与国家之间的互惠关系。因此，公民身份的构成要素主要包括以下几个方面：

1. 平等的公民地位。公民身份是合法的国家成员资格，通常根据国籍确认。我国宪法也依据国籍授予公民身份："凡具有中华人民共和国国籍的人都是中华人民共和国公民。任何公民享有宪法和法律规定的权利，同时必须履行宪法和法律规定的义务"。公民身份理论与立法实践体现了，法律追求平等原则，平等地授予公民身份，个体基于公民身份平等地享有权利和履行义务。国家的所有公民，或社会的所有成员，都应当有平等的政治地位和社会地位。[1] 当前政治共同体组织的基本形态是民族国家，而单一民族国家极其有限，大部分国家内都是由多民族共同构成的，各民族间在文化传统、宗教信仰等方面存在着巨大的差异，如何在尊重各民族的多样性基础上保障"平等"的实现，是国家必须思考和解决的重要议题。多样性和统一性的协调和良性互动对于进一步促进国家认同也具有重要的意义。

2. 权利和义务的统一。国家在规定公民的法律地位的同时，也规定了公民享有的权利和承担的责任。公民需要对权利和义务有清晰的认识，具体具有哪些权利，应该承担什么样的责任。公民身份在历史上有两大传统：自由主义和共和主义。自由主义主张以个体的权利为基点，倡导公民权利的至高无上，重视个人权利和自由的实现。而共和主义主张以公共价值为基点，强调个体对共同体的责任和义务，强调公共生活的意义。当代公民身份，不再以任何一方为优先，而是寻求权力和责任的平衡，实现权责统一。公民权利的实现需要国家制度的保障，也是衡量一个国家民主程度的重要标志，只有在民主的条件下，人们对国家的认同才是稳固的。公民的义务和责任不仅包括人与人之间相互尊重和帮助的普遍道德要求，还包括个人在社会中扮演的角色所应该完成和实施的行为等制度性要求。公民的权利和义务是一对相辅相成的概念，没有无权利的责任，也没有无责任的权利。

3. 公民德性。公民身份作为公共生活中的一种成员身份，反映的是两层关系，一层关系是公民个体与个体之间的关系，另一层是公民与国家共同体的关系。可见，公民无法脱离开国家和其他公民而单独存在，因此，公民美德等非制度性约束就显得非常重要。公民德性可以分为三个层次：第一层是

---

[1] 参见张雪琴：《国家认同视域中公民身份的内涵检视和生成机制研究》，载《河南社会科学》2018年第10期。

公民对自身品质的要求，包括坚韧不拔的品质、勇敢的精神、无畏的勇气以及积极参与公共事务的热情；第二层公民是对国家的德性，包括对国家的热爱、忠诚、奉献等；第三层公民是对其他公民的态度，包括与其他公民形成友谊、合作和信任的关系等。[1] 良好的公民德性可以增强公民对公共生活的参与意识，提升公共精神，增强社会凝聚力和团结精神。公民的德性和公共精神体现在公民在处理与国家、社会甚至世界的关系中，能够协调个体和他人和共同体的分歧和矛盾，从而成为法律规定之外的指导人们生活的重要准则。对国家核心价值的认同，自觉遵守社会道德，自觉维护国家尊严和国家利益等，这些情感意识和行动的实现都有赖于公民德性的发挥和助推，公民德性本身也理应包含这些内涵和意蕴。公民德性是现代社会最重要的黏合剂。

4. 公民参与。政治生活是国家公共生活的重要组成部分，作为一个国家的公民，不仅应该关心国家事务，更应该积极参与其中，这是对公民身份的巩固和延伸。现代化国家致力于推进民主化进程，在民主的条件下，国家的权力来自人民，人民是真正的主人，人民决定国家事务，基于对政治法律知识的了解以及其合理性和价值意义的把握而产生对国家的认可、忠诚和热爱，这些观念意识上的东西必须经由公民的参与才能真正地发挥作用。公民参与是民主政治的核心和关键。仅仅对国家忠诚还不能称之为真正的"好公民"，还应该积极主动地参与国家的政治生活，承担社会责任，具备一定的参政议政能力。只有通过各种形式的参与才能建立起公民个体与共同体之间实质的关联，才能融入共同体。

二、公民教育和公民身份

（一）公民教育的内涵

与公民的概念类似，公民教育最早可以追溯到古希腊时期。那时，公民指的是城邦内的自由人，具有共同管理城邦、参与城邦事务的权利。那时的公民教育旨在培养对城邦的献身精神。而现代意义上的公民教育是随着现代

---

[1] 参见张雪琴：《国家认同视域中公民身份的内涵检视和生成机制研究》，载《河南社会科学》2018年第10期。

公民的产生而发展起来的。关于公民教育的内涵众说纷纭，至今都没有一个固定的统一表述。

责任与身份说认为公民教育是对青少年进行公民责任和公民身份的教育。[1]大卫·科尔（David Kerr）则从公民教育的目的角度强调公民教育应当在国际背景下培育学生的知识、技能、（正确）态度和价值观，以培养民主社会的合格参与者。[2]我国学者对公民教育的研究同样以公民教育的目的展开。学者李萍提出，"公民教育应当是以公民的本质特征为基础和核心而建立起来的教育目标体系。"[3]

尽管关于公民教育的定义尚未达成一致，但上述观点为我们提供了多方面的启示。简言之，公民教育是关乎公民身份认知的教育，其目标在于培养公民对国家的忠诚、自觉履行公民权利与义务的品质与能力。

（二）公民教育与公民身份的关系

通过前面的分析可以看出，"公民"是一个社会政治范畴的概念，体现的是在国家或共同体内部的成员资格以及所享有的权利和义务。所以"公民"是社会历史政治发展的产物。在古代，公民的内涵与城邦制度和当时的经济密切相关，现代公民则是工业革命和宪法制度作用下的产物。由此可以看出，公民身份是随着社会结构、政治制度的演进而相应发生变化的。政治条件、社会条件为公民身份的变迁提供了客观的基础，但是我们必须看到，公民身份能不能成功地被发挥，要取决于公民个人的思想观念。公民身份既与社会制度有关，也与行动者的观念联系在一起。前者表现为宪法、法律等客观制度形式，后者则表现为公民的权利意识、义务意识、参与意识等。公民的权利和义务是法律规定下来的，但是如何认识和把握公民的权利和义务，如何认同共同体和践行公民德性，这要依靠公民自己的认知，而这种认知观念能够外化为公民的自觉行为。可见，完整的公民身份生成机制是社会制度、公民观念和公民行动相互作用的产物。[4]

---

[1] See Carter V. Good, Winifred R Merkel, *Dictionary of Education*, McGraw-Hill, 1959, p. 93.

[2] See David Kerr, *Citizenship: Local, National and International*, in Liam Gearon ed., *Learning to Teach Citizenship in the Secondary School*, RoutledgeFalmer, 2003, p. 7.

[3] 李萍、钟明华：《公民教育——传统德育的历史性转型》，载《教育研究》2002年第10期。

[4] 参见冯建军：《公民身份认同与公民教育》，载《中国人民大学教育学刊》2012年第1期。

社会结构要求的公民身份以及法律所规定的公民身份必须内化为公民自己的观念意识，才能诉诸公民的自觉实践。正因为观念和意识在公民身份的内化过程中起到重要的作用，所以教育才能够成为培养公民身份的可行路径和重要力量。

第四节　国家认同和公民教育的关系

公民教育与国家认同的关系问题属于教育与国家关系的研究，国家是现代教育的提供者和界定者，对教育起决定性影响作用。在发展公民教育的具体原因上，不同理论有其侧重点。一种观点认为，基于公民与国家的政治关系的需要，国家组织教育并发展公民教育，[1] 该观点由美国比较与国际教育协会前主席卡诺伊（Carnoy）提出。另一种观点在马克思主义视角下，认为国家发展公民教育是出于维护统治的需要，此观点的主要支持者是葛兰西（Gramsci），他的文化霸权理论为马克思主义视角下研究教育与国家关系奠定了理论基础。具体而言，葛兰西认为，国家不仅需要维护政治统治，更要掌控智识和道德的领导权。争取国家权力的方案分为直接攻击国家机器的运动战（war of manoeuvre）和长期存在的对统治阶级意识形态的阵地战（war of position）两种。而教育是意识形态斗争的重要场域之一，无产阶级需要通过公民教育同化和转化传统知识分子。[2]

安迪·格林（Andy Green）提出了公民教育与国家认同的关系的另一面，他认为国家与公民教育的关系不仅在于国家构建公民教育，国民教育体系也会推动国家形成的进度。[3] 国家是教育发展的重要因素，因此国家形成过程的特性与阶段性必然决定性地影响国家教育制度，而创建国家教育体系的主要目的是：培养管理者、工程师、军人；加强特定文化的影响力，维护民族

---

[1] 参见刘争先：《公民教育与国家建构的互动关系研究——基于中国近代公民教育史的考察》，浙江教育出版社2021年版，第17页。

[2] 参见刘争先：《公民教育与国家建构的互动关系研究——基于中国近代公民教育史的考察》，浙江教育出版社2021年版，第18页。

[3] 参见刘争先：《公民教育与国家建构的互动关系研究——基于中国近代公民教育史的考察》，浙江教育出版社2021年版，第19页。

国家的政治和文化统一体；在市民中巩固统治阶级的国家意识形态的霸主地位。[1]

一、从公民身份到国家认同

现代公民教育几乎与现代国家建构同时产生和发展。公民教育兴起和发展的历史伴随着现代国家建构的历史。吕秋芳教授提到，现代公民教育是民族国家形成的工具，随着国家的建立而积极建构，由国家或政府上层自上而下地组织开展。由于不同国家在性质和建构历程上的差异，公民教育体系的发展时间和形式也各不相同。[2] 国家建构所使用的历史社会学的研究范式能够有力地解释公民教育的兴起和发展变迁，而且也使其具有研究公民教育的逻辑必然性。

格林认为公民身份的普遍化是国家形成过程的一部分；马歇尔和本迪克斯（Bendix）的国家建构理论以公民身份为核心，概括了公民身份伴随国家建构进程发展的过程。具体而言，马歇尔的理论认为公民身份包括三种权利结构，公民权利、政治权利和社会权利：其中，公民权利是最基本的权利，主要包括保障个人自由的权利，如财产权、订立契约权、司法权利等；政治权利是指参政权和选举权，是作为国家主体参与国家管理、公共事务管理而需要的权利；社会权利是公民获得福利、保障等生存和生活的权利。在此基础上，马歇尔将这三种权利结构置于英国的不同历史发展阶段进行研究。

本迪克斯更为明确地指出这种联系的存在。他把公民身份理解为权利和义务的互惠关系。他指出，工业革命后，雇主对工人责任的期待，下层阶级的反抗，促使了公民身份的普遍化。各国赋予公民基本的受教育权利，通过教育公民来实现对国家统治的巩固。[3]

公民身份关涉民主、平等、权利、爱国主义等概念，反映的是公民个体和国家共同体之间的关系。公民身份的演变是由政治制度、思想观念和政治实践三者共同作用的结果，所以它不仅仅是一种重要的政治制度，同时也体

---

[1] 参见[英]安迪·格林：《教育、全球化与民族国家》，朱旭东等译，教育科学出版社2004年版，第37-38页。
[2] 参见蓝维等：《公民教育：理论、历史与实践探索》，人民出版社2007年版，第97-101页。
[3] 参见刘争先：《公民教育与国家建构的互动关系研究——基于中国近代公民教育史的考察》，浙江教育出版社2021年版，第31页。

现与国家建构相一致的政治文化、意识形态和思想观念，即公民身份从物质、精神两个层面关联到公民内在的心理取向和外在的认同实践，认同的力量在公民身份的完善过程中体现，促进国家认同的提升。正如哈贝马斯所言，"国民对于国家的认同，主要体现在国民的积极参与和交往之中。"[1]

公民身份与国家认同之间存在着密切的逻辑关联。哈贝马斯说，公民身份具有双重含义，一方面是公民身份是一种对应权利确立的身份，另一方面则包含着文化民族的归属感。[2] 由此就对应两种公民身份：一种是公民所享有的权利以及相应的应承担的责任和义务；另一种则是公民对于所在的国家或共同体的情感依恋和归属感。肖滨认为公民身份和国家认同之间存在两个具体的匹配关系，"文化—心理公民身份"与"归属性国家认同"为一组，指向公民在文化—心理上归属于哪个国家/民族的自我身份认知；而"政治—法律公民身份"与"赞同性国家认同"是另一组，指公民对国家政权系统的认可和支持。

在现代国家建构中，国家认同的支持和公民身份的确立是至关重要的。公民身份的确立是国家认同的起点和关键，而国家认同则反映了一个国家的凝聚力和向心力，是维护国家统一和社会稳定的重要保障。因此，处理好个人与国家之间的关系对于现代国家的建设和发展具有重要意义。

随着社会的进步，公民身份逐步由少数扩展到全体成员，"既然我们已经给了他们政治权力，我们就不能再推迟给他们提供教育"[3]。本迪克斯认为，接受基础教育是落实公民身份最普遍的措施。

二、公民教育的功能

（一）公民教育是实现社会整合的重要途径

社会发展变迁的两个基本形态包括整合和分化。所谓社会整合，是指

---

[1] 暨爱民：《国家认同建构：基于民族视角的考察》，社会科学文献出版社 2016 年版，第 626 页。

[2] 参见 [德] 尤尔根·哈贝马斯：《包容他者》，曹卫东译，上海人民出版社 2002 年版，第 133 页。

[3] 暨爱民：《国家认同建构：基于民族视角的考察》，社会科学文献出版社 2016 年版，第 640 页。

"通过相应的社会机制、阶级社会发展过程中产生的社会分化、社会失范，甚至社会解体问题，使得人类的共同生活成为可能。"[1] 在传统社会，由于生产力水平低下，个体交往范围受限，社会的整合可以通过同质化实现。而到了现代社会，随着生产力水平的高速发展，个体的交往日益频繁，社会异质化因素增加，分化逐渐出现并随着分配不均的加剧而日渐激化，大规模战争、世界市场的出现扩展了个体与个体之间、个体与社会之间交互作用的维度，公共交往和公共生活全面扩大、深层次发展，公共领域从最初的以经济领域为核心，逐渐蔓延到政治、文化领域，传统的社会整合策略逐渐式微。现代社会分化带来的公共化转型产生了一系列社会后果：独立的个体，价值观念的多样性，现代国家的兴起以及全球化的发展等。现代社会整合面临极大的挑战。一方面，撼动了传统的同质化观念。现代的人是独立存在的个体，他们会因所处情境的多元化而形成不同的价值意识，而多元价值意识的集聚将进一步挑战和冲击传统的观念。另一方面，现代国家成为社会整合的主导力量，在传统国家，由于国家能力的孱弱，使其统治规模限制在较小的范围。而现代国家随着资本主义的发展，其能力也日渐扩张，对于政治、经济和社会生活的控制力增强。在现代国家，无论是社会整合的组织机制还是观念机制，都由国家推动并保障。[2]

如何进行社会整合，帕森斯（Talcott Parsons）提出以普遍的公民身份来整合日益分化的现代社会。纵观公民身份的发展历史，包容与排斥是关键词。马歇尔的公民身份理论可以就社会整合问题提供重要的理论指导。马歇尔从英国的具体历史背景下讨论公民身份，认为英国公民身份经历了一系列的变化，从白人男性到女性、再到黑人及移民的少数群体，许多群体经历了从被排斥到逐步被公民身份的理论内涵所囊括。帕森斯在继承马歇尔公民身份理论的基础上提出用普遍平等的公民身份来回应个体的差异。他指出，公民身份的普遍化与现代社会具有同构性。公民身份在此提供了普遍性的实现基础，并强调教育在制度化普及和实现公民身份中发挥着重要的作用。[3]

---

〔1〕 参见刘争先：《公民教育与国家建构的互动关系研究——基于中国近代公民教育史的考察》，浙江教育出版社2021年版，第312页。

〔2〕 参见刘争先：《公民教育与国家建构的互动关系研究——基于中国近代公民教育史的考察》，浙江教育出版社2021年版，第315页。

〔3〕 See Talcott Parsons, *The System of Modern Societies*, Prentice Hall, 1971, p.22.

公民身份制度不仅是组织意义上的制度，更是一种观念塑造。作为一种组织制度，公民身份与政治制度体系相关联，而作为一种观念制度，公民身份表达了一种平等的观念，关系着国家权力的正当性。

公民教育本身就是对现代国家公民身份的一种承认，它为现代国家提供一种共同体意识支撑，将公民个体与国家紧密地联系在一起，成为维系一个国家生存和发展的重要基础。霍布斯鲍姆提出，现代国家会出于建设需求塑造国民的国家意识，尤其是在小学教育环节，这种塑造要求人民认同国家的象征符号、更经常靠传统和民族的概念来整合国家。[1]

（二）公民教育是塑造国家权力正当性的重要依托

国家权力表达的是支配与服从的关系。从最一般的意义上讲，权力指由对象、个人或集团相互施加的任何形式的影响力。但权力与一般性的影响力不同，它具有强制性。因为在权力的背后，有暴力作为支撑。但是，暴力并不会被经常使用，而是通过寻求权力客体对权力主体的一种认可，也就是正当性来使权力得以实现。正如戈尔斯基（Gorski）说的那样，"国家不仅仅是行政、警务和军事组织，国家也是教育、矫正和意识形态组织。"米切尔（Mitchell）提出，"国家是一个同时作为物质力量和意识形态建构存在的分析对象。"[2] 权力的使用必须基于共同认同的政治价值，这样才能获得正当性。也就是说，政治正当性是解决国家治理有效性和稳定性的重要途径。

权力的正当性历经对宗教等神圣力量的膜拜到"君权神授论"中世俗的个人取代上帝为权力证成，再到现代的"天赋人权"，个体的自主性得到了越来越大的发挥和承认，国家权力的正当性也从外在的客观基础变为内在的主观基础。韦伯（Max Waber）认为，当被统治者认为某种权力正当，那么它就是正当的。[3] 由此可以看出，现代国家的正当性是可以被塑造和建构的，涉及个体的认知和信仰。公民对国家的认同是基于对两者关系的深刻认识之上，而"教育是达到分享社会意识的过程的一种调节作用，而以这种社会意识为

---

〔1〕 参见［英］埃里克·霍布斯鲍姆：《民族与民族主义》，李金梅译，上海人民出版社2000年版，第108页。

〔2〕 刘争先：《公民教育与国家建构的互动关系研究——基于中国近代公民教育史的考察》，浙江教育出版社2021年版，第49页。

〔3〕 参见刘争先：《公民教育与国家建构的互动关系研究——基于中国近代公民教育史的考察》，浙江教育出版社2021年版，第321—322页。

基础的个人活动的适应是社会改造的唯一可靠的方法"[1]。国家可以通过教育传递并再生产统治阶级的意识形态和价值观，从而对统治予以合理化，大部分现代国家都意识到教育在塑造国家权力正当性方面的重要作用，而公民教育被视为最直接地、最为有效地传达国家意识的工具之一。公民教育不仅提供有关公民身份的政治、法律知识，更重要的是提供公民对于国家制度安排的合理合法性的认识并由此形成一种价值观念，这种观念将外化为公民对于国家的行为上，主动关心国家事务和发展并致力于参与国家的建设和维护国家的和谐稳定。

公民教育的开展，可以促进公民身份的制度建构和观念传播，与此同时，通过对于公民身份地位、情感和参与的实践，促进公民对国家政治和文化的认同，从而塑造国家权力的正当性，最终实现公民对国家的认可和服从。

三、国家认同视角下的公民教育

（一）国家认同影响公民教育的理念和政策实践

现代社会中人的主体作用非常突出，国家认同从国家观念或国家意识层面延伸到了国家建设。[2]公民与国家的关系是国家的合法性来源，这种关系直接表现为国家认同，因此国家认同是现代国家建构的基础和前提，也是国家建构的重要内容。基于国家认同与国家建构的密切联系，公民教育领域涉及国家认同的问题必然也关系到国家建构。根据安迪·格林的观点，统治者建立民族性国家教育体系的目的是传递国家认同，塑造统治者权力的正当性基础以满足现代国家建设的需要。在现代民族国家语境中，国家自身正当性的新来源是塑造新的公民和民族，国家教育公民是创造公民和民族的最重要方式。格林的研究有力地论证了政治因素是现代教育兴起的根本原因，教育是塑造公民民族的一种工具，国家的形成过程对其具有决定作用，一方面决定着教育体系的发展进程，另一方面决定着教育的发展方向。[3]综上所述，现代公民教育几乎与现代国家建构同时产生和发展，公民教育的兴起和发展

---

[1] 顾成敏：《公民教育与国家认同》，载《郑州大学学报（哲学社会科学版）》2011年第4期。

[2] 参见林尚立：《现代国家认同建构的政治逻辑》，载《中国社会科学》2013年第8期。

[3] 参见［英］安迪·格林：《教育、全球化与民族国家》，朱旭东等译，教育科学出版社2004年版，第142-146页。

的历史伴随着现代国家建构的历史。"教育的迅速进步,既是发展性国家产物,也是它得以运转的重要工具。"[1]作为国家建设的一部分,国家的意识形态、认同建构的希望和内在困境必然会反映在公民教育的指导思想、内容和具体实施中,而国家认同的现实需要和未来诉求也必然会成为影响同时期公民教育发展的基本遵循和重要依据。

1. 公民教育理念的转变

公民教育被视作形塑国家认同的重要路径,当国家认同出现变化甚至危机时,要求教育必须做出适当回应。这种回应必然首先发生在公民教育的理念上。传统的公民教育理念最初是同质性的,所有公民都应在统一的国家意识形态下发展其认知和情感,与此同时国家意识形态和公民教育同样未忽视或排斥自由平等、个人权利与个体价值的教育培养。自20世纪以来,多民族国家注重通过公民教育助力解决国内多民族之间的差异问题,构建共同体观念,用来巩固那些能够为社会与政治的合作提供基础的共同价值。随着全球化、一体化和民主化的深化,原本就并不能完全同质化的社会变得愈加多元,因而公民教育思想必须以批判的眼光应对社会的多元文化现况,根据不同的国情确定公民教育的目标内涵。有的将公民教育的理念融入相关的学科与教学活动之中,有的会设置专门的特定科目来实施公民教育,旨在培养爱国忠诚的好公民。公民教育的组织主体是国家,目标导向是国家发展需求,其理念必然受到主体影响,并作为媒介将国家需求传导于公民的认识和实践活动。

2. 公民教育政策实践的转变

公民总是在与国家和社会的关系中来对自己进行角色定位。国家发生变革,国家认同出现变化,国家在推行公民教育时也必然会在其中反映其目标诉求和价值设定。公民教育政策旨在引导政府、执政党或其他社会公共权威部门,在特定历史阶段内,制定相应措施以推进公民教育,培养公民的基本价值观,传授相关知识与技能,从而培育具备社会责任感的公民。"其作用是规范、指导和调节社会机构、团体和个人与公民教育相关的行动,其表达形式包括法律法规、国家领导人口头或书面的指示,以及行政规定或命令,如规划、计划、纲要、意见等。在公民教育政策指导下,学校及其他教育机构

---

[1] [英]安迪·格林:《教育、全球化与民族国家》,朱旭东等译,教育科学出版社2004年版,译者序言第4页。

开展法律教育，让公民懂得运用法律保障自身自由和权利；开展政治教育，让公民了解国家制度的运作和自己作为公民所拥有的权利和义务；开展伦理道德教育，让公民掌握在社会生活中待人接物的基本道德准则。"[1]

（二）公民教育是强化国家认同的基本路径

根据上述探讨，我们可以理解国家认同是一种共同体意识，它对于确立国家的权威地位至关重要。同时，国家认同也是保持一个国家繁荣发展的关键要素。为了塑造和建立国家认同，以及确保多民族国家的团结与稳定，这是我们必须共同面对的挑战。强化多民族的国家认同，是一项系统性的工程，既需要合理安排国家制度结构，也需要不断推动民主化进程，更需要持续发挥公民教育作用。公民教育是培育和强化国家认同的基本路径。

卢梭（Rousseau）认为教育是塑造民族的最重要方法，国家实施的教育蕴含着国家希望引导的文化认同和国家认同。著名学者韩震从公民教育的内涵出发明确了公民教育与国家认同之间的内在联系：公民教育是公民生活方式、社会规范、文化习惯和价值观养成的教育。因此，公民教育首先是国家认同教育，而且本质上就是国家认同教育。[2]国家认同产生的基础是公民与国家的关系、公民对社会政治共同体的思考，因此影响国家认同基础的因素要从两方面考虑：在公民与国家关系方面，个体面对国家的第一身份是公民身份；在公民对社会共同体的看法方面，现代民主国家是根据"主权在民"的原则构建的人民共治的政治共同体，因此人民一方面是国家的主人，另一方面需要在本国的制度框架下安排自己的行为。社会意识是行为活动的基础，国家认同的本质是一种社会意识，而教育具有调节社会意识形成过程的作用，通过干预社会意识影响行为活动是社会改造的唯一可靠的方法。[3]公民教育要培养合格公民，应以国家认同为首要内容。公民教育能够促进公民的身份认同和国家归属感，能够促进公民对国家制度的认同、对国家核心价值的认同、对国家的责任感等，这些都是公民认同国家的重要内容。

---

〔1〕 黄晓婷：《中小学公民教育政策：变迁与展望》，社会科学文献出版社2013年版，第15页。

〔2〕 参见韩震：《全球化时代的公民教育与国家认同及文化认同》，载《社会科学战线》2010年第5期。

〔3〕 参见顾成敏：《公民教育与国家认同》，载《郑州大学学报（哲学社会科学版）》2011年第4期。

第二章
英国早期的国家认同和公民教育

第一节 现代国家的确立与早期的国家认同

英国,在近代世界历史中发挥着举足轻重的作用。它是世界上第一个进行工业革命的国家,带给世界以进步,使资本主义在不到百年的时间里所创造的生产力比过去世代创造的生产力总和还要多,被称为"头号工业强国"。它创造了至今最大的帝国,是第一个迈进现代社会的国家,开启了英美法律系统和议会政治制度。英国在现代化进程中率先取得的诸多成功经验,至今仍受到许多国家的广泛关注和研究。

一、民族国家初创

英国的全称是大不列颠及北爱尔兰联合王国,是地处欧洲西部的一个群岛国家,由北部的苏格兰、南部及中部的英格兰及西南部的威尔士以及爱尔兰岛东北部的北爱尔兰及一系列附属岛屿组成。总人口6000多万,其中以英格兰人居多。英国的历史与它所处的特殊气候环境和地理位置有密切关系。英国气候宜人、土地肥沃,有众多天然港口。在享受英伦群岛的天然优势方面,英格兰人比苏格兰、爱尔兰和威尔士等其他族群受益更多。英格兰人居住在最大岛屿最富饶的地区,享有更好的气候条件,拥有更多的自然资源。他们的人口也占有绝对的优势并在发展进程中进一步扩展。英格兰人在欧洲建立了第一个拥有明确边界的统一民族国家。因此,英国历史在很大程度上是英格兰人如何与英伦群岛上其他族群互动的故事,这就导致了英格兰对英伦群岛的文化和语言霸权，促进了文化融合。英格兰民族的形成经历了一系列过程：日耳曼人对不列颠群岛的征服为英格兰民族奠定了基础。随后，诺曼人的征服推动了英格兰民族的发展成熟。而在百年战争中，英国军队在欧洲大陆的挫败促使英格兰人重新审视自己的身份，并最终确立了独特的岛国地位和民族认同。经历了一个多世纪的历练和发展，英格兰人的海岛民族特色最终在伊丽莎白一世时期得以巩固和确认。[1]

公元5世纪中期，日耳曼人逐步占据了不列颠群岛，并先后在这片土地上建立了一些王国，其中一支把自己的领地称为盎格拉兰（Englaland），即后来的英格兰。日耳曼人带来了欧洲先进的法律制度，后经过英国的本土改造成为日后长远影响英国的"王在法下"的法治传统。公元598年，传教士奥古斯汀在坎特伯雷修建教堂传播基督教，自此，盎格鲁-撒克逊人有了共同的宗教信仰。古英语也是由盎格鲁-撒克逊人创造出来的，共同的语言进一步促进了不同支系的融合，为英格兰民族的形成奠定了坚实的基础。黑斯廷斯战役之后，诺曼人基本上统一了英格兰，结束了长期以来各支系征战的混乱局面，建立了一套先进的管理体制，使长期处于欧洲文明边缘的英格兰有机会加入欧洲主流文明。需要指出的是，诺曼人基本保留了盎格鲁-撒克逊文明，在编撰成文法典时，也没有加入太多诺曼人的文化因素，而是更多地保留了盎格鲁-撒克逊人既有的法律。[2]

都铎王朝是英国民族国家建构过程中里程碑式的标志，在这一时期，英格兰民族意识开始觉醒，逐渐摆脱了罗马教皇的控制，最终形成了以都铎王朝政治统治为核心的民族国家。[3]民族国家的形成在英国近代历史上具有十分重要的意义，有学者指出，都铎王朝时期组建并且巩固了民族国家，提升了英国的国际地位，英国率先步入现代世界的条件日渐成熟，[4]奠定了英国迈向现代国家和走向殖民贸易帝国的基础。

---

[1] 参见于春洋：《英国民族国家的历史建构与身份认同困境》，载《西北师大学报（社会科学版）》2016年第2期。

[2] 参见王业昭：《英格兰民族的构建与民族特性的演变》，载《世界民族》2009年第3期。

[3] 参见姜守明：《教皇权的衰落与英国民族国家的兴起》，载《辽宁大学学报（哲学社会科学版）》2006年第1期。

[4] 参见钱乘旦、许洁明：《大国通史·英国通史》，上海社会科学院出版社2007年版，第129页。

(一) 宗教改革催生英国意识

都铎王朝统治时期，罗马教廷掌控英国教会还控制着大量的英国财富。从表面上看，宗教改革是由亨利八世个人的离婚案引起的，事实上，当时的英国社会民族主义情绪高涨，反教权主义盛行，改革就是在这种社会环境下促成的。16世纪的宗教改革，可以说是英国意识形态领域的一场重大革命，一方面巩固了英格兰君主的王权，另一方面进一步激发了英格兰民族的民族主义情感，促使亨利八世与罗马教廷决裂，直接促成了英国形成完全的民族国家。亨利八世创立新的君主政治，改信新教。新教思想宣扬他们是上帝的选民，向着光明奋进，是抵抗非基督徒掠夺破坏的一道屏障。同时，新教鼓励人们投入商业。在这之后，大不列颠的贸易自由程度、城市扩张速度都远远领先其他国家。18-19世纪初的英国，在实践中，经济发展与一种深厚的新教爱国主义和自豪感并存。新教为大多数英国人的生活提供了一个框架。它决定了他们对过去的解释，帮助他们理解现在，有助于他们识别和正视敌人，为他们提供了信心甚至希望。

(二) "商业崇拜" 维护国家统一和稳定

英国历来就有重商主义传统。在都铎王朝，重商主义是推行一切政治、经济政策的根本指导原则。英国人都热衷于商业冒险。贸易是英国的力量所在和灵魂，是英国之所以伟大的源泉，也是滋养英国爱国者之处。在英国社会，商人们靠自力更生经营商业而成为对国家做出贡献的英雄，他们是大不列颠物质财富和道德价值的源泉。1718年英国年度手册《大不列颠现状》，有一章名为"论贸易"，第一句话这样描述："除了我们宗教的纯洁性，我们之所以在全球所有国家当中最为重要，原因在于我们拥有最庞大和最广泛的贸易。"1731年，一位政府小册子作家警告说："我们的贸易毁灭之日，也将是我们的公共价值和力量消亡之时。"英国史学家托马斯·莫蒂默（Thomas Mortimer）在1762年写道："商业是英国的伟大崇拜对象，英国可以为此放弃其他一切考虑。"[1] 类似的论述，在当时非常多见。

18世纪的伦敦已经成为英国的主要港口、金融中心和商业大都市。至少

---

[1] [英] 琳达·科利：《英国人：国家的形成，1707-1837年》，周玉鹏、刘耀辉译，商务印书馆2017年版，第90-91页。

有十二分之一的英国人住在伦敦，甚至多达六分之一的人终其一生都住在那里。伦敦不仅是英国的商业中心，也是王室所在地，同时也是议会所在地。所有这些都吸引了大量乡绅、贵族以及他们的妻子、家人、朋友和随从涌入伦敦。据记载，到18世纪50年代，英格兰、威尔士以及苏格兰的大部分贵族和议会成员都在伦敦拥有自己的住宅，或者租用住处。

英国资本主义工商业的迅速发展也要求国家在国际上以一个独立、强大的民族国家身份出现。商业还为精英阶层统治的稳定性和国家的对外扩张提供最坚实的保障。一些巨大的商业公司，比如东印度公司和俄罗斯公司等，连同伦敦的整个商业社区一起，为各届政府提供了最坚实的债权人。1688年以来，长期贷款平均提供了大约30%的战争费用，为美洲战争提供了将近40%的费用。皇家海军的供养也需要商业的支持。自1650年以来，皇家海军就大力扩编，到18世纪中叶，海军舰载人员在战争时期超过4万人。为了供养他们，海军就得仰仗商业船队。许多海军志愿兵一开始都是在商船上学习航海技术。[1]

（三）杰出的君主制为民族形成奠定基础

君主与贵族之间建立的契约精神是英国君主制的一大特点，这种和谐一致推动了英国的现代化进程，强有力的君主制催生了英国现代民族国家。

1485年，伯爵亨利·都铎夺取王位，史称亨利七世。从那时起，亨利七世开始了他的都铎王朝统治。这个王朝一直持续到1603年伊丽莎白一世去世，期间英国经历了从封建主义向资本主义的转型。这一时期被认为是英国君主专制历史上的黄金时期。在都铎王朝时期，历任统治者们采取了一系列非常有效的内外交政策来巩固王权。对内，统治者实施一系列改革，使王权得到了进一步巩固、树立了中央政府的权威，同时又维护了民族国家的统一和稳定，为统一的英国民族国家的形成奠定了基础；对外，都铎王朝统治时期，统治者积极进行海外扩张活动，不断开阔国外市场，通过战争的形式打败了很多当时的殖民霸主，提升英国的国际地位。伴随海外战争的不断胜利，英国民众对英国的认同感不断增强，人们对英国的自豪感更加浓烈，在经济发展的同时，英国民族国家就正式成立了。

---

〔1〕 参见［英］琳达·科利：《英国人：国家的形成，1707—1837年》，周玉鹏、刘耀辉译，商务印书馆2017年版，第96页。

作为英国历史上杰出的君主，伊丽莎白一世为英格兰民族特性的确立做出了卓越贡献。在其执政期间，王权得到巩固，民族国家稳中发展，资本原始积累快速发展，这些都对英国历史产生了深远影响。自伊丽莎白一世继任以来，她展现出了自己高超的政治才能。美国历史学家J·戈登·梅尔顿称"伊丽莎白是当今英国国教的主要创立者"。在她初即位时，英国国教和天主教之间的矛盾日益加剧。聪明的女王采取了一种温和的新国教制度，它介于天主教和基督教之间，成为英格兰人独特的国教信仰的重要标志，凝聚人心并区分异己。同时，以"The Virgin Queen"（"童贞女王"）著称的伊丽莎白一世终身未婚，谢绝了一切王公贵族的求婚，将自己的一生献给国家与人民。这在相当程度上平息了内部不同派系贵族间的明争暗斗，在当时的欧洲大陆各国，特别是法国和西班牙这两大强国间进行权力平衡，为英国最大限度地谋取国家利益，保障了英格兰内部的政权稳定和社会团结。她的这种做法赢得了英格兰民众的热烈支持，使她成为英格兰民族精神的象征。此外，在她统治期间，她对海盗采取了包容和支持的态度，同时鼓励人们通过非传统方式获取财富。在她的领导下，英格兰民族开始寻求海上霸权，并于1588年5月击败西班牙无敌舰队，从而取代了西班牙成为海上的新霸主，开启了英国历史的"黄金时代"。

（四）工业革命推动超级大国的崛起

英国工业革命始于18世纪60年代，是世界上第一个进行工业革命的国家，也是世界上第一个工业化国家。工业革命改变了历史的进程，自此，人类由前工业社会迈入工业社会。英国首先进行工业革命，与其良好的社会、政治基础密不可分。1215年金雀花王朝国王约翰王被迫签署规定了"王在法下"原则的《大宪章》，开创了英国"自由"的传统。除此之外，尊重市民利益、保护商业自由和贵族权益、私有财产和人身自由不容侵犯等也是其重要主张，这些都保障了市民个人的利益，使人们放心地追求个人目标，为英国资本主义的产生和发展起到了重要的助推作用。当时的英国虽然总体上还是金字塔形的社会结构，但它比起欧洲许多国家的社会要更为开放自由，各个阶级之间的划分具有相当程度的开放性和灵活性，层与层之间的界限没那么明显。"贵族和绅士，商贾和农民，在巡回审判庭里常常自由来往毫无隔阂，商人和工匠没事常在一块喝酒，贵族的幼子们常常经商，富裕的商人可以变成绅士……各阶级对某些东西如服装、瓷器、五金制品等的共同嗜好，养成了人们对标准制成品的喜爱和需求，其数量达到必须用机器生产。"[1] 17世纪，经过资产阶级革命（光荣革命）后，英国摆脱了专制王权的统治，步入了立宪政治，奠定了国王统而不治的政治基础。光荣革命为当时的英国社会奠定下一个宽松而又平和的环境，使得民众得以最大限度地发挥创造力，追求最大的个人利益，资本主义经济迅速发展，这也为此后英国率先进行工业革命，进行工业化发展铺平了道路。

工业革命是以生产工具的改进开始的。18世纪30年代以后，伴随着纺织工具飞梭、珍妮纺纱机的发明，以及18世纪80年代，詹姆斯·瓦特制成的改良型蒸汽机的投入使用，英国正式进入了工业革命时期。工业革命极大地提高了生产力，随着机器代替手工劳动的进程，不仅创造了新的商品和服务，还推动了交通运输领域的革新，建立起用铁路、汽车和飞机联系起来的大城市，使英国成为一个富庶的城市国家。除此之外，工业革命中涌现的许多新技术，比如新闻报纸、电影、无线电和电视，都使英国社会发生了巨大的改变。1850年，英国的铁产量比1800年增加了8倍，原煤产量增加了5倍，布匹产量增加了6倍。英国的铁路，从1825年为开矿而建的几条，发展到1850年的6308公里。英国的工业，比如象征丰饶的巨大羊角，从里面倾倒出无数价廉物美的制成品。1800年至1850年间，英国的人均收入增加了85%，工业所供给英国的物资，比以往任何时候都要多。[2] 总之，到19世纪中期，英国已经是个工业化国家，并且迅速成为当时世界上最富有的国家，它已然成为全世界的加工厂。

二、英国特性的形成与混合的国家认同

（一）国族性的初步确立

英伦群岛上的英格兰人在整个欧洲建立了第一个统一的民族国家，与同在英伦群岛的苏格兰、爱尔兰和威尔士等其他族群相比，它的人口占有绝对

---

[1] [美] 戴维·罗伯兹:《英国史：1688年至今》，鲁光桓译，中山大学出版社1990年版，第85页。

[2] 参见 [美] 戴维·罗伯兹:《英国史：1688年至今》，鲁光桓译，中山大学出版社1990年版，第91-92页。

的多数，一定程度上说，英国历史主要就是英格兰人的历史，是以英格兰为核心，有关其如何侵略近邻又如何通过王朝联盟、谈判及和平方式创造强大国家的历史。因此，英伦群岛的历史也可以说是更强势族群与相对弱势族群之间对立冲突与融合的典型例子。英格兰在大不列颠早期的国家建构中始终居于中心地位，这也必然反映在国家的表达和认同建构之中。当然由于英国国内几个民族长期以来形成了特色鲜明的族群特性，它们在融入主流民族话语的同时，也在竭力维护和保留本民族的属性和特点，正是在这种不断的交互融合之下，英国形成了早期的民族认同国家的方式。

英伦群岛上的几个民族，在历史上交往甚密，1536-1543年间，威尔士公国被并入到英格兰王国，自1603年起，英格兰、威尔士、苏格兰和爱尔兰就被君王统治联系在一起，当时詹姆斯六世称自己为大不列颠国王。1707年，英国议会通过了英格兰与苏格兰的合并法案，《联合法案》宣布，从今以后，英格兰、威尔士、苏格兰将"以大不列颠的名号，统一到一个王国之下"，1800年，英国议会又签订英格兰与爱尔兰的合并法案。至此，作为地域主权实体的英国民族国家最终得以确立。

1000多年以来，英格兰始终是不列颠群岛上最强大的王国。1801年时，英格兰人口占到了联合王国的一半以上，而现在已经超过了五分之四。英格兰，对国内外许多人来说，都是一个能够指代英国的一个词语。英国学者麦考莱（Macaulay）称他的作品为《英格兰史》，但事实上其中包括对爱尔兰和苏格兰的广泛报道，又如莱基（W. E. H. Lecky）的《18世纪英格兰史》，同样也包括爱尔兰人和苏格兰历史。在日常对话中，甚至在新闻和学术写作中，"England"与"Britain"以及"Britain"与"England"的混淆是如此普遍，任何注释似乎都显得多余。

虽然英格兰的实力在大不列颠占有绝对的优势，但1707年联合法案颁布以后，政治精英们开始尝试建立一种能够超越或至少与"英格兰性"相伴的统一的"英国性"。英格兰人，连同苏格兰人、威尔士人和爱尔兰人都被敦促着将自己看作庞大事业的一部分，共同推动英国走向世界大国的巅峰地位。英国工业革命给英国带来了经济霸权，人们普遍认为，它对世界的影响比同时期的法国政治革命还要深远。英国海军所取得的辉煌成就，以及英帝国势力在全球范围内的拓展，使英国感到自身已然成为自由和先进文化的代表，承载着传播文明的全球使命和历史命运。英格兰人自然意识到自身在其中的核心作用，但他们同样意识到将其视为所有英国民族的共同努力更为重要。人们将焦点转向英格兰在更大框架下的命运。"英国理念"再次浮出水面。爱德华一世未完成的帝国计划，即建立一个以英格兰为中心的不列颠王国，再次引起人们的关注。[1]

在16世纪40年代，亨利八世和他之后的保护者萨默塞特（the Protector Somerset）想要保护威尔士王子爱德华和苏格兰女王玛丽的婚姻，以此促进两国联盟。萨默塞特在1548年的提案中敦促放弃"英格兰"和"苏格兰"的名称，将两个王国联合为"一个帝国"；他还提到了"大不列颠"，这是当代政治中第一次使用该词语。尽管该计划失败了，但对它的讨论使"大不列颠"这个名字在20世纪中叶之后获得了普遍的通行。与此同时，宗教改革在苏格兰也取得了胜利，从而扫除了团结的绊脚石。查尔斯二世在1665年将"不列颠尼亚"的女性形象引入了王国，因此为宣传小册子提供了一个有用的角色，并最终在1707年联合之后，成为歌谣颂扬的象征。"不列颠尼亚"不仅象征着不列颠的统一，而且让人想起古典希腊和罗马的荣耀，以及他们与自由、海上霸权和帝国的命运的关联。[2]

"愿我们成为不列颠人，让苏格兰、英格兰这些古老的可耻名字消失！……不列颠人是我们真正的、我们光荣的教派。"苏格兰的克罗马蒂伯爵（Earl of Cromarty）如此写道。他认为，通过采用英国的"母名"，苏格兰人和英国人可以消除他们的分歧，并且在不放弃各自独立身份的情况下，构建一个总体英国身份。其他拥护联合的苏格兰支持者，希望通过将目光转向英国发达的贸易和工业，促进苏格兰经济和苏格兰社会实现现代化，以此消除两者之间的差异。大家摒弃偏见，为了共同的目标和利益贡献力量，共同进步。

威尔士，"英格兰最古老和最奇怪的殖民地"和威尔士人通常是最少被讨论的。然而，在许多方面，他们都是模范的英国人。他们表现出对王朝和改革宗教的极大忠诚，同时又不放弃自己的独特性。威尔士民族历史学家早就提出了这样一种观点，即威尔士绅士被全面英国化，在社会的各个阶层都可以找到一种共同的威尔士意识。从都铎王朝时期直到19世纪，威尔士精

---

[1] See Krishan Kumar, *The Making of English National Identity*, Cambridge University Press, 2003, p. 37.

[2] See Krishan Kumar, *The Making of English National Identity*, Cambridge University Press, 2003, pp. 133-134.

英——尤其是神职人员——积极赞助、推广和培养威尔士语言、威尔士吟游诗、威尔士竖琴音乐以及威尔士古物和家谱研究。但威尔士在政治上不像在文化上这么具有自己的特点。威尔士并没有构建自己鲜明的政治民族身份。几个世纪以来，威尔士人通过适应、同化和融合的方式与英格兰取得了和平。18 世纪的威尔士人具有标准英国方案的所有关键要素：兼具文化特殊性和更广泛的英国政治文化包括新教、王朝忠诚和帝国主义。都铎王朝复兴的做法，即授予王位继承人"威尔士亲王"的头衔，并让威尔士成为他的家族，将他们与王朝牢牢地联系在一起。在威尔士人眼中，既是威尔士人又是（新）英国人并不难，具体取决于特定的关注点和背景。[1]

爱尔兰尽管反对与英格兰的议会联盟，事实上在很多方面与英格兰已然成为不可分割的整体。1783 年，150 名爱尔兰贵族中有 37% 受雇于王室、中央政府、外国和殖民地服役或全职在军队服役。爱尔兰贵族的乡村庄园是仿照英国而建造；许多盎格鲁-爱尔兰人居住在英国，娶了英国的新娘。爱尔兰新教徒于 1801 年与英格兰联合，自此盎格鲁-爱尔兰人加入了他们的威尔士、苏格兰和英格兰兄弟，共同参与了帝国、新教和"文明使命"的事业。联合之后，统治者在很大程度上满足于接受英国或帝国的身份，并被一种新的使命感所强化。与福音派新教密切相关的英国文化优越性意识形态为帝国统一提供了实质内容。大部分爱尔兰人确实将自己视为英国人。

"英国人"这个称呼，具有灵活性，它可以超越边界，用来描述各民族的融合。从 1500 年以后，这个称呼可以用来指威尔士人，1707 年后，"英国人"可以普遍用来指大不列颠的所有居民。但是这一时期甚嚣尘上的英国观念，并没有伴随一种毫无异议的全体通过的民意，事实上，在表达忠诚和依附的同时，也经常出现一些不和谐和分歧。

英伦群岛上的几个民族——英格兰与苏格兰、爱尔兰和威尔士在历史上形成了各具特色的族群属性，即使到了 18 世纪初，当大不列颠作为一个国家被人为创造时，人们普遍对生成一个统一的民族并不抱太大的希望，因为这种联合更多的是出于政策上的联合，而不是情感上的联合。威尔士、苏格兰和英格兰居民被历史、有时也被语言区分，他们彼此之间仍然被不同民俗、

---

[1] See Krishan Kumar, *The Making of English National Identity*, Cambridge University Press, 2003, pp. 137-138.

体育运动、服饰、农耕方式等所分割。

苏格兰是一个多山地带，高地和低地地区长期各自为政，而且由于距离英格兰相对遥远，更容易保持独立性。历史上英格兰和苏格兰时而结盟，时而敌对，这使苏格兰对英格兰的态度更趋复杂，在12、13世纪，苏格兰通过与大陆王室的联姻，日益成为欧洲政治舞台的一员，而且长期以来苏格兰的亲法姿态，有利于苏格兰保持对英格兰的相对独立性。虽然《联合法案》以后，苏格兰与英格兰和威尔士人一样，在同一个议会拥有席位，缴纳统一的税赋和关税，竞选统一的政府和行政职务，但他们成功地保留了与众不同的宗教组织和社会结构以及自身的法律和教育体系，在具体的实践中苏格兰仍保有相当大的自治权利。苏格兰对于联合的态度始终是摇摆不定的，有时他们会认为这是更强大的南方邻居强加给他们的。事实上，英格兰起初也并非以一种包容乃大的姿态坦然接受苏格兰，与苏格兰联合似乎公然侮辱了一个更古老的身份。他们坚决不同意把"英格兰人"和"英格兰"改成"英国人"和"大不列颠"。[1]

威尔士历史上曾数次被英格兰占领，自1284年爱德华二世诞生之后，凡英王太子都有"威尔士亲王"的称号。虽然相比人数更多、更尚武的苏格兰，威尔士的威胁要小得多，但在某些方面，威尔士更显得格格不入。这种与众不同并不是源于其制度习俗，在数世纪的征服和占领之中，威尔士已经没有自己的法治体系，其宗教组织也效仿英格兰，也没有爱丁堡这样的大学或首府充当其文化生活中心。其显著特征是其语言，至1880年，其四分之三的人口还仍然选择使用威尔士语。在18世纪，英语主要集中在拉德诺郡、蒙茅斯郡、格兰摩根郡和彭布鲁克郡的部分地区，和北威尔士的康威这样少数早已建好的城镇，以及南威尔士的尼斯和考布里这样新兴的中心城市。[2]但在自己人中间，绝大多数贵族阶层以下的威尔士人还是只说母语，而且很多时候，他们都把英格兰看作其他民族。

英格兰（English）和英国（British）这两个用语经常被混用，都是指英国，但对于联合王国内其他成员而言，他们在谈及英格兰的时候，很少使用

---

[1] 参见［英］琳达·科利:《英国人：国家的形成 1707—1837 年》，周玉鹏、刘耀辉译，商务印书馆 2017 年版，第 38 页。

[2] 参见［英］琳达·科利:《英国人：国家的形成 1707—1837 年》，周玉鹏、刘耀辉译，商务印书馆 2017 年版，第 39 页。

"英国"（British）这个词，他们通常对英格兰特性非常敏感，因为对他们来说，这不断地提醒着英格兰对于不列颠群岛其他地区的霸权。

这种混合是18世纪不断演变的英国身份的典型特征。人们既可以在种族甚至民族方面保持自己的独特性，同时也可以分享新成立的英国国家提供的新英国身份。这种组合并没有什么不寻常的地方——人们甚至可以说，在大多数情况下，这种组合对大多数人来说都是常态。霍布斯鲍姆曾说过，民族认同及其被认为所暗示的内容，可以随时间改变和转变，即使在很短的时期内也是如此。这正是18世纪英国发生的事情，并一直持续到19世纪及以后。1707年通过与苏格兰联合法案建立英国国家；1801年将其扩展到爱尔兰；所有这些都为新的英国身份提供了基石，这种身份越来越多地补充并有时压制与之并存的其他旧身份。此外，正是在这一时期，民族主义意识形态第一次在实际意义上在欧洲获得了基础，英国作为一个新的民族身份，在最有利的时候应运而生。[1]

但是必须指出，"英国性"，无论是在苏格兰人、威尔士人、盎格鲁-爱尔兰人中，总是包含英格兰性的核心。英格兰的国家权力、经济和帝国扩张，以及英格兰法律和宪法思想的力量，注定要赋予英格兰在英国发展的所有领域中的主导地位。

（二）形成共同的语言

18世纪后半叶德国历史学家、哲学家、文学批评家、语言学家赫尔德（Johann Gottfried Herder，1744—1803）在德国18世纪文学复兴时期起到了至关重要的作用，被誉为"民族国家主义之父"，他认为维护一个民族的特性，首先在于维护一个民族的语言。

语言是人类的交往工具，人类利用语言表达和传递对于社会、自然的认知交流感受和经历。因此，语言成为反映社会发展动向的重要载体。诺曼底王朝建立以后，英国社会的语言文化深受社会发展因素的冲击，16世纪之后，英国政府通过立法，规定英语替代拉丁语成为宗教教育和教会活动的语言。

共同的语言是形成国家认同的基础，是最深层次的文化认同。德国著名语言学家洪堡特（Wilhelm Von Humboldt）说，"语言仿佛是民族精神的外在

---

[1] See Krishan Kumar, *The Making of English National Identity*, Cambridge University Press, 2003, pp. 143-145.

表现；民族的语言即民族的精神，民族的精神即民族的语言，二者的同一程度超过了人们的任何想象。"[1] 在他看来，语言具有独立自主的创造性，这样它便可以脱离现象的领域，成为一种观念的、精神的存在。早在近代之前，英语已在苏格兰、威尔士等地具有了广泛影响。如 11 世纪，苏格兰王室就以英语作为官方语言。至 14 世纪，具有北方口音的英语已经在苏格兰南部和东部几乎替代了苏格兰人的传统语言盖尔语。在威尔士，当人们发现英语是一门会带来机遇与晋升的语言后，很多威尔士人强烈渴望在不列颠国家中受到尊重，而学习标准英语便是他们摆脱经济社会地位相对弱势的重要途径。

1536 年，威尔士与英格兰签订《联合法案》，正式并入英格兰，威尔士语受到了很大程度的压制和打击。英格兰要求从事政府公职，包括牧师的所有人，包括威尔士人，必须使用英语作为交流和沟通的官方语言，所有官员、陪审团在进行宣誓、裁决、担保时也都需要使用英语，这是准入条件，如果不执行这一语言要求，就无法在相应岗位谋得职位，也无法享受岗位匹配的各种权利和福利。1543 年法令对威尔士政策更具体，威尔士法律被废止，其目的就是彻底同化威尔士，使其融入英格兰主导的社会和文化主流之中。

苏格兰的教育政策中英语教育的地位非常重要。1616 年，苏格兰通过了两个旨在普及英语的议会法案。第一项法案要求在各教区设立教区学校，教区学校应当教授和使用英语，同时压制收缩了爱尔兰语的使用范围，因为立法者认为爱尔兰语维持了"苏格兰高地（the Highlands）的野蛮和不文明状态"。第二个法案要求低地学校（lowland schools）为士族子弟提供义务教育，并将熟练掌握英语读写和交流作为享有继承权的条件。[2]

英国社会人类学家科恩（Antony Cohen）认为社区作为一种身份标识，具有凝聚和塑造功能。该标识的凝聚功能是一种情感的共识，而塑造功能在于思考、表达意义等方式的统一。[3] 同说一种语言的人可以拥有这种象征。爱尔兰就是这样，人们逐渐发现，会说英文的人更容易获得社会地位，在经济、政治等领域都更具有发言权。因此人们意识到，想要进入主流社会，获得可

---

[1] 转引自粮建中：《从民族性到全球化：英国"现代英语"教育的变迁研究》，湖南师范大学 2019 年博士学位论文。

[2] 参见粮建中：《从民族性到全球化：英国"现代英语"教育的变迁研究》，湖南师范大学 2019 年博士学位论文。

[3] See Anthony P. Cohen, *The Symbolic Construction of Community*, Routledge, 1985, p. 19.

观的收入和更多的福利和优待,必须掌握英语。1831 年,爱尔兰在实施国民教育时,开始向英语教育倾斜,设置了纯英文的学校教育。虽然确实帮助爱尔兰普通民众获得了更多的机会,但在此过程中,本土语受到了巨大的冲击,到 20 世纪时,能听到大面积讲爱尔兰语的地区越来越少。因此,虽然爱尔兰的民族主义一直十分强烈,但爱尔兰语却没有成为他们争取民族主义的重要考量。

在英格兰先后与威尔士、苏格兰以及爱尔兰合并成为一个大不列颠民族国家后,英语就作为官方语言和通用语,逐渐在这些地域得以推广应用。与大英帝国的海外殖民地不同,这些地区在历史上就关系甚密,彼此之间有着深厚的文化交往历史和共同的宗教信仰,因此,英语能够在这些地区得到长足的发展。

(三) 在对照中形成的脆弱"英国性"

英国著名学者斯特凡·柯里尼(Stefan Collini)说,"自觉的国家主义,在很大程度上是一件与某人或某物对照而确立身份的事务。"[1] 英国在现代化早期日益形成的一种崭新的国家身份,从某种层面上说是在对"异己"作出反应的过程中发生的。《联合法案》之后,"大不列颠"成为用来代表英伦群岛的一个统一指称。亚当·斯密在《国富论》中提到"大不列颠"200 多次,而且总是将大不列颠和外国作比较,对比大不列颠岛民和异邦人及"外国人"。日渐统一的权力和宗教力量为这种对照提供了动力。新教是在英格兰、威尔士和苏格兰占有绝对优势的宗教信仰,在与天主教的冲突和竞争中,促进了大不列颠是上下齐心的新教国家这样一种观念的形成,而且这种观念突破了英国人长期以来持有的岛国心理,催生了一种突破国界寻求正义的新观念,要把福音传播到野蛮和未开化之地,这是上帝赋予的神圣的正义的使命。新教信仰成为这一时期凝聚民族的焦点,成为区别和排斥"他者"的一种方式。这种信念激励了一种持久稳固的意识形态。

此外,"英国性"的凝聚与这一时期反复出现的对容易受到攻击的脆弱感作出的反应和外部入侵的危机感密不可分。霍布斯鲍姆说,"再没有什么途径,比联合起来一致对外,更能有效地把各个地区惶恐不安的民族紧密联系

―――――――

[1] [英] 琳达·科利:《英国人:国家的形成,1707-1837 年》,周玉鹏、刘耀辉译,商务印书馆 2017 年版,第一版序言,第 12 页。

在一起"〔1〕。英国早期的发展史就是一部战争史，战争滋养了英国的政治革新，经济繁荣。与法国的战争，一次又一次让英国人直接面对一个显然敌对的异己，并激励他们集体反抗，群众的忠诚和"英国性"的形成在这一时期始终处于中心地位。两国分别是海上和陆上的霸主，在17世纪末开始，并持续了130多年的战争和对抗当中，双方始终处于激烈的敌对状态，在海外殖民地争抢地盘，互相攻击政治体制、道德结构和文化成就。他们对照着法国人界定自己，认为法国人迷信、好战、堕落。随着战争的继续，许多人越来越以被其征服的殖民地民族作为对立面来界定自己。它们就像"一对出名的不幸夫妇一样，在这些年（和之后很久）彼此紧咬对方，既不能和平共处，又不能彼此释怀平静分手。"旷日持久的对抗改变了英国的国家实力，直接导致了英格兰银行的建立和金融街的创立，并出现了大规模的军事机器，而民众对战争的反应表现出更多的爱国色彩，这种斗争让大不列颠置于饱受外部威胁的环境中，这对于定义大不列颠发挥了重要的作用。〔2〕从某种意义上，英法都认为，这是宗教战争，英国把自己界定为新教徒，对照着法国人界定自己。美国学者彼得·萨林斯（Peter Sahlins）说，国家身份"像种族或社群身份一样，视情况和关系而定：视把集体自我和其暗示的对立面（即异己）相区别的社交和领土边界而定。"〔3〕也就是说，他们有时定义自己的重要原因是对海岸之外的异己做出的反应。他们会根据自己不是谁，来决定自己是谁。一旦遇到一个异己的"他者"，就可以成为一个令人放心的"我们"。法国在九年战争、西班牙王位继承战争和奥地利王位继承战争中的首要目标之一就是入侵英国，因为法国所支持的都是天主教徒，这些战争势必会影响到以新教为代表的大不列颠的安危。这些战争深刻地影响着大不列颠的政治、经济发展和社会稳定。所以统治者希望动员广泛的社会成员参与到抵御外来威胁的斗争中。

整个18世纪，英国始终处于战争和外交活动中。奴隶制的殖民地犹如欧

---

〔1〕[英]琳达·科利：《英国人：国家的形成，1707-1837年》，周玉鹏、刘耀辉译，商务印书馆2017年版，再版序言第19页。

〔2〕参见[英]琳达·科利：《英国人：国家的形成，1707-1837年》，周玉鹏、刘耀辉译，商务印书馆2017年版，第一版序言第27页。

〔3〕[英]琳达·科利：《英国人：国家的形成，1707-1837年》，周玉鹏、刘耀辉译，商务印书馆2017年版，第31页。

洲的边境市镇一样容易得手。不仅商人和殖民者支持战争，就连英国普通大众也大为支持。战争还受到大量苏格兰人的支持，因为这些人当时已经成为特别精明强干的商人和富有冒险精神的勤劳殖民者。1739 年，当宣战消息传来时，伦敦、布里斯托和利物浦都有大量人群涌上街头欢庆。詹姆斯·汤姆森（James Thomson）写的《统治吧！不列颠尼亚》这样说道：

"当不列颠在上帝的旨意下
首次从蔚蓝的大海升起
这就是它的宪章
它的守护神歌唱着：
统治吧！不列颠！统治大海；
不列颠人永不做奴隶。"[1]

民族自豪感在这一时期异常高涨，有人写道，"没有一个国家能像英格兰那样有那么多的机会去赞美主宰一切的万能上帝，英格兰军队在世界各个地方都获得胜利。"[2]

然而，这种逐渐发展的英国身份认同感，更多的是不同群体基于自己的特殊原因而加以拥护和借用的。威尔士和苏格兰热烈地拥护"英国性"，但这并不是出于纯粹的爱国主义，而是因为"英国性"的创建，将强大的英格兰融入了一个更大的领土范围，从而间接地提升了威尔士和苏格兰的国家地位。宪章运动以及之后的妇女选举权运动等，都采取了"英国性"的语言，部分原因也是为了使自己争取的权益得以合法化，因为他们需要借助更大范围的支持者助力自己的事业。而且，在长期与"他者"的对照中形成的国家身份认同，实际上始终缺乏明晰的稳定的精神内核和价值追求，更多的是一种信心危机的应激反应，一旦外部的"他者"消失或更替，国家认同也相应发生变化，呈现出脆弱性和模糊性的特点。

（四）自上而下的爱国主义动员

1. 王权的形象

随着光荣革命的结束，王权受到了更多的限制，英国的君主获得的王室

---

[1] [英]阿萨·布里格斯：《英国社会史》，陈叔平等译，商务印书馆2015年版，第199页。
[2] [英]阿萨·布里格斯：《英国社会史》，陈叔平等译，商务印书馆2015年版，第212页。

专款不能为他修建可以体现皇家威仪的建筑。这种影响既实在，又具有象征性。空间上的局促也限制了宫廷作为一个社会和文化中心的作用。议会和大臣们意识到国王及王权形象在英国人心中的象征意义，于是着手在皇家威仪上进行更多的投资。最直接的改变是王室生活空间的改变。乔治三世在1811年之前的二十年里，花费16.8万英镑翻新温莎城堡，又花了5万英镑改造白金汉宫，还斥资50万巨款，在丘园建造了一座全新的城堡。

  王室在英国被神化、英国君主制的国家声望和庆典活动的复兴，解释了国王和大臣们重申等级制度和重整公众舆论的决心。新闻媒体在19世纪已经征服了大不列颠几乎所有的地区。1804年，南威尔士拥有了第一份成功的英语报纸，在苏格兰，报刊以前所未有的速度扩展。1800年，至少有13种报刊。到乔治三世驾崩时，其报刊数量是之前的两倍以上。到1820年，整个大不列颠有300多种不同的报刊。各大报纸争相报道王室的活动，从对1809年乔治三世的登基五十周年庆典的推动上就可以看出。从1809年8月起，英国几乎每家报纸都通过刊登读者建议和深情款款的社论，还有市长关于五十周年纪念集会的公告等，来强化对这一事件的期待。在布里斯托，虽然市长直到庆祝活动将要开始前4天才召集庆典筹备会，但因为《布里斯托日报》几个星期以来一直在为读者详细报道其他城市的准备情况，极大地触动了市民们敏感的自尊心，他们自己安排了一场庆祝活动。市民们越来越把这当成一种宣传其城市特有的身份认同感和文化的途径，将其当作公民自豪感和英式爱国主义的一种表现手段。英国的市民游行也非常壮观，参与者不再只局限于特定的地方当局成员，而是日益把各个年龄阶段和基层的人组织起来，这些庆祝活动的包容性越强，就越容易被看作宣扬了当地对国家和皇家庆典的广泛认同。英国儿童参与政治活动的情况在这一时期也得到关注。随着英国迅速发展起来的各类慈善学校和主日学校，英国许多地方识字率迅速提高，现在可以向贫困的儿童发放爱国手册或国歌的印刷稿。在社会下层，互助会和行业团体也会参加皇家庆典，这也是为了展示工人团结的合法手段。参与公共政治的英国人在数量和类别上都在大幅上升。正如美国学者林·亨特（Lynn Hunt）说的："在不同社会地位的人创造和学习新的政治方面的'细微技巧'时，革命政府的权力……在每个阶层扩张。做记录、参加俱乐部会议、阅读共和诗歌、戴帽徽、绣标语、唱歌、填表、组织爱国捐款、选举官员——所有这些行为一起，创造了全体共和国公民和一个合法的政府。"[1]

2. 精英阶层的文化构建

在18世纪初期，贵族男青年通常在家里接受家庭教育，但这一情况却在之后得到根本的改变。18世纪末至19世纪，超过70%的英格兰贵族在哈罗、伊顿等四所著名公学内接受教育，至19世纪中期，所有重要公学的学生群体超过一半都来自贵族乡绅家庭。教育意味着融入与大不列颠作为一个整体相一致的体系之中。在离开私人的、自我封闭的家乡以后，贵族子弟就开始了长期的统一的精英式教育。贵族教育成为贵族概念中的固有部分，作为其占据国家领导地位和承担相应社会责任的必经阶段。

公学希望通过模式化、标准化的教育培养学生统一的人生观。公学教育的价值传导借助拉丁文、思想专著进行，形成了贵族统治正当、尽职尽责的价值观。贵族权威的长期存在、广泛渗透赋予其存在正当性，甚至成为社会群体的模范，从制度性的头衔、地位变成一种社会群体的理想追求。作为独特的行为准则和价值评价标准，贵族精神成为英国贵族统治的重要心理基础和正当性来源。英国贵族最初多是军事首领，因此将保卫家园、英勇拒敌视为责任的骑士精神备受推崇，这种观念在文化学识外对贵族子弟提出了强身健体的要求。1811年，剑桥大学的一位讲座教授在新校长的就职演说上当众朗诵了一首赞美诗，他在诗中表示，英国的伟大与长存不朽，源于其法律、虔诚、英勇和自由，但最重要的是，源于艰苦的体育锻炼，源于充满男子汉气概的公学。

与此同时，狩猎场也传达出非常相似的含义。狩猎场从18世纪中期开始流行，到1830年底，整个英国有各种狩猎场90多个，狩猎被认为有助于培育男性的敏捷和胆量，是行动中的"英国性"、男子汉气概。

贵族精神一方面强调贵族是社会的主人，理应参与政治事务，管理社会事务和民众的日常事务，另一方面将这种统治活动视为社会责任和荣誉，这在一定程度上培养了英国贵族强烈的社会责任感和爱国主义情感。在学校，鼓励孩子们参加全国性的捐献活动，让孩子参与庆祝英国陆军和海军的胜利。这种爱国主义还包含在古典课程的讲授中。战争、帝国、英勇行为还有为国

---

[1] [英]琳达·科利：《英国人：国家的形成，1707-1837年》，周玉鹏、刘耀辉译，商务印书馆2017年版，第273-281页。

捐躯的故事被一遍遍地讲授。这一时期的诗歌和散文也都是这样的主题,还充满了对壮士英雄气概的赞美。巴纳德博士在1754-1781年间担任伊顿公学的校长,他开创了一项传统,邀请六年级中最杰出的学生,也就是即将要步入政坛的贵族青年向学校捐赠画像。这既激励了他们自己的雄心壮志,也鼓励了低年级的学生。他还改革了伊顿公学的节日蒙泰姆山节,庆典期间高年级学生被授予军衔,并身穿英国军队较低职务的军服,把这一节日变成了爱国主义的盛会。威廉·拉塞尔勋爵说,公学能够完美地让"一个男孩变成一个男子汉……让他能够应付生活的困难,去获得朋友,去参与公共事务"[1]。长期远离他们的家,投入一个几乎全是男性的世界,男孩们会敏锐地意识到他们的等级身份,并为以后远离家乡到军队或殖民地服务做好准备。让年轻人崇尚坚强刚毅,从政治和爱国主义的角度而言都很重要。

英国贵族的文化和衣着也随之变化,朴实、具有准军事性和男子汉气概的简朴服装取代繁复的法式服装在英国流行,为了进一步体现英国贵族是爱国者,他们将自己塑造成工作狂,年轻人的时尚就是投身于议会的事务之中,另外,宗教成了他们生活中最重要的动力和理论基础,即便不那么积极信教的公众人物,也经常去教堂做礼拜和遵守传统的诚信公德。英国精英阶层把统治风格塑造成了不知疲倦地辛勤工作、完美的职业精神、坚定的个人品德和惹人注目的爱国主义,以一种新的和自觉的方式把其自身与爱国主义和国家联系在一起,巩固了其统治的正当性和统治能力。通过这种方式,英国上层人士不但巩固和强化了他们自己的社会和政治优势,也有助于影响"英国性"的面貌。

在文学艺术方面,英国贵族也起到了繁荣文艺的作用。英国贵族和受其影响的巨贾以投资赞助艺术家为荣,英国艺术被作为一项有利于国家的事务加以扶持,认真对待。很多绅士收藏家,热情洋溢地收集和委托他人创作本土艺术作品。贵族阶级购买的艺术品,被赋予了一种新的更容易接受的意义,那就是越来越多地作为一种公共财富,一种国家资产的形式出现。他们向公众开放自己的藏品,更富有的贵族甚至在伦敦设立私人美术馆,面向参观者开放。这大部分都是公益性质的,艺术家可以再次展出他们的作品,以熏陶

---

[1] [英]琳达·科利:《英国人:国家的形成,1707-1837年》,周玉鹏、刘耀辉译,商务印书馆2017年版,第214页。

启迪普通大众。贵族的财产以这种特别的形式，似乎最终也成了人民的、国家的财产。

英国贵族为自己打造了一种新的生活方式，这种生活方式不仅具有鲜明的本土特色，而且成为整个欧洲贵族的典范。贵族生活以大型乡村庄园为中心，通常涉及户外活动：养马、猎狐、射松鸡、猎鹿、钓鲑鱼。许多新流行的做法有明确的爱尔兰或苏格兰出处，前往苏格兰高地的射击之旅成为贵族们最喜欢的运动，对湖区和北威尔士的偏好也是如此。伴随着公立学校中灌输的英雄和军事美德内容增多，一种新的英国贵族文化模式出现了。

英国的历史是英格兰人侵略近邻苏格兰、爱尔兰和威尔士以及这些近邻武装反抗的故事，也是通过王朝联盟、谈判等和平方式创造强大的联合王国的故事。英格兰在大不列颠早期的国家建构中始终居于中心地位，这也必然反映在国家的表达和认同建构之中，但日渐统一的权力和对外扩张的需求越来越要求英国以一个统一的民族国家形象出现。深入人心的新教信仰持久滋养了"英国性"的意识形态，在与"异己"的对抗和战争中英国人为自己构想了一个相反的和讨人喜欢的身份的途径，催生了英国人与众不同的优越感。自上而下的爱国情怀和对国家的积极忠诚被动员起来，越来越多的爱尔兰、苏格兰和威尔士人参与到国家的事务当中。但是这种国家身份的认同，更多的是出于不同群体自身获利的需求。而且这种日益增长的"英国性"，并非代替和排挤了其他的忠诚，威尔士性、苏格兰性和英格兰性仍然具有强大的号召力，只是日益增长的繁荣、共同投入新教战争和有利可图的帝国冒险，暂时掩盖了这种内部的不和谐。这种混合是十八世纪不断演变的英国身份的典型特征。人们既可以在种族甚至民族方面保持自己的独特性，同时也可以分享新成立的英国国家提供的新英国身份。需要特别指出的是，英国的国家认同在这一时期更多的是一种对照性的建构，与"异己"截然相反的形象即是自身的内涵解释，但这是一种脆弱的模糊的国家认同，缺乏持久稳固的精神内核和内在支撑，一旦"异己"消失或更改，国家认同的内容也面临消解的危险。

可以说，这一时期的国家认同，很大程度上以新教之名铺展开来。新教是在英格兰、威尔士和苏格兰占有绝对优势的宗教信仰，对新教的信仰构成了国家初创时期的主旋律和对外扩张的基本依据。宗教力量为国家构建提供了动力，在与天主教的冲突和竞争中，促进了大不列颠是上下齐心的新教国家这样一种观念的形成，而且这种观念突破了英国人长期以来持有的岛国心理，催生了一种突破国界寻求正义的新观念，要把福音传播到野蛮和未开化之地。新教信仰成为这一时期凝聚民族的焦点，成为区别和排斥"他者"的一种方式。这种信念激励了一种持久稳固的意识形态。当然也必须看到，虽然宗教认同在国家认同中占据重要的地位，但宗教认同不能简单地等同于国家认同，如前所述，国家认同包括政治认同和文化认同，其内在有不同的维度，其中包含宗教认同，而且随着移民的大量涌入，英国逐渐演变为多文化、多宗教的多元社会，因此仅以宗教认同主导或取代国家认同是不全面也是不可取的，应该把宗教因素作为国家认同重要的参照系进行分析和考察。

第二节　公民教育的早期尝试

在欧洲，英格兰人建立了第一个统一的民族国家，通过征服、合并等方式建立了后来的大不列颠王国，从此以大不列颠为对象的国家认同开始出现，但是真正意义上的大不列颠民族并没有形成，国内几个民族地区仍然拥有强烈的地区意识，而维系国家认同的首要来源在于与外部异己力量的对抗和战争，在与"他者"的对比中形成了英国的国家认同。英国学者琳达·科利认为，英国（不列颠）首先是战争的产物。对法战争让英国人（不列颠人），无论他们来自威尔士、苏格兰或英格兰，不断卷入与敌对群体的对抗，促使他们面对这些群体确定集体身份……他们一方面为自己确立身份，另一方面将法兰西人想象为迷信、好战、堕落和不自由的人。[1]这种认同的形成并非基于民族和国家意识，而更多的是出于危机感，珍惜并维护英国君主统治下的自由精神。这一时期，国家认同建构更多强调对王权的忠诚，对国家的责任和奉献。

英国公民教育的产生不是突然的，而是在公民意识不断萌发的过程中逐步发展而来。光荣革命为英国营造了一个相对宽松稳定的社会环境，不仅政治上实现了当时最为民主的君主立宪制，经济上也得以突飞猛进，这些都为公民教育的萌芽提供了良好的外部条件。

---

〔1〕参见潘兴明：《英国国家身份认同：理论、实践与历史考察》，载《英国研究》2009年第0期。

第二章　英国早期的国家认同和公民教育

一、宗教教育和贵族教育中的公民教育思想

英国早期的公民教育主要体现在宗教教育和古典绅士教育之中。在《国富论》中，亚当·斯密提出了英国现代化初期存在的两种阶级道德体系。这种不同的道德体系也导致了公民教育出现了两种不同的形式。根据斯密的观点，"在每一个文明社会，在每一个阶级差别已经完全确立的社会，总有两种同时流行的道德方案或体系：一种可以称为严格的或严肃的体系，另一种可以称为自由的或放荡的体系。前者一般为普通人民所称赞和敬奉，后者普遍受到所谓上流人物更大的尊重和采用。"[1]对于上层社会的人来说，他的地位受到尊敬和保护，他的行为受到社会的普遍监督，所以一般不敢做出格的事情。而对于下层人民而言，由于没有社会的过多关注，最好通过宗教教育来约束他的道德和行为。事实上，早期的英国对于人们的普遍教育大多来自教会等宗教机构。

17、18世纪的英国思想界异常活跃，涌现出了一批又一批伟大的思想家，一系列关于国家、公民的理论应运而生，在当时的英国和西方世界都产生了重要的影响，他们的先进思想和社会理论为英国的现代化道路提供了重要的理论支撑和实践参照，促使着英国公民开始寻求公民身份，为公民意识的积累和公民教育的尝试提供了客观条件。事实上，英国现代早期几乎没有正规的关于公民教育的论述，但从散见于自由主义思想家的著述中一些理念和主张却可以窥探出英国早期的公民教育探索。其中托马斯·霍布斯、约翰·洛克和约瑟夫·普里斯特利（Joseph Priestley）等人的一系列观点对此具有深刻的影响。

（一）以培养臣民忠诚和服从为主的宗教教育

英国是一个有着深厚基督教传统的国家。最初英国的教育主要由教会垄断，教会将其作为传播基督教义和教化民众的主要手段。宗教的精神渗透于社会生活的方方面面。学校的校长基本由神职人员担任，学校教育以道德教育为主，教学内容主要包括文法、修辞、逻辑学、算数等，而这些科目的学习主要也是为宗教服务的，比如文法的学习主要是拉丁文，是为了更好地阅

---

[1] 转引自赵明玉：《现代化进程中的英国公民教育研究》，东北师范大学2008年博士学位论文。

读圣经，逻辑学主要是为教会的宗教信条进行辩护。神职人员在教育中具有绝对的权威地位，学生不得任意挑战，几乎没有任何自由学习的空间。早期的英国教育深受宗教教育的影响，学校是教会的产物，实质上学校教育就是宗教教育。

16世纪宗教改革以后，英国的国教圣公会控制了国家的教育权，认为借教育工作可以增进宗教知识、培养宗教情操，进而控制人们的思想和行为。因此，各教区的国教会开始向贫苦儿童讲授《圣经》，传授宗教教义，只有经教会认可的教师才能从事教学工作。早期的英国，宗教作为一种强化的政治力量，很大程度上发挥着公民教育的职能，成为传递政治理念的重要途径，尤其在宗教冲突时期，容易激起人们的反叛情绪，而神职人员所传授的"真正的信仰"——对于王权的忠诚其实本质上就是一种公民教育。正如希特所言，虽然王国的人口通常被看作是君主的臣民，但令人困惑的是，"公民"这一经典术语有时仍倾向于被政治理论家使用和修改，以强调公民认可王权权威的义务。人们认识到通过教育使"公民"了解这一义务的必要性。[1]

在由君权神授的国王统治的英国，公民教育能否在理论甚至实践层面存在呢？答案是肯定的，只不过王权必须要适应日益变化的政治环境，而教育也是。为了维护王权，民众必须受到教育。作为绝对君主制理论的集大成者，霍布斯认为，国家建立之初，由于主权不尽完善，需要强有力的中央政府加以管理，由此，他提出了开展公民教育的必要性。霍布斯提倡自然状态学说，他的思想不仅为西方政治哲学发展和实践奠定根基，更成为英国公民教育产生和发展的理论依据。他认为自由主义的前提是人类处于一种孤立的、自由的自然状态，每个人都平等拥有自然权利，这种自然权利可以引申为具有普遍意义的平等权利。而1642年《论公民》中霍布斯提出为了保护自然权利、避免人与人之间的冲突，有必要寻求一种独立于个人权利以外的权威力量来实现秩序和安全，引导从自然状态向公民社会过渡，并在此基础上全面探讨了国家和公民义务等内容。他认为，指导人们对基本权利的认识，可以抵御可能的叛乱带给国家的威胁，是当权者的义务，也是其利益所在。他提出了"七个点"大纲，这些内容与《圣经》中的"十诫"相互对应。

这无疑是一份构思精良的公民教育章程，旨在培养善良、见多识广的好

---

〔1〕 See Derek Heater, *A History of Education for Citizenship*, RoutledgeFalmer, 2004, p. 26.

公民，尽管主要针对成年人的"阶级"，尤其是第四点，有组织地规定特定时间，集合大家，共同传授有关国家法律、公民义务的内容等，这里明显具有强制性的特点。那么如何开展这种教育？宗教在其中发挥了至关重要的作用。这一时期，宗教教育成为公民教育的主要形式。霍布斯认为教会是传递好公民知识的主要渠道。教会在这样一个宗教意识浓厚、宗教辩论异常激烈的时代，是发挥公民教育者功能最合适的选择。没有神学内容的加持，公民教育显然是不能起效果的。但是霍布斯并没有明确国家在公民教育中的作用，这也是英国公民教育长期以来缺乏正统的阐述和长足发展的重要原因。

这一时期，英国自上而下也采取了一系列措施强化宗教教育的地位和作用。1558年，伊丽莎白一世继承王位时，英国刚刚经历过她的姐姐玛丽的残暴统治，玛丽在位期间，众多清教徒遭到残忍迫害，伊丽莎白的首要任务就是尽快稳定国内政治，营造宗教安定的环境，她意识到教育在中间的重要价值，因此这一时期，许多的皇家指令、教会教规以及议会法案都能看出其对于教育的看重以及加强对学校控制的意图。第一个就是1559年令，指令说，从事教学的人必须是虔诚的教徒，教导学生遵从上帝教的指引是每一位教师义不容辞的职责。此外，伊丽莎白一世统治时期教会还推行世俗化的爱国公民教育。例如，一本介绍从百年战争到伊丽莎白即位期间的英国光辉史的教材，枢密院要求每个教堂的主教都必须确保学生在校阅读。在16世纪的英格兰，每个星期日早上，成千上万的年轻人聚集在不同的郊区，他们来自不同阶层的家庭，上至贵族、下至乞丐。这些年轻人会向牧师学习如何成为一名基督徒。然而，他们所接受的教育仅限于服从权威以及社会和政治秩序等方面的教义手册。值得注意的是，这些年轻人中的大多数都没有文化素养（即不识字），因此无法验证或修正那些庄重的牧师所传授的内容。[1]

(二) 强调公民责任和美德的贵族教育

英国教育实行双轨制，分为贵族教育和普通教育，这与英国的贵族社会历史和社会分层相一致。贵族教育发端于绅士教育。英国的绅士教育主张产生于16世纪，教育思想家托马斯·埃利奥特（Thomas Elyot）认为国家领袖深刻地影响着国家发展，因此需要绅士教育为国家培养合格的统治者。埃利奥特

---

[1] See Derek Heater, *A History of Education for Citizenship*, RoutledgeFalmer, 2004, pp. 30-31.

的理论强调品德教育，其伦理观以公正从政为善，而实现这种伦理目标需要贵族青年积极参与国家政治活动，人人都有义务参与推动国家政治生活。[1]普通教育的产生以17世纪英国中产阶级的逐渐壮大为前提。中产阶级是市场经济条件下最具价值的社会力量，要求分享贵族在教育方面的特权，认为绅士不是天赋特性，而是一种外在行为和内在品德的标准。1692年，洛克在《教育漫话》中的教育学说根据时代和社会现实的变迁更新了"绅士教育"的理论。洛克同样承认教育的目标是培养具有德行、才华和自我管理能力的"绅士"，并且优质的教育与资产阶级国家的繁荣幸福密切相关。其理论的创新之处在于，对"绅士"的重新解注，认为绅士教育是把资产阶级培养成为新贵族[2]。绅士是资产阶级化的新贵族的实业家，在传统的封建贵族的道德、礼信和风度之外，还具备新兴资产阶级的探索精神和实干能力。绅士教育不仅要求培养高贵的习惯、强健身体，还重视相应的文化修养。

17世纪开始，公民美德和古典公民观念在英国勃兴。英国开始对特权阶级的子弟进行地理、历史、法律等方面的教育，其主要目的是培养能够担当国家管理大任的"精英公民"，因为正是这个阶级为所有三个政府部门——中央政府官员、司法审判员和法官以及议会议员——提供了卓越的人员——这个阶级的公众活跃人士可以被认为是形成精英公民的。正是在这种背景下，洛克在《教育漫话》中，制定了一套艰苦的课程来满足这些需求。"当他充分消化了西塞罗的《论责任》、加之又读了普芬道夫的《论人和公民的责任》之后，就可以让他再读一读格劳秀斯的《战争与和平法》，或者读另一本也许写得更为出色的书，即普芬道夫的《自然法和族类法》；从这些书中，他可以学到人的自然权利、社会的起源与基础，以及由此产生的各种责任。这种关于民法与历史的一般研究，一个绅士不仅应当接触，而且应当终其一生孜孜不倦地仔细加以研究。一个有德行有教养的年轻人，如果精通民法通则，又通晓拉丁文，并写得一手好字，那么他就一定能够脱颖而出，有把握谋得职业并处处受到重视。"年轻学生的阅读还应包括对英国法律、宪法和政府的研究，因为，"一个绅士无论身居何位，都必须懂得法律，无论是当一个地方

---

[1] 参见李晓丽、曾长秋：《传统与变革中的英国公民教育》，载《西南科技大学学报（哲学社会科学版）》2009年第3期。

[2] 参见李晓丽、曾长秋：《传统与变革中的英国公民教育》，载《西南科技大学学报（哲学社会科学版）》2009年第3期。

治安法官还是当一个国务大臣,不懂法律都是不能胜任的……绅士的职责就是要寻求是非的真实尺度。"[1]

洛克指出,"人们的行为和能力之所以千差万别,教育所起的作用比其他任何事物起的作用都要大。"[2]洛克非常关注理性在人的发展中的重要作用,他要训练绅士,让其始终考虑怎么行事才合理,然后服从理性的命令。为了让儿童长大后能够遵从自己的理性判断,就要让年轻人接受训练,按照养育他们的有理性的人的判断行事。应当尽早把儿童当作理性人对待,当他们太小而无法这样对待时,就应当借助他们对父母权威的敬畏和对名誉的热爱来约束他们。"一旦儿童意识到了对荣誉感的热爱,对耻辱的忧虑,那么你就已经将一个真理传授给他了。这种真理能够使儿童不断向着正义方向的发展。"[3]

洛克在《教育漫话》中强调了关于教育的两个真理,一个是实践。他认为所有的技能都需由实践作用在学生身上,最后内化为一种习惯。孩子的举止和学业应当被视作习惯养成的重要部分。另一个则是同伴的影响。他认为同伴的影响比一切教训、规则、教导都大。对儿童的教育是家长尤其是父亲不可推卸的责任,因此孩子必须在父母和教育者的陪伴和督导下进行训练和培养。

洛克是这一时期公民思想的重要奠基人,他提出公民教育是与国家前途密切相关的观点,他详细阐述了公民教育的课程设置、教学方式和传播途径等方面,这些思想对于英国公民文化和公民教育理论的发展产生了积极的影响。

英国内战引发的政治、宗教和社会混乱让清教徒开始思考学校在塑造一个更加道德和有序的社会方面能够发挥的作用。其中最为核心的人物当属政治家和慈善家塞缪尔·哈特利布(Samuel Hartlib),他说服他的朋友约翰·杜里(John Dury)写了一本书《改革的学校》(The Reformed School),并于1650年出版。哈特利布在序言中概述了他自己的担忧:在世界各国,所有的地方长官、大臣和政府官员都是从普通的学校中被挑选出来的,他们在学校中所

---

[1] [英]约翰·洛克:《教育漫话》,徐大建译,商务印书馆2018年版,第243—244页。
[2] [英]约翰·洛克:《教育漫话》,徐大建译,商务印书馆2018年版,第84页。
[3] 赵明玉:《现代化进程中的英国公民教育研究》,东北师范大学2008年博士学位论文。

接受的恶德和美德得以实践并在教会和联邦中持续发挥作用。因此，我们应当把学校看作是社会安定的正常而天然的源泉。从中可以看出，对于主要公民的道德品质的教育是改善整个社会的起点。哈特利布还提出，国家可以而且应该对学校教育进行干预，以确保学校能够积极促进社会的改善。杜里的书中详细列出了按照他和哈特利布的期望进行改革的学校课程。他为13岁至20岁的孩子提供了最全面和有趣的通识教育，"使他们适合教会和联邦的任何工作"。这种课程非常切合这一年龄段的需要，为18世纪的许多英国异教学院提供了一种模式。在他列出的十个主题中，第5项与公民教育尤其相关：各国法律中的经济学、公民政府、自然正义和公平的学说，应该提供给他们，作为查士丁尼制度和法律规则的法理学基础。在第10项中，他还提倡为了个人的社会发展而研究历史：为了在一个人的生活中获得智慧和谨慎，了解文明对话的规则，以指导他如何处事。

杜里想要改革学校制度，但不是彻底改变它。他的目标，就像埃利奥特一样，仍然是教育精英。学校里没有对大众进行公民教育的关注：因为教授社会道德是教会的职责。[1]

二、早期的公民教育探索

（一）以工人阶级为对象的宪章主义公民教育

这一时期，更激进的思想在国外出现，开始质疑维持君主专制的一整套原则。18世纪70年代是英国政治意识显著增强的年代。18世纪80年代初，要求议会改革和由此组织起来的运动激增。从1753年到1792年的40年间，报纸读者翻了一番。毋庸置疑，这得益于法国大革命的爆发。这一重大事件使人们开始关注自由和民主的话题，相关的政治辩论比比皆是。这些迹象表明，在英国普通民众中间，民主意识逐渐增长，并潜移默化地在发生影响。

英国公民意识的增长主要分为两个阶段，集中在18世纪70年代和90年代。虽然"公民"一词在英国宪法中是陌生的，但法国的辩论和立法改变了这个词汇，例如，当英格兰北部城市谢菲尔德在起草改革的要求时，激进派宣称："我们所主张的平等是，让奴隶成为人，让人成为公民，让公民成为国

---

[1] See Derek Heater, *A History of Education for Citizenship*, RoutledgeFalmer, 2004, p.32.

第二章 英国早期的国家认同和公民教育

家不可分割的一部分；让他共同参与国家的治理，而不是一个臣民。"[1]

人们普遍认为，一个理想的公民地位与接受教育的机会息息相关。这一时期，以宪章派为主要代表，认为学校应该致力于创造更加民主的政体。更加民主化的要求在这一时期得以体现。宪章派认为，工人阶级不能完全被国家所提供的教育系统灌输意志，他们要求建立更为广泛的普及的教育，"诚实的穷人家的孩子也应该接受一切必要的训练，以促进其精神、道德、政治和社会利益的提升"[2]。英国有关公民教育的著作带有明显的激进特点，在具体的公民教育策略上存在明显的分歧。

杰拉德·温斯坦利（Gerrard Winstanley）是当时最激进的思想家和活动家之一，他概述的政治思想远远超出了君主专制和教育的概念。1652年，他写了一本内容丰富的小册子《纲领中的自由法则》（The Law of Freedom in a Platform: Or, True Magistracy Restored）。实际上，这是一部共产主义国家的宪法，规定了男性选举权和地方法官选举等条款。温斯坦利对通过教育实现一个有道德和公正的社会的潜力非常感兴趣，他在这本小册子中用了整整一章来讨论这个话题。他认为人有四个阶段，在童年时期，他的父母应教导他有礼貌和谦卑地行事，然后送他去学校接受更正规的教育。从青年到40岁，这时雇佣工作就该结束了，从40岁到80岁是一个人的成年和老年阶段。温斯坦利的计划是，学校应该教育年轻人在退休前和退休后过上积极有效的公民生活。更重要的是，温斯坦利区别于同时代思想家的地方在于他主张所有的学生都应受到平等对待（尽管为女孩设置了单独的国内课程）。他指出学校学习的三个目的：

首先，通过熟悉世界事务的知识，通过传统知识，他们可能会更好地像理性的人一样管理自己。其次，通过了解政府的性质，他们可以成为支持联邦的好人。最后，如果英国有机会派大使到其他国家，我们可以派通晓当地语言的人；或者如果有来自其他国家的大使，我们也可能会有能听懂他们讲话的人。因此，个人将成长为个人、政治和国际意义上的公民。然而，温斯坦利的设想并没有实现。[3]

---

[1] Derek Heater, *A History of Education for Citizenship*, RoutledgeFalmer, 2004, p. 50.

[2] Derek Heater, *A History of Education for Citizenship*, RoutledgeFalmer, 2004, p. 84.

[3] See Derek Heater, *A History of Education for Citizenship*, RoutledgeFalmer, 2004, pp. 32-33.

乔治·戴尔（George Dyer）是国家教育体制的支持者之一。他不仅主张为穷人提供公共教育，而且认为穷人和富人应该接受相同的教育。如果理论上所有公民都是平等的，那么他们在教育方面也应该享有接近平等的机会。"这样的政策，"他宣称，"将使心灵变得人性化……平等的原则将使人高贵和高尚。"[1]

另一个阵营是对国家控制教育深表怀疑的人，以约瑟夫·普里斯特利（Joseph Priestley）和威廉·戈德温（William Godwin）为代表，他们的思想对18世纪后期的英国公民教育产生了深远的影响。

约瑟夫·普里斯特利于1765年发表了一篇很有思想的小文章，题为《论旨在促进公民积极生活的自由教育课程》(Essay on a Course of Liberal Education for Civil and Active Life)，他结合自己当老师的经历，提出在中小学和大学的课程中，应该加入自由教育课程的内容，这些内容有利于公民的有效生活，而这都与整个国家的健康生活直接有关。他认为自由教育课程应包含这些主题：公民历史和公民政策；例如法律理论、政府、海军力量等，这些都是显示国家力量和民族幸福的因素。为了阐述这一主题，他建议讲授三类课程和相应的讲座。第一类是一般性的历史研究，这有助于培养能干的政治家和聪明有才能的公民。在这门课程中，商业的话题应该得到强调。第二个系列讲座是英国历史；第三个是现行宪法和法律。普里斯特利承认，他的建议可能会遭到反对，因为这些主题对年龄小、智力弱的年轻人来说太深奥、太复杂。但他有效地应对了所有这些问题，他列举了许多理由来阐述他的观点。他提出的一个原因是目前的通识教育内容是无用的，容易受到嘲笑。另一个原因是，他列出的话题构成了智慧的成年人对话的内容，这类课程的学生可以学习到真正实用的知识。第三个原因是，对一个人来说，正确地了解政策和商业问题远比通过随机阅读要有益得多，因为几乎每一个作家或演说家都是值得怀疑的，因为里面涉及很多派系和利益的驱使。普里斯特利的主要论点是，公民教育计划将使整个国家受益。他断言：我国以及世界上每一个国家所承受的许多政治罪恶，不是由于缺乏对我们国家的爱，而是由于不了解它的真正结构和利益……（而且，这样的课程）也许比其他任何情况都更有助于产生、传播和影响爱国主义精神。那么谁将是这种公民教育的接受者？普里斯

---

[1] Derek Heater, *A History of Education for Citizenship*, RoutledgeFalmer, 2004, p. 50.

特利强调那些有能力影响国家命运和影响舆论的人——我们称之为"精英公民"的人才能接受这种公民教育。但他在另一篇文章中又提出，这些学科被越多人理解，这个国家就越有可能从这些知识中受益。[1]

与普里斯特利和他那个时代的其他激进派不同，威廉·戈德温更关心理论原则的争论，而不是提出实际的改革方案。他的论点建立在两个信念之上，即人有能力理性；正义是人类社会的首要目标。他对后一种信念的思考包含在他的主要著作《关于政治正义的探究》（An Enquiry Concerning Political Justice）中，该书于1793年出版。书中有一章题为《关于国家教育》。戈德温直接表达了他对公立教育必要性的担忧。他认为国家强制的教育将导致思想停滞不前，变得过时，甚至支持偏见。他担心，政府控制的教育将导致现有制度的永久性存在。"我们的年轻人不应该被教导去尊敬宪法，无论它多么优秀；他们应该被教导尊敬真理。如果在专制主义最得意的时候采取了国家教育的计划；人们不相信它会永远压制真理的声音……然而，在自由主义盛行的国家里，在叛乱和革命的年代里，我们有理由认为存在着重大的错误，而国家教育最直接地倾向于使这些错误永久化，并让所有的思想都形成一种模式。"[2]

伦敦宪章派最杰出的领袖是威廉·洛维特（William Lovett），他是该运动的主要理论家。由于为伯明翰的宪章运动奔走，洛维特被关押在沃里克监狱。在服刑期间，他写了一本书，题为《宪章运动》（Chartism: A New Organization of the People Embracing a Plan for the Education and Improvement of the People Politically and Socially）。他在书中绘就了一张蓝图，学校由人民自己组织，这为今后中产阶级和工人阶级建立这种制度奠定了基础。它强调开展全面教育——无论是女孩还是男孩——不仅限于3R甚至对经典的学习。必须将妇女包括在内，因为她们是公民，而且作为母亲，她们对孩子有至关重要的影响。书中建议的课程非常完整，对于预备学校（初中）以及中学阶段的下层阶级和上层阶级的学生分别应该学习什么内容都有具体的指引。

洛维特反对政府对于教育的任何控制，他说，"从我们自己的政府所表现出的对他们的大陆邻国采取压制自由政策的倾向来看，我们完全有理由担心，

---

[1] See Derek Heater, *A History of Education for Citizenship*, RoutledgeFalmer, 2004, pp. 51-52.
[2] Derek Heater, *A History of Education for Citizenship*, RoutledgeFalmer, 2004, p. 52.

如果他们曾经受托教育我们的孩子，他们会采取同样的方式来塑造他们的孩子……在其中许多国家谈论权利或正义——阅读自由派报纸或灌输自由原则的书籍，将招致放逐或入狱的惩罚。"[1]

因此，洛维特与当时所有激进分子一样，都担心他所设想的那种公民教育将在政府控制的大众教育中遭到彻底谴责和否决。然而，他坚定地认为，群众目前不熟悉公共事务，不能成为剥夺他们选举权的理由。在这篇文章的开头，洛维特和柯林斯就提醒读者：千万不要以为我们同意那些"教育学家"的观点，他们认为工人阶级"太无知，不适合当公民"。我们决不赞成这种不公正的、破坏自由的观念，我们认为，启蒙和改进这种观念的最有效的方法，是把他们放在与其他阶级在政治上平等的基础上。

这一论断表明，洛维特认为，确保普遍（男性）选举权（宪章的第一点）应该先于建立普遍教育。然而他对此并不高兴：理想情况下，政治和教育改革应该同时进行，因为人民仍然需要获得我们所描述的知识和培养感情，然后才能享受自由的全部果实和祝福……每一个深思熟虑的观察者都必须清楚地看到，真正的自由不可能由议会法案赋予……必须伴随着公共启蒙和公共美德而兴起。洛维特认为，政治是肮脏的生意；只有大众的公民道德教育才能弥补这一缺陷。[2]他不仅提倡在大众中开展公民教育，也创造了成年人学习的氛围。

从19世纪初开始，自助教育在很大程度上是由工人阶级组织起来的（例如主日学校、夜校、技工学院）。并非所有这些努力都与公民教育有关，但足以提高政治意识。此外，由于他们在文盲问题上取得了进展，他们通过阅读19世纪出版的大量报纸和小册子，使越来越多的工人阶级（尤其是男性）有了政治意识。成人和儿童都以这样或那样的方式受到传统学校系统之外的这些发展的照顾。例如，兰开夏激进分子塞缪尔·班福德（Samuel Bamford）认为，当拿破仑战争接近结束时，主日学校"培养了许多有足够才华的工人，他们可以成为议会改革村会议上的读者、作家和演讲者"[3]。19世纪30年代，全国工人阶级联盟（NUWC）进行了一项引人注目的实验，尽管时间短

---

[1] Derek Heater, *A History of Education for Citizenship*, RoutledgeFalmer, 2004, p.85.

[2] See Derek Heater, *A History of Education for Citizenship*, RoutledgeFalmer, 2004, p.85.

[3] Derek Heater, *A History of Education for Citizenship*, RoutledgeFalmer, 2004, p.87.

暂，洛维特是其中的领军人物，这是一个致力于议会改革的联邦组织；但是，每个地区都必须安排一堂课来讨论和学习政治事务。

因此，洛维特并不是简单地主张大众教育是出于公民的目的。在宪章运动形成之前，他还为成人层面的这类研究创造了环境。此外，主要是在他的鼓舞下，宪章派对公民教育做出了非凡的贡献，这在英国是罕见的。他们为工人们创造了广泛的自我教育机会，而且，鉴于宪章运动本质上的政治目的，这种教育的政治内容很少缺席。政治经济学家和作家哈丽特·马蒂诺（Harriet Martineau）写了一部关于1816年至1846年这段时期的重要历史，她评论说，宪章运动时代的工人："把他们辛苦挣来的钱，他们的业余时间，他们的睡眠时间，他们的健康，他们的休息，用来促进国家没有给予的教育。通过巨大的努力，他们建立了学校、研究所、讲堂和阅览室，用他们能想到的各种方式在班级里传播知识。"[1]

整个19世纪以来，不同的团体不断成长以继续这种工作，直到1903年它们被合并到工人教育协会中。

（二）公学中的精英教育

"贵族精神是社会的主导价值取向，是社会所承认的官方的文化参照系。"[2]贵族勇敢、优雅、具有强烈的社会责任感，被尊称为"绅士"。传播这些绅士风范的主要力量就是精英教育。这种贵族传统一代代被继承，是英国宝贵的精神财富。到19世纪末，接受精英教育已经成为上流社会大多数成员所共有的成长经历。精英教育是一种传承贵族精神和绅士风度的自由教育，旨在培养学生"管理别人和控制自己的能力；把自由和秩序结合起来的才能；热心公益的精神；充满活力和男子气概的性格，坚定而不盲从舆论的精神；爱好健康的娱乐和身体锻炼的精神……"[3]

在19世纪的背景下，公民教育可以被解释为社会最高阶层的公共服务教育，下面的引文提供了维多利亚版本的那种学校教育的确切定义。它摘自

---

[1] Derek Heater, *A History of Education for Citizenship*, RoutledgeFalmer, 2004, p. 87.

[2] 李立国：《工业化时期英国教育变迁的历史研究：以教育与工业化的关系为视角》，广西师范大学出版社2010年版，第146页。

[3] 转引自易红郡：《公学：英国社会精英的摇篮》，载《中国地质大学学报（社会科学版）》2008年第6期。

1864 年的公立学校委员会报告。"在他们所提供的服务中，无疑可以认为古典文学是英语教育的主要内容……第二点，也是更重要的一点，是为男孩建立一个管理和纪律体系……哪一个被认为对国民性格和社会生活的影响最重要……这些学校是培养我们政治家的主要场所。"[1]

根据委员会的说法，古典的学习和性格塑造是这个神奇公式的组成部分，"其卓越性已得到普遍认可"，但事实并非如此。希腊和拉丁语言和文学的教学将其他科目排除在外，也没有提及它们与当代世界的相关性，这剥夺了学生对于当前公共事务的敏感把握。年长者对年幼男孩的欺凌几乎不利于平等主义和社会和谐，但按照古典标准，这就是公民与公民之间关系的特点。但这种关系在 19 世纪中期逐渐消失，取而代之的是学生对于这种非人道和不公的系统的反叛，以 1851 年马尔堡爆发的动乱为标志，一种新型的公民关系萌生了。

18 世纪以前，英国学校主要分为两类：文法学校和公学。文法学院历史久远，自中世纪起就已出现以教授拉丁语为主的文法学校。在当时英国社会中上层以拉丁语为主要语言工具，文法学院的学习为日后这些成为教师、政府官员的人解决了工作中可能遇到的语言问题。公学是从文法学校发展而来，因受到上流社会的捐助而得以独立存在。18 世纪，英国已经拥有 9 所闻名内外的公学：伊顿公学、哈罗公学、查特豪斯公学、麦钦泰勒公学、拉格比公学、什鲁斯伯里公学、圣保罗公学、温切斯特公学和威斯敏斯特公学。公学的目标群体是中上流社会，学费高昂、师资优越，是以培养社会精英为主要任务的，一般穷苦人家根本无力踏入公学。

托马斯·阿诺德（Thomas Arnold）是最著名的公立学校校长之一。他从 1827 年起在拉格比担任这一职位，直到 1842 年去世。有人评价阿诺德所提出的所有教育理想都是以基督教和公民这两个概念为基础的。他所说的公民身份意味着一种社会责任感，认真使用选票和负责任的领导。道德教育，通过学校的整个风气，是实现这些目标的适当和有效的方法。道德公民必须是基督徒公民，他认为，不仅仅是在公立学校，而应该包括所有的年轻人。他曾强调说："我想培养的是这样一种人，即基督教绅士"。他想通过教育改变社会道德的状况。他主张学校中的所有课堂教学应通力合作，以此来保证基督

---

[1] Derek Heater, *A History of Education for Citizenship*, RoutledgeFalmer, 2004, p. 87.

教教育的落实；教师应该起到表率的作用，而且还应努力让学生的言行符合教义，学生之间形成良好的互动影响。[1] 同时他是古典人文主义教育的积极提倡者。阿诺德相信如果教导得当的话，古典学科具有公民教育的目的。在英国的公立和文法学校，基于公民教育，有三个问题。学者普遍认为经典学习是一种培养国家领导的合适的训练方法，但这种普遍的认知是正确的吗？以"现代"学科，尤其是科学学科解读诠释古典学科是否具有合理性？古典文学的教学是否应该以解析、指导当前问题为明确和公开的目的？阿诺德明确表明了他的立场：古典学科仍应是课程的基石，但应根据当代的实际情况进行教学。希腊和罗马应该成为衡量我们现代文明质量的标尺。因为亚里士多德、柏拉图、修昔底德、西塞罗和塔西佗……都是我们同时代的人，但有优势……他们的观察是在常人无法企及的领域进行的，因此他们以我们自己无法看到的方式目睹了自由民主教育，因此他们的结论对我们自己的情况也能产生影响。他说他几乎找不到比这更好的古代作家来表达古典共和公民权的原则了。他把古典语言和文学作为拉格比公学的核心课程，同时把希腊语和拉丁语作为拓宽学生知识面的工具，从而使历史、诗歌、哲学和伦理学成为拉格比公学的主要课程。

他还非常注重以体育的精神来塑造学生的品性。他认为，竞技运动不仅可以强身健体，还可以培育学生坚韧的性格和崇高的思想，培育他们在未来生活中的领导能力。通过一系列卓有创新的体育活动，向学生灌输了自治精神、团队精神以及尊重王室和教会的思想，振奋了学生们原本懒散的男子气概和道德价值，他所倡导的"竞技运动自治"的体育模式，成为日后英美学校体育建设的基础，他也因此被称为"近代体育之父"。阿诺德还考虑了英格兰最理想的学校结构，主张为下层阶级开设公立小学，但是直到福斯特法案才得以真正实施。

公学的改革得到了上层阶级的支持，越来越多的贵族子弟开始进入公学接受教育，这也促进了公学的快速发展。到 1902 年，仅英国就有 64 所公学。公学被视为英国社会的精神特质，公学学生在校期间接受的教育塑造了一种榜样，即终身严格遵循公平、责任和正义的原则，具备强烈的主人翁意识和

---

[1] See J. J. Findlay, A. Thomas, *Arnold of Rugby：His School Life and Contributions to Education*, Cambridge University Press, 1898, p. 52.

独立精神。

不仅中产阶级和上流社会奉"绅士精神"为珍宝，底层人民也被教育要遵从绅士风范的基本理念，虽然他们不必学习餐桌礼仪或培养对于文学的鉴赏能力等，但是"绅士"一词的概念非常宽泛，而当与"维多利亚美德"相结合时，对普通民众而言，"安分守己"，做好自己的本职工作，不妄想不妄言，这就是绅士风范在他们身上的最好体现了。

维多利亚女王被视为道德的楷模，她的行为举止掀起了英国社会对美德、责任、品德和行为规范的追求。维多利亚女王本人就是遵从中产阶级美德的榜样。她端庄大方，举止优雅，尽职尽责，在处理政治问题时也善于听取和采纳多方意见，具有独特的政治智慧。她还很看重家庭，是一位十足的贤妻良母，拥有9个儿女，与丈夫相敬如宾，相亲相爱一生，未有任何绯闻传出。女王成了代表一个时代的光辉形象，在当时甚至是整个英国历史上，都成为民众争先效仿和崇拜的对象。女王以身作则把这种美德扩散开来。人人都各安其位，各守本分。女王尚且如此，普通民众更应该严于律己，恪守道德规范。由此可见，要想成为一名合格的英国公民，最基本的就是遵从上帝安排的生活，安分守己。

小　结

民族国家初创，日渐统一的权力、繁荣的自由贸易、强大的海外实力、共同信仰的新教越来越要求英国以一个更加统一的国家形象而存在，大不列颠成为凝聚各方力量的新称呼，"英国人"受到威尔士、苏格兰、英格兰人的热烈欢迎。然而真正意义的大不列颠民族并未形成，地区意识仍然占有话语权，王国内为各自的民族认同留有余地，新成立的联合王国实际上是一个以利益一致为基础的利益共同体，但是国家认同对外却呈现出较高的一致性。与一个危险和敌对的异己的冲突，掩盖了内部的分歧，培育了某种团结，将不同民族凝聚起来，一种超越阶级、种族、职业、性别和年龄界限的爱国主义被激发出来，新教在构建国家身份方面起到了重要作用，与外敌的战争中英国人把自己看作一个与众不同和被选中的民族，这种新教世界观赋予英国人以更加道德、更加自由的形象。英国庞大的海外帝国，是大不列颠幸运宿命的力证。他们相信，上帝把帝国托付给英国人，是为了更加深入地将福音信仰传遍全世界，帝国巩固了英国人的神恩和那种不屈不挠的勇气和精神。

英国这一时期的公民教育在很多方面呼应了国家认同建构的特点和任务。规模空前巨大和反复经历的新教战争影响了各式各样的英国人，爱国主义被广泛动员。在1700年以前，统治者通常希望民众整洁有序、服从，在面对权威等级比他们高的人时消极被动，积极的公民权被看作是有钱人和男人的特权。英国早期的公民教育更多地与宗教教育混杂在一起，带有浓重的宗教色彩，提倡对王权的忠诚和无条件服务，绅士教育以传播古典主义的公民美德教育为主。随着战争和海外帝国的扩张，英国普通民众中间培育了政治意识，积极的忠诚在更大规模上被鼓动，只是顺从已经不够了，国民必须成为英国人，被动了解国家转变为国家利益的热心参与者。由于受自由主义思想的影响，英国早期的公民教育缺乏中央政府的统一管理，处于一种随意自发的状态，这一时期主要体现在一些自由主义思想家的专著和论辩中。以培养忠诚进取和美德的精英主义公民教育被倡导，而代表中产阶级和工人阶级的，以培养更广泛人民大众的公民意识和国家忠诚的宪章主义公民教育也受到了广泛的关注和讨论。

需要说明的是，英国教育长期以来的双轨制，是制约教育公平的根源，它把阶级和阶层的统治与被统治的关系鲜明地呈现出来，这就使英国的公民教育始终处于不平等的状态，一定程度上影响了公民教育的发展。

第三章 帝国主义时期的英国国家认同与公民教育

第一节 帝国时代的危机与极端整合的国家认同

自现代化初期以来,英国始终没有停止过对外扩张与殖民的步伐。英国人从16世纪50年代开始,已驱使英国在海洋上建立世界帝国。在与海外对手进行激烈的贸易竞争同时,寻求机会大力扩张海外市场,最终导致海外殖民地的建立和英帝国的形成。1588年,英国海军打败西班牙"无敌舰队",确立了海上霸权。在1689-1763年期间,英国与法国展开了一场争夺海上霸权的激烈竞争。经过一系列决定性的胜利,英国逐渐巩固了其在全球范围内的领导地位。到1763年,英国已经建立了一个以奴隶贸易和殖民地掠夺为基础的第一帝国,成为当时世界上最强大的殖民国家。1783-1815年,英国进入一个高速发展的辉煌时期,英法七年战争的胜利以及美国独立战争的影响,促使英国将其殖民重心由北美转移到亚洲的印度。随着工业革命的完成,英国迅速发展成为"世界工厂",在大肆掠夺海外殖民地的同时加紧扩张领土,进行商业渗透,把"有形帝国"和"无形帝国"的版图进一步扩大。到第一次世界大战前,英国在海外占有的殖民地面积达到3350万平方公里,殖民地人口大约有39 400万人,英国成为名副其实的"日不落帝国"。[1] 帝国的扩张和随之而来的战争引发了英国人对于帝国的思考。约翰·西利爵士(Sir John Seeley)在他的畅销书《英格兰的扩张》(The Expansion of England)中

---

〔1〕 参见姜守明:《从民族国家走向帝国之路》,南京师范大学出版社2000年版,第8页。

提到，帝国是英国力量的来源，对于国家作为一个伟大的力量存在而言，其扩张和统一是最为重要的。在现代世界，规模就等于力量和重要性。

19世纪后半期，"民族国家的自由主义理想还是聚合性和解放性的，包括将较小的独立地区整合成较大的国家，这样的国家既渴望独立生存，又能不断发展。根据这种理论，新的民族必须跨过一道很高的门槛，以确保他们作为独立民族的生存能力……实际上，这一聚合原则意味着民族必然是异质性的，无论在文化上还是在语言上都一样。于是，早期形态的民族主义并不太关注语言或文化遗产的同质性，而是与新的在某种意义上是综合的民族认同有关的构造物。"[1]但是，到了19世纪末20世纪初，欧洲民族国家中出现了一种以语言和文化为甄别标准的新的民族主义，这种民族主义注重文化的同宗同源，在极端形势下强调种族。在1870年到1918年帝国的鼎盛时期，这发展成为一种具有种族和文化排他主义的特征的民族主义，而且常常带有反动性和侵略性。面对日益激烈的国际竞争，同时也是为了挽救英国经济上的颓势，英国为了维护其旧有的影响力，不再沿用以往的无形控制，而是更多地转为强有力的直接控制。政府通过借助民族主义来寻求自身安全性的保障。

一、危机起伏的大英帝国

（一）经济衰退引发信心危机

自19世纪中期以来，持续的经济繁荣为英国的发展提供了良好的外部环境和内在动力，资本主义在这一时期稳定前进，议会政治贤明运转，帝国事业突飞猛进，维多利亚道德为人称颂。但自1873年后，经济和政治领域开始出现危机，打破了英国长期以来安宁稳定的局面。从1872年开始，世界贸易的模式影响着所有的国家，尤其是英国，第二年，英国的物价以及利益率开始下跌，收入也开始缩减，这种态势总体持续到了1896年，此时英国的一般物价已跌至原来的三分之一，而世界也同样处于这种经济衰退的困局中，这一时期，法国、德国、意大利、俄国以及美国政府都放弃了自由贸易，采取

---

[1] [英]安迪·格林：《教育、全球化与民族国家》，朱旭东等译，教育科学出版社2004年版，第148页。

了保护本国的关税政策。因此，英国向这些国家的出口受到了冲击。1880—1910年间，英国的世界贸易占有量从23%下降到了17%，后来，它所占据世界生产能力的份额是15%，而美国和德国均超过了英国，分别为35%和16%。[1]这些数字反映了工业的停滞、企业家精神的式微和工业革命早期标志性的创造力的衰退。在新工业技术的发展和生产方法上，英国落后了，美国和德国在化学工业、石油业、电子行业等方面异军突起。19世纪70年代到80年代，英国用于帝国战争的重要武器，格林（gatling）和努登费尔特（nordenfelt）机枪是在美国制造的，而电话和电灯的使用，是在美资公司推动下才在英国推广的。

19世纪末失业率剧增成为突出的社会问题，自1884年起的6年间，技术工人的失业率达到7%，非技术工人则更高。虽然经济总体来看仍然是在增长，但稳定性不再，经常出现暴涨暴跌的情况，人们开始普遍质疑资本主义的稳定性和安全性。经济领域的危机迅速扩展到社会和政治中去。工会大量成立，罢工活动频发，引发了企业对工会的打击。除经济与工会引发的政治危机外，女性争取选举权、爱尔兰民族争取自治权的活动也使英国的政治环境更加紧张复杂。社会也出现了信任危机，失业人数居高不下，贫困问题日趋严重，这些都与经济的持续增长不相符，因此在社会上激起了强烈的不满和反抗。虽然英国的经济依然举世瞩目，但与日渐崛起的美国、德国等国家比起来，已经有些心有余而力不足。

（二）来自海外的挑战

英国长期在世界范围内进行大量的掠夺和扩张，但到了19世纪70年代，美国和沙俄加速了在全球扩张领土的步伐，日益威胁到英国的势力范围。作为拥有海上霸权的日不落帝国，从前英国受到的威胁仅仅来自陆上，海上的绝对优势开始在19世纪逐渐消减，英国的海上霸权也面临着后起国家发起的挑战，法国、俄国、德国都开始了其海上扩张计划。至19世纪末，不少国家的海上战舰数量都超过了英国的皇家海军，英国的海上霸权一去不复返了。

从19世纪80年代开始，随着推行保护主义政策的敌人们开始在世界各处宣示主权，英国出口的通道越发减少。各国开始觊觎并采取措施撬动英国

---

[1] 参见［英］劳伦斯·詹姆斯：《大英帝国的崛起与衰落》，张子悦、解永春译，中国友谊出版公司2018年版，第215页。

在海外的殖民地，各国宣告其占领的地区主要为其自己的贸易者和投资者服务。英国已无力改变这种局面。1884年，迫于外交压力，英国将私人所有的刚果市场开放。在东南亚，法国在19世纪60年代在印度支那（越南）建立据点，意欲向中国和泰国扩张。法、德联手，共同寻求中国在贸易方面的让步，这早先始终处于英国的控制之下，现在也不得不面对欧洲诸国的竞争。而在太平洋地区，19世纪末统一的德国在二次工业革命后综合国力飞速提高，又因作为后期帝国严重缺乏海外市场，德国开始挑战英国在该地区的权力。

1897年，法国加强了在非洲的扩张，以非洲沿海的贸易殖民地为基点向外扩张，最终形成了自己广阔的海外殖民帝国。英国的殖民地除被法国鲸吞蚕食外，德国也在此寻机谋夺利益。

欧洲各国的势力格局在19世纪后期发生了巨大变化，逐渐强大起来的国家不仅在欧洲本土，更在世界范围内争夺国家利益，英国的"宿敌"法国在欧洲不断试图恢复其地位、在海外与英国争抢殖民地，德国更是发动了两次世界大战，而与此同时，俄国也在全力进行着变革。欧洲近邻的强大势力已然动摇了英国的基本利益。

（三）帝国主义情绪高涨

经济的衰退，海外利益日益受到挑战，欧洲邻国的崛起等问题，在英国国内激起了激烈的争论。对未来的忧虑促使人们重新思考大英帝国的地位和未来。在此之前，人们普遍认为帝国对英国的利益和国际地位至关重要，如果可以合理地利用帝国，它将可以提供战争所需的人力及经济资源，这些都有助于使英国维持一流强国的地位。到了19世纪80年代，英国产生了一种狂热激烈的帝国主义，游说人们支持殖民的声音越来越强烈。

有关帝国主义的争论始于19世纪70年代，各党派的政治家们以一种完全不同的方式来阐明对帝国的态度。保守党领袖本杰明·迪斯雷利（Benjamin Disraeli）就说，保守党是唯一支持帝国的政党，同时攻击自由党所推行的政策，认为其有可能会削弱帝国。他在一场演讲中说："你们是乐意做一个富有舒适的英国人，受欧洲大陆种种原则的约束然后终其一生，还是愿意做一个伟大的国家、一个帝国的臣民？"他认为鼓励人们对帝国的热情可以激起一个国家的民族主义，而这是赢得选票的策略之一。[1]到19世纪90年代，自称"帝国主义者"的人希望英国采取积极措施对帝国进行改革，将英国外贸带入特定的帝国贸易体系。英国长期奉行的自由贸易政策受到越来越多的质疑。约瑟夫·张伯伦（Joseph Chamberlain）是帝国信条的忠诚信徒，帝国这一目标在他心中扎根最深，在他担任殖民大臣时，面对美国实行保护主义关税政策及欧洲国家的保护主义倾向，为了促进帝国的统一，增加帝国的收入，保护英国的工业，他提出将帝国划为自由贸易区，针对帝国以外的区域加征关税。他们相信，在恰当的政策之下，大英帝国将成为经济上的强国，进而成为军事大国。19世纪末很多政客以"帝国主义者"为荣。阿尔弗雷德·米尔纳子爵（Viscount Alfred Milner）就是其中之一，他是帝国的热心支持者，在一次演讲中他说，"一个更大的英帝国可以永远维持其国际地位，并且能够保证它的国家安全和繁荣"[2]。他所说的"更大的英国"，事实上覆盖了在帝国的每一个国家生活的英国白人。这种竞争不仅仅是国家间的竞争，更是"民族"间的竞争。民族在斗争中逐步发展。不列颠民族深陷于同其他民族之间的冲突，白人移民的多个殖民地使不列颠民族分散各处，现在，他们必须重新联合起来，而帝国是革新英国社会，使其投入伟大斗争的重要手段。

二、帝国主义与国家认同

面对一个工业竞争、军备竞赛、外交角逐和国家主义极端膨胀的环境，最好的应对方式是使英帝国更加强大。19世纪末，英国国家主义达到了狂热的顶点，而其最受欢迎的表现形式是帝国主义。支持这一运动的热情不可遏制，成为一股汹涌澎湃的洪流。有关种族优越性和帝国需要高度统一的观点混合在一起，适应了当时的时代需要，只要他们的国家看起来遭到了轻视，大众就可以进入好战的狂怒状态。殖民主义、军国主义成为帝国主义的重要衍生物。这种情绪深入到了社会各阶层、各个政治党派和每个人的生活当中。

---

[1] 参见［英］P. J. 马歇尔主编：《剑桥插图大英帝国史》，樊新志译，世界知识出版社2004年版，第50页。

[2] ［英］P. J. 马歇尔主编：《剑桥插图大英帝国史》，樊新志译，世界知识出版社2004年版，第51页。

（一）英国文化领域激起高涨的帝国主义情感

帝国的扩张和随之而来的战争在英国国内引起了公众的兴趣。这一时期，两本理论性的著作唤醒了无数的英国人，让他们认识到帝国的伟大。一本是查尔斯·迪尔克爵士（Sir Charles Dilke）的《更伟大的英国》（Great Britain），另一本是约翰·西利爵士的《英格兰的扩张》（The Expansion of England），西利认为，帝国是英国力量的来源。对于一个国家而言，规模就等于力量和重要性。在过去的20年里，在人口和面积方面，美国和德国都有赶超英国之势，而英国的力量来自殖民地，殖民地的持续扩大，有助于英国继续捍卫其世界地位，并在国际竞争中取胜。英帝国是西利所指的盎格鲁-撒克逊种族特殊天分的一种表现。如今，盎格鲁-撒克逊人已经遍布全球，并且掌控了所处的环境。这让英国人更加自信他们是理想的、合格的统治者。

同时期还有一些作者也激起了英国人的帝国主义感情。1885年，很多英国人认为帝国的自治应该联合起来，组成一个更完整的统一体，因此帝国联邦大同盟（Imperial Federation League）形成了。大众传媒也在鼓吹帝国的兴盛，像《培尔·梅尔》（Pall Mall Gazette）杂志、《国家观察报》（National Observer），这种帝国主义宣传，让已经发行50万份的《每日邮报》获得了更大的读者群，这是第一家廉价日报，专门刊登吸引读者的新闻。1887年，英国政府和热心支持帝国事业的人士召开了第一届殖民地大会。1891年，G. A. 亨蒂（Henty）出版了《亚历山德里亚的炮声》（Bombardment of Alexandria）和《进兵卡尔图姆》（Dash for Khartoum），这都是面向儿童的帝国读物。1899年，鲁德亚德·吉普林（Rudyard Kipling）已经在敦促读者：

> 承担起白人的责任，
> 遣精兵强将出征沙场，
> 叮咛爱子莫辞远戍，
> 开辟疆土勇猛冲锋。[1]

这一时期，拥护帝国主义的狂热，势不可挡。塞西尔·罗兹（Cecil

---

[1] [美]戴维·罗伯兹：《英国史：1688年至今》，鲁光桓译，中山大学出版社1990年版，第318页。

Rhodes）在1899年说："自由党和保守党相互较量，此起彼伏，不过是在表现谁是最伟大、最热心的帝国主义者。"[1]

关于战争的印刷品和历史剧非常流行。1898年7月，皇家西萨里兵团的士兵们在水晶宫重现了西北前线的战争场面。从前线拍下的新闻影片，受到了热烈的欢迎。战地记者在廉价报刊上持续发布有关战争的详细报道，这些大量发行的报纸令公众对帝国激动不已。1896-1898年苏丹战争期间，《每日图片报》（Daily Graphic）上刊登的照片表现出了各种战争场面，英国、埃及的医院勤杂工在治疗受伤的伊斯兰教托钵僧，同时为了与这种慈善行为形成鲜明对比，他们还同时刊登了被屠杀的部族民头颅的照片。1896年6月的一张图片显示，尼日利亚北部的穆斯林酋长们意欲恢复奴隶制，这进一步确定了英国是在为文明而战。[2]

1897年，维多利亚女王60岁寿辰异常宏大，全国上下都在庆祝，帝国的每一个角落都派遣部队前来参加，由5万人组成的队伍，浩浩荡荡，从滩头街一直到圣保罗教堂。女王发电报向全帝国庆祝的群众致谢。这一庆典的目的是表明女王是帝国的中心，而对女王的忠诚促进了团结精神的增长。民众对于帝国事务的关注度变高，在与布尔人作战过程中，英军被困6个多月，最后援军到达解围。当消息传来，伦敦的民众纷纷走上街头相拥庆祝。布尔战争期间，爱国主义纪念品的数量猛增。纽扣上画着主要指挥官的画像，在陶器和香烟卡片上，也是如此。帝国主义的狂热渗透到社会各阶层、每种宗教和党派。比如激进派人士查尔斯·迪尔克在《更伟大的英国》中大赞帝国主义的美德，自由党首相罗斯伯里勋爵（Lord Rosebery）以帝国主义为至高无上，就连费边社（Fabian Society）剧作家萧伯纳（G. B. Shaw）也说"一个费边社员在理论上必然是一个帝国主义者。"[3]在城市文化中还渐生出了一类居无定所、对城市生活感到厌倦的居民，他们虽终其一生也没有去过帝国的殖民地，更没有从帝国得到任何收益，但他们喜欢看报纸、看小说，畅游在

---

[1] [美]戴维·罗伯兹：《英国史：1688至今》，鲁光桓译，中山大学出版社1990年版，第319页。

[2] 参见[英]劳伦斯·詹姆斯：《大英帝国的崛起与衰落》，张子悦、解永春译，中国友谊出版公司2018年版，第225页。

[3] [美]戴维·罗伯兹：《英国史：1688至今》，鲁光桓译，中山大学出版社1990年版，第319页。

海外殖民地神秘离奇的故事中，作为英国人，他们感到一种深深的自豪。

帝国主义在19世纪末成为一种有力量的舆论，一旦一个地区在战斗中被占据，大不列颠的荣誉被笼罩，在贵族和平民之间就会形成一种强大的种族主义，帝国造就了一个帝国主义的民族。当然这种对帝国荣耀的鼓吹很大程度上是在给自己打气，是在面对日益强大的外部对手和自身式微的实力时的极端表现，英国已经不能理所当然地占据此前的全球卓越地位。

（二）社会达尔文主义促进社会意识变革

19世纪后期英国科学方面出现了重大突破，这一时期最伟大的著作，莫过于查尔斯·达尔文（Charles Darwin）的《物种起源》（On the Origin of Species）。达尔文出身于医学世家，自小热爱大自然，尤其喜欢打猎、采集动植物标本。达尔文对采集和研究自然生物很有兴趣。1831年，在从剑桥大学毕业后，作为博物学家，他参加了为期5年的英国比格尔号军舰环球考察，在不同地区采集了众多生物标本。基于这些实地考察和研究，1859年《物种起源》一书出版，震动了整个世界。达尔文推出了两个理论：一个是进化论，认为一切物种，种类繁多，都是在不同时期和地点长期进化而成的。另一个是物竞天择、适者生存的理论，认为生物的进化，由遗传特性决定；生物的生存，由能否运用特殊机能适应环境而定。达尔文的理论引发了激烈的争议，神学家们则强烈反对它，认为这本书完全是违反宗教、亵渎神灵的胡言乱语，因为它否定了《圣经·创世纪》（Genesis）中所述的一切。而另一边科学家们却对之大加赞赏，称其为震惊世界的革命性巨著，因为它阐明了世界万物的起源。对于当时的大多数人而言，这本书的出现让人震惊，因为他们自小被教化的就是上帝创造了世间万物，《圣经·创世纪》（Genesis）和密尔顿（Milton）的《失乐园》（Paradise lost）是从小耳熟能详的读物。但达尔文说，万物进化遵循的是自然界的演变方式，是科学规律，不是上帝的意志。"进化论使英国和整个欧洲大陆的理性主义者摆脱了一个难堪的困境，那就是他们早就从理智上否认了上帝创世纪的说法，却又苦于拿不出令人信服的证据，而现在他们终于可以利用达尔文提供的有力武器向宗教开战了。"[1]英国的上层阶级，也开始对基督教的真实性存疑，到了1900年，这种怀疑主义，连同经济繁荣所

---

[1] 钱乘旦、陈晓律：《在传统与变革之间：英国文化模式溯源》，江苏人民出版社2010年版，第288页。

带来的对宗教的日渐疏远，使日常去教堂的人减少了。这种怀疑主义变得普遍。所以，英国思想界在此时已发生了巨大的转变，虽然宗教的势力依然存在，但人们都明白，原来争论的问题已没有意义，剩下的是，如何在新的人类理性世界中给宗教一个合适的位置。当理性主义取得了对宗教的决定性胜利之后，它的主要任务就是如何引导英国社会科学的发展和全民族理性思维的形成。

这一时期的英国社会，各种科学成绩遍地开花，这是一个时代的科学的胜利。在物理学方面，焦耳发现了能量守恒定律，麦克斯韦用分子、原子来解释能量定律，并将热、光和电磁力等统一归结于能量场论。医学上，外科手术已经达到非常精湛的水平。麻醉学也开始发展，医生能够隔离导致疾病的细菌。医药头一次成为一门科学，给社会带来进步。而爱好科学的人们建立科学组织，好读书的民众争相购买各种专业性的书籍，数不清的商品充斥着英国的市场，证明了人是自然的主人。

如今，理性主义面临新的任务，那就是如何将自然科学的成就融入社会思想，创造出一种从理性出发、而不是从上帝出发的新的社会哲学。在这方面成就显著的思想家是赫伯特·斯宾塞（Herbert Spencer）。他是运用科学实证主义的观点和方法分析社会的第一位英国人。发展和进化的观点是斯宾塞学说的基础，这是对达尔文自然进化理论的延伸。他的目标是使社会科学成为一门"科学"，而主要武器是"普遍进化规律"，这是建立在他的社会有机体学说基础之上。斯宾塞把社会看成是一个庞大的有机体，社会有机体和生物有机体虽有很多相似之处，但生物有机体是为了整个而生存，在社会中情况则相反。这一主张体现了他强烈的个人主义倾向，并发展成为对社会竞争的推崇。他认为，社会与周围世界的关系由能量均衡的原则加以调整。"这种调整表现在外部客观环境对人类社会的生存挑战中、表现在不同类型的社会之间的生存斗争以及某一社会系统内部的个体之间的生存斗争。这种调整在社会中普遍存在，每一个社会、所有个体，都有平等的权利和机会参与竞争，竞争的最终结果应是优胜劣汰，让更加优异的个体和种族生存下去。这种生存竞争毫无疑问地构成了社会进化的基本动力。"[1]

这就是斯宾塞的社会有机体论和进化原则，这二者构成了社会达尔文主

---

[1] 钱乘旦、陈晓律：《在传统与变革之间：英国文化模式溯源》，江苏人民出版社2010年版，第290页。

义的基础。他认为进步是必然的，人类不是听凭上帝的意志任意摆弄的生物，而是凭借自己的智慧和理性在生存斗争中获胜的种群。斯宾塞创立了一种新的社会哲学，指出社会是发展的，是由低级到高级的，是有客观规律可循的。赫胥黎（Huxley）在斯宾塞的基础上进行了完善和补充。他强调人类进化的意义和内容：这种进化应该主要是一种伦理的进化。他希望抑制人类无意义的生存竞争。同时，他将人类社会看作是能够主动向自然提出挑战的人类理性的产物，人类不是被动地适应自然的竞争和选择，而是能将自然选择控制在一个适当的范围内，并使进化最终能按照人类的意志发展。

但是英国思想界一直存在一个典型的特点，那就是冲突中融合，这也很好地体现了英国的民族精神。虽然英国是近代自然科学最早发展的国家，但其民族从来就不信奉无神论。人们的精神世界存在两个价值体系，当观察客观世界时会用科学和理性的思维方式，而在纯粹的精神生活中，又习惯用宗教的观点理解一切。哲学家波特兰·罗素（Bertrand Russell）为这样一种传统与变革中的平衡找到了很好的解释。他说本能、思想和精神对于完整的生活都很重要，缺一不可，理性的生活应该是三者的融合和统一。他把理性和宗教放在一个新的角度融合了。过去，科学是神学的仆人，现在，情况相反了。[1] 这表明理性力量在对宗教和迷信的战斗中取得了决定性的胜利，同时也标志着宗教和理性在冲突中找到了一个契合点。这种理性思维之后发展成了全民族的共识。

社会达尔文主义被英国人很好地利用，并成为证明帝国竞争和殖民活动的合理依据。英国宣称自己是优秀种族，具有传播高等文明的使命，而对"劣等民族"的驯化和教育是优等民族的职责所在。

（三）激烈的海外竞争促使对帝国权威的强调

英国的海外殖民地广阔而分散，它在管理上一直存在着很多问题，再加上国际对手的激烈竞争，英国更需要在帝国形象上做文章。对帝国言过其实的描述把英帝国称为幅员辽阔的日不落帝国，这容易引起人们对英国实力和帝国团结的注意，从而掩饰英国权力在各个殖民地和伦敦对帝国的管理中受到的真正限制。权威或行使权力的权利，这主要通过展示帝国的权力来实现。

---

[1] 参见钱乘旦、陈晓律：《在传统与变革之间：英国文化模式溯源》，江苏人民出版社2010年版，第297页。

除了常规的军事游行以外，帝国的权威还通过各种建筑形式来体现。公共建筑物成了权力的象征。帝国的展示从英国的首都开始。建筑师和帝国主义者重新规划了伦敦的布局，目的就是提醒英国公民他们肩上担负的帝国责任，同时也使从殖民地前来参观的人们惊叹不列颠的豪华和壮丽。人们希望建造出能够凸显英帝国雄风的伟大建筑。伦敦的建筑物让人想起帝国的过去，从特拉法尔加广场到滑铁卢车站，从伦敦各广场的纪念雕像到马休·怀亚特在印度事务部堂皇的接见室，都是如此。这些艺术财富和科学的殿堂，都反映了英国在海外的扩张和吞并。在对全世界知识的展示中，这些永久性的展品也体现了英国人能够控制世界的信心。

帝国权力的展示有各种途径，帝国的真实性和合法性越是受到质疑，这种展示就越发活跃。显示英帝国的权威可以通过标榜统治者的道德风范和政府机构的高效率来实现。而且英国人经常拿自己的帝国统治与其他欧洲国家的帝国统治相比较，在展示其他国家犯下的暴行中彰显自己的文明。英国权威最有力的象征就是它的君主，帝国和英联邦的所有人都有义务向英王效忠。维多利亚女王被冠以印度女皇的显赫称号，甚至被称为所有子民的"伟大的白人母亲"。邮票上、钞票上、奖章上都刻着君王的肖像。忠于王室的官僚或重要的支持者可以获得新设立的勋章。加冕典礼、王室接见、围绕着国王生日和加冕周年纪念所开展的一系列庆祝活动，与进入20世纪之后的圣诞广播、皇家巡游和帝国日等一起成为帝国的传统。君主成为本土和海外稳定、团结和秩序的象征。同时，议会作为反对独裁统治的民权保护者，也象征着帝国内部的自由。英王忠诚的部长、大臣和海外官员对议会负责，而议会的议员要对帝国臣民的权力和利益负责。那些寻求解决殖民地疾苦冤情的人总是愿意相信英国议会。[1]

英国的政治家们从独裁主义的角度或自由论者的角度，为英国人统治帝国进行辩护。他们认为英国为殖民地人民带来了先进的文化和自由，使他们不必遭受那些残暴的领导人的压榨。比如帝国把亚洲人民从他们的东方专制君主的统治下解放出来，使毛利人免受殖民者的掠夺，还保护英国的白人定居者不受来自国际上的侵略。时任印度总督的柯曾说，"纵观整部世界历史，

---

[1] 参见[英]P.J.马歇尔主编:《剑桥插图大英帝国史》，樊新志译，世界知识出版社2004年版，第158-165页。

没有什么东西能比英帝国更伟大了。对于实现人类福祉来说，它是多么好的一个工具呀！"[1]

（四）爱国主义敦促帝国品质的培养

帝国主义在19世纪末期受到空前的追捧，杰出的政治家张伯伦在担任殖民大臣时，主张培养英国人的道德品质，以更加胜任帝国的事业。他认为，英国在工业和军事的竞争中已经输给了其他强国，国内也存在诸多严重的社会问题，而帝国的发展是有效解决英国困难的方法。一个被承认的帝国是伟大的工业复苏的基础，而帝国创造的财富将为国内的社会改革提供动力，从而促进民众对国家的忠诚。他说人们能够胜任传播文明的帝国任务，因为他们受到了所谓的"精神"的驱动，而这种精神是盎格鲁-撒克逊种族的特点，它让我们成了进行殖民事业的不二人选。[2]张伯伦认为应该给年轻人做榜样，培养他们的道德品质。说服英国民众赞同帝国事业是张伯伦帝国主义的关键部分。那个时期，各层次的帝国文化都弥漫着帝国的主题、形象。各种适合于年轻人的音乐、小说、诗歌以及各种展览和广告，都充满了帝国的意识。这种帝国主义的核心是"盎格鲁-撒克逊人格"，这一抽象概念包括爱国主义、强健身体、集体游戏技能、公平竞争精神、自制力、勇敢等。

在教育领域也充满了帝国主义色彩。男子公学提升了不列颠帝国的自我认识，也提升了领导力、荣誉感和尊严感。无论是精英教育还是小学教育，国家教育的宗旨都强调强健的身体和军事训练，并使之成为塑造健康年轻人的手段，使这些年轻人有置身于世界上最伟大的帝国的价值。《公立小学规则法》在1906年颁布，把道德教育引入课程并加强了对于勇气、克己和"爱国"等品质的培养。霍恩（Horn）说，"出版商，特别是那些关心历史和地理课本的出版商，对这些改革做出了反应，所出版的书中强调了被称为'圣三角'的公民权、帝国和爱国主义。"[3]

自19世纪40年代以来，公共学校经历了一场革命。拉格比的托马斯·

---

[1] [英]P.J.马歇尔主编：《剑桥插图大英帝国史》，樊新志译，世界知识出版社2004年版，第165页。

[2] 参见[英]劳伦斯·詹姆斯：《大英帝国的崛起与衰落》，张子悦、解永春译，中国友谊出版公司2018年版，第219页。

[3] [英]安迪·格林：《教育、全球化与民族国家》，朱旭东等译，教育科学出版社2004年版，第107页。

阿诺德博士发起了这一运动，并改变了中层和上层阶级人的思想。阿诺德试图将基督教的利他主义灌输给学生，按照他的模式教育的公共学校学生也同时学会了如何利用这种长官体系来控制自己和他人，这为他们统治以及惩罚帝国的"低等种族"打下了完美的基础。他的行为遵循规则，其最高目标在于为他人服务，如果一定要自食其力，那么他会成为一名军官、教士、律师或加入印度或殖民地管理。

公学所珍视的品质也是盎格鲁-撒克逊民族性的标志。在19世纪与20世纪之交，对体育比赛的热衷空前高涨。哈罗公学校长以及之后的加尔各答主教惠尔顿（J. E. C. Welldon）说："如果正是如我所想的那样，在英国人这一种族当中有着为了'承担起白人的负担'的特殊倾向的话……先于其他所有事业，这一倾向应当归因于组织好的比赛的精神。"[1]体育比赛所提倡的团队精神，从中也生发出了自我牺牲。在公学里，体格、领导才能、顺从态度和爱国精神均被推崇。课程不仅将爱国主义美德、领导能力和军力进行了编码，而且还成了殖民种族主义的形象和神话的集合。

19世纪90年代，大众传媒异常活跃。这些杂志专门为学生而创办，充满了浓重的帝国主义色彩。在充满神秘色彩的冒险故事中，他们加入了爱国主义的成分，并不忘提醒人们注意建立帝国的任务。《男孩自己的报纸》（Boy's Own Paper）是较早的带有福音主义色彩的报纸，1894年，《朋友，鼓起勇气报》（Chums, Pluck）和《联合杰克旗报》（Union Jack）先后创立，而且都是从哈姆斯菲尔德学校起家。《朋友报》上刊登了大量帝国的英勇事迹和彩色插图，其中一张叫作"占领德尔盖高地"的图展示1897年西北战场的一场战役。在一个受伤了的号手的鼓动下，高地士兵们冲上了属于普什图人的一块地方，这位号手后来得到了维多利亚十字勋章。G. A. 亨蒂是这一时期著名的专注帝国英雄故事的作家。亨蒂的出版商鼓励公立学校和主日学校的教师们把他的书当作奖品。工人阶级的孩子们同样可以倾听到社会上层人士的冒险故事，了解塑造帝国的事件，并吸收帝国精神。随着课程设置，新的帝国意识形态正在向小学的课堂渗透。1896年，剑桥卡文迪什学院受训的教师们所学习的全部地理知识都包括殖民地的名目、它们是如何被夺取的细节、它们

---

[1] [英]劳伦斯·詹姆斯：《大英帝国的崛起与衰落》，张子悦、解永春译，中国友谊出版公司2018年版，第220页。

的特产以及有关当地土著居民的记录。所有这些知识都由他们传授给自己的学生,并让他们熟记于心。同年,一门有关南非的课程大纲上特别注明了布尔人的原始加尔文教倾向以及他们不愿勤洗漱的习惯。至于黑人,他们已经屈服于白人的霸权并且已经学会做"有用的仆人"。

托儿所也受到了帝国主义的影响。1899 年,一首《为婴儿爱国主义者所作的 ABC 歌》中写道:

C 是"殖民地",
我们合法拥有之。
在所有的伟大国家中,
大不列颠拥有最多的殖民地。[1]

幼儿一边在学着这些歌曲,一边则玩着色彩鲜艳的锡兵玩具。这种玩具在 19 世纪末开始流行起来。其中有很多帝国主义的成分,比如穿着红色外衣的英国步兵,戴着非斯帽的苏丹人,穿着卡其色军服戴着宽边帽的殖民地骑兵。

19 世纪后半期,英国仍然是世界上唯一的全球性力量,但是与二三十年前相比,它的底气略显不足。激烈的帝国主义竞争逐渐改变了原有的英国独大的国际格局,新兴大国在非洲、远东以及太平洋地区展开了激烈的争夺和兼并,有人称之为"新帝国主义"。在一个快速改变的世界里,形势已经不利于英国,依靠自由贸易的旧模式以及无形帝国已经不可能,长期以来崇尚自由主义的英国开始诉诸国家的力量来寻求其合法性的保障,极端整合的帝国主义成为这一时期占据核心的国家身份特征和建构任务。有关种族优越性的想法和帝国统一的论点混合在一起,促成了一种新帝国主义的意识形态的形成。英国的文化领域弥散着帝国主义的主题,知识分子思想的转变和社会达尔文主义的盛行得到了公众的关注和认可,形塑着人们的社会意识。传播文明、做合格的统治者和管理者成为英国人必须胜任的使命。青年被寄予厚望,帝国品格被赞颂,他们必须被教育成为爱国的、自律的、具有男子气概和勇于牺牲的帝国战士。空前高涨的帝国主义自豪感渗透到了当时英国的每个角

---

[1] [英]劳伦斯·詹姆斯:《大英帝国的崛起与衰落》,张子悦、解永春译,中国友谊出版公司 2018 年版,第 223 页。

落，大英帝国已经成为一个帝国主义的民族，而教育在形塑团结一致的民族意识、灌输民族自豪感方面发挥着巨大的整合功能，作为培养公民道德和品格的公民教育也渐渐发生了变化。

第二节 公民教育的新发展

一、政府缺位与民间倡导

（一）英国官方的犹疑态度

英国政府已经关注到公民教育在培育帝国公民方面的作用，但就具体如何开展公民教育仍然犹疑不定。

这种迟滞的原因在于英国社会长期形成的、传统的一致性和政治忠诚，足以维持当时的社会秩序，即便1918年的第四次改革法案极大地扩大了选举权的主体，使21岁以上的男性和30岁以上的女性参与到政治生活中，也未能对官方形成公民教育改革的压力。

这种犹疑不定表现在一系列官方文件中，20世纪中期的官方文件都未涉及全面、直接的公民教育问题。

1938年发布的《斯宾塞报告》(The Spens Report)，表明中等教育应恪守界限，与公民身份教育保持距离，如教授16岁以下的学生近代史时，应当教导学生保持中立立场看待不同的观点，从而使学生成为现代民主社会的公民。[1]

1943年发布的《诺伍德报告》(The Norwood Report)不仅认为公民身份教育不应当进入教育体系，甚至说公民教育有损于教育目的之达成，文件提出：过早地让学生对那些暗示成人经历的事情感兴趣，会对学生造成直接伤害，长期来看，这种伤害有碍学生达成应当追求的目标。[2]

1944年出版的《麦克奈尔报告》(The McNair Report)在教师培训方面与公民身份教育的关系上态度矛盾。一方面肯定大学和学校都应该有"一些专

---

[1] See Derek Heater, *A History of Education for Citizenship*, RoutledgeFalmer, 2004, p.94.
[2] See Derek Heater, *A History of Education for Citizenship*, RoutledgeFalmer, 2004, p.94.

门研究过社会服务和政府机构的教师"的观点；另一方面，又严苛地限制了公民身份的性质，认为其除了道德和责任感要求外没有其他基础。[1]

(二) 民间倡导推动公民教育发展

在中央政府缺位的情况下，民间个人和地方教育委员会在这一时期推动了公民教育的发展。

公民教育的教材方面，19世纪末出版商开始为公民教育出版教材，其中具有典范性的例子包括8年再版4次的《大不列颠国会和政府》（1871）和30年间卖出了25万册的《公民读本》；教师培训方面，教育委员会制定了公民教育指导纲要，在历史教学上渗透公民教育的方式开始推广；课程设置方面，出现了"公民的生活和职责"课程，教育学生了解有关国家的基本知识。[2]

第一次世界大战结束后，民间公民教育推广的新特征是非政府组织和民间团体开始成为主导。世界大战改变了人们对公民教育重要性的认识，以及出于反极权主义的考虑，非政府组织或民间团体开始倡导公民教育。

公民教育协会（Association for Education in Citizenship，简称 AEC）是20世纪中期倡导公民教育、宣传公民教育思想的代表。该协会成立于1934年，由欧内斯特·西蒙爵士（Sir Ernest Simon）和伊娃·赫波克夫人（Mrs Eva Hubback）组织建立。

公民教育协会的目标是促进公民身份的培养和学习。当时的教育委员会主席奥利弗（Oliver Stanley）认为：大多数人都会认可关于公民身份的直接教育是一门必要且可行的全民学科，虽然这门学科的无形性质和争议性使得教师的教学任务变得非常艰难。[3]

该组织为推进公民教育提出了两个解决方案：一是通过出版物证明公民身份如何可以被接受和有效地直接传授，他们希望通过传统的课程科目和学校的风气来共同发挥作用、以一种温和的教学法开展公民教育；二是向政治家和其他有影响力的人，证明公民教育的价值和可行性。事实上，第二个方案在当时的社会条件下更为可行，因为英国长期秉持的自由民主传统正遭受

---

[1] See Derek Heater, *A History of Education for Citizenship*, RoutledgeFalmer, 2004, p.95.

[2] 参见姬振旗：《20世纪80年代以来英国中小学公民教育研究》，河北师范大学2009年博士学位论文。

[3] See Derek Heater, *A History of Education for Citizenship*, RoutledgeFalme, 2004, p.96.

新兴的纳粹主义、法西斯主义和共产主义的威胁，出于捍卫国家的政治价值观、文化和传统的需要，许多英国人开始正视公民教育的作用。

公民教育协会的实践也极大地推动了公民教育的发展。该组织的领导人成功地招募了一大批公众和教育界人士担任组织的副主席和理事会成员；该组织分别于1935年、1939年出版了《中学公民教育》和《小学公民教育》，阐述了中小学公民教育的实施途径。该协会提出的公民教育定义是：培养民主社会的公民具备必要的道德素质、处理日常事务的逻辑思维和对所处世界的认识能力。

虽然公民教育协会推动了民间公民教育的发展，但并未改变官方的态度，甚至部分激进主张遭到了官方的反对。时任教育部常务秘书长的毛利斯·霍姆斯爵士（Sir Maurice Holmes），是坚定的公民教育反对者，拒绝在学校教育中加入任何政治教育，并认为公民教育协会正在推广的公民教育具有灾难性。理由是一方面执教者的观点很有可能将影响学生的党派倾向；另一方面有关教育内容的争论也会反向影响教育部的官员。因此，霍姆斯在《斯宾斯报告》报告中未提及任何公民教育的问题。

另一随后成立的非官方组织"公民改革协会"，同样宣扬公民教育的重要性，也未能改变官方的主张。"公民改革协会"主张在学校开展包括政治、经济、法律等学科的社会科学教育，但官方以此类课程超过儿童的认知水平为由认为不适宜纳入学校教育体系，仍然维持学校的人文、自然等传统学科体系不变。

官方的理由并不被教育专业的学者们认可。伦敦大学教育学院丹尼斯·劳顿（Denis Lawton）教授为此发表了《公民教育发展概述》（Overview Citizenship Education in Context），认为政府在公民教育领域的反应迟缓，源于英国国内的保守主义倾向。他认为英国固守传统的保守主义者和传统的殉道者过于强调自由主义，因此拒绝将争议性的宗教、政治问题加入公民教育课程。[1]

1944年《巴特勒教育法案》进一步扩大了学校自主权，排斥中央和地方政府的干预，更加阻碍了公民教育的发展。劳顿教授直言1944年法案使公民教育成了一门高风险、低收益的课程，因为在缺乏统一课程标准、适用教材、

---

［1］ See Denis Lawton, et al., Education for Citizenship, Continuum, 2000.

教师培训的情况下，学校更加不可能开设直接的公民教育课程。

二、极端整合的公民教育

（一）强调帝国意识的渗透教学

20世纪初，英国教育委员会会不定期发布一些教师指导方针。1904年的一项指导方针宣称，小学的目的是帮助学生"在实践和智力上做好适应生活的准备"。另一项发表于1910年，其中包含两点：第一个建议就是公民的习惯应该是从学校氛围中积累而来的，这也就是所谓的"隐性课程"。教师的最高职责是培养孩子成为好公民，创造和培养他们的工作能力，并培养那些最容易受到学校生活影响的性格特征，如对同事忠诚、对制度忠诚、无私以及有秩序有纪律的思维习惯。第二个建议是要学会节制，换句话说，普通公民应该被教育成为健康的劳动者。

那究竟哪些内容适合公民课程？1882年，历史学家、教育家和社会改革家阿诺德·汤因比（Arnold Toynbee）提出了政治、工业和卫生方面的成人教育计划。然而，关于如何改进公民教育方法方面几乎没有达成共识。费舍（H. A. L. Fisher）的评论概括了这一困境。费舍1916年至1922年担任历史学家和教育委员会主席，他在一本名为《共同福利》（The Common Weal）的书中说，"解释警察和收税员等不同工作人员的角色的教科书，也许是在书架上占据相同空间的最毫无价值的印刷集合"。他认为以教育公民为目标的历史学习是最合适的工具。[1]

最终，在20世纪，这种对公立学校的"爱国主义灌输"变成了帝国主义自豪感的灌输。1904年，已故维多利亚女王的生日被宣布为帝国日，并鼓励庆祝活动，尤其是在学校举行。一位1925年访问英国的美国学者在其随后的著作中引用了伦敦郡委员会的话，提醒教师们应该唤醒"就读学校的孩子们真正意识到他们作为帝国的孩子所应继承遗产的责任感，以及存在于所有英国臣民之间的密切家庭纽带"[2]。

19世纪中叶，源自当代科学的种族主义在欧洲思想中已经确立。它引起

---

[1] See Derek Heater, *A History of Education for Citizenship*, RoutledgeFalmer, 2004, pp. 91-92.

[2] Derek Heater, *A History of Education for Citizenship*, RoutledgeFalmer, 2004, p. 92.

了对种族和种族对历史和社会变革的解释的关注。有很多受过教育的人赞同罗伯特·诺克斯（Robert Knox）的话，他在1850年出版了《人类的种族》一书：

"种族就是一切：文学、科学、艺术——一个词，文明，取决于它……在全球范围内，它总是一样的；黑暗种族停滞不前……在黑暗的种族中，必然存在着身体上的劣势，进而形成心理上的劣势。这些种族主义理论的逐步发展得到了"科学"的支持，并进入了大众文学，又进入了学校教科书。这种种族主义态度的背景的重要性并不在于它帮助塑造了帝国主义政策，而是它证明了非洲和亚洲作为无法统治自己的下等人的概念是正确的。它还为帝国冒险提供了一个非常可敬的理由。"[1]

这些理论引发了一种流行的观点，即非洲、印度和亚洲的土著人民几乎没有或根本没有自己的文化。这些态度在20世纪中叶以后出现的学校教科书中以不同的方式体现出来，如此多的刻板印象在今天仍然存在。

随着对帝国关注度的逐步增强，教育者们意识到历史和地理学习的必要性。历史和地理课成为继英语课之后最重要的两门课程，并规定了两门课程的教学大纲：

地理课的教学大纲：从最基本的概念扩展到对地球整体的了解，尤其是不列颠群岛和海外的英国自治领和殖民地。

历史课的教学大纲：包括对英国历史上伟大人物和事件以及大英帝国发展的一般知识。

在中学，每周学习英语、地理和历史的时间不得少于4.5个小时。地理和历史课上，帝国的成长和发展都受到了一定程度的重视，许多历史和地理教师具有强烈的帝国主义情操，许多小学教师都沉浸在吉卜林和纽博尔特等帝国主义作家的作品中。[2]

枯燥的历史学科被赋予了新鲜的内容、更新的解释，那就是灌输爱国主

---

[1] Henry Erskine Cowper, "British education, public and private, and the British empire, 1880-1930", Ph. D. Dissertation of University of Edinburgh, 1979.

[2] See Henry Erskine Cowper, "British education, public and private, and the British empire, 1880-1930", Ph. D. Dissertation of University of Edinburgh, 1979.

义、培育好公民以及道德准则。

学校里的爱国主义教学有多种形式。在维多利亚时期，早期的学校教科书显示，孩子们被教授英格兰的遗产，她在世界的声望和她在各国中的地位。英国作为世界大国的重要地位被反复强调。19世纪70-80年代的教科书，很大程度上都受到激进的帝国主义者查尔斯·迪尔克爵士的影响，他的许多关于帝国的名言，比如"我们种族的伟大，已经环绕地球，它注定将传遍全球"，经常改头换面在各种教科书中出现。迪尔克的观点在世纪之交仍然盛行。"将帝国团结起来的主导力量并且在保持它作为一个整体的过程中，我们自己的混血儿在世界的种族中享有盛誉。"[1]迪尔克非常重视盎格鲁-撒克逊人种的优越性，这在许多教科书中都有体现。盎格鲁-撒克逊的帝国统一这一主题在20世纪初的经典历史教科书中尤为突出。

（二）军国主义的灌输

公立学校向他们的学生灌输帝国宣传，但人们并不认为这仅仅是一种宣传，而是在讲述关于英帝国命运的真相，它凭借其对殖民地臣民的种族（白人）、宗教（基督教）和娴熟（行政）优势而建立帝国。一位作者在公立学校中确定了"四个相互关联的社会政治意识领域"，即对国家的无私服务、种族优越感、帝国沙文主义和不加批判地遵循群体价值观。在19世纪末和20世纪初，公立学校宣扬的这种个人和种族优越感，以及对社会"下层阶级"和人类"下层种族"的屈尊俯就越来越普遍。

"今天的男孩是明天的政治家和管理者……勇气、精力、毅力、好脾气、自制力、纪律、合作、团队精神，这些都在板球或足球比赛中带来成功的品质，也恰恰是在和平与战争中取胜的品质。拥有这些品质的人，不是稳重和完美的公民，而是有意志、精神和骑士精神的人，是征服普拉西和魁北克的人。"[2]

这幅景象具有明显的军国主义色彩，让人想起威灵顿公爵经常被引用的警句"滑铁卢之战是在伊顿公学的运动场上获胜"。他认为在这些开放空间上进行有组织的战斗更有利于培养学生的坚毅品格。

大学被认为承担着为帝国服务的作用，菲利普爵士（Sir Philip Magnus）

---

[1] Henry Erskine Cowper, "British education, public and private, and the British empire, 1880-1930", Ph. D. Dissertation of University of Edinburgh, 1979.

[2] Derek Heater, *A History of Education for Citizenship*, RoutledgeFalmer, 2004, p. 93.

说，这个时代在很多方面都是有意思的。以这个国家高涨的爱国主义情绪去拥抱我们所有的殖民地和附属地，我们称之为帝国主义。一个国家的教育机构应以时代精神为鞭策，我们的大学应该在很多方面回应帝国理念。大学应该教育年轻男女为帝国事业履行职责。那么，如何履行个人对国家的职责呢？应使国家安全可靠，免受外部攻击。虽然学校的道德教育全面详细地解释了学生对国家的义务，但体育锻炼不应怠慢，学生应随时准备好参与外敌防御。训练有素，随时成为一名公民士兵，这是个人义务的基本要素，每个人都应该自愿履行。这样的训练不必促成军国主义，也不鼓励军事精神，但它将带来教育和道德方面的价值。这种纪律可以帮助学生加强自我控制、自我否定和对于权威的服从，将在青年心中植入一种深刻的集体感。系统的体育锻炼应该成为学校课程的一部分。

在1902年教育法案颁布之后，英国在布尔战争中战败，民众的优越感和自信受到冲击，美国和日本等新兴国家的崛起让英国感受到了危机和挑战。上议院和下议院关于教育问题的讨论经常围绕着竞争对手的威胁和英国应开展的军事服务形式而展开。公立学校经常邀请军人为学生讲述战场上的英勇事迹，以提升学生的国家荣誉感和使命感。

19世纪80年代到90年代，小学也越来越重视通过比赛和体育锻炼而增强学生的身体素质。军事演习是最常见的形式，通常由当地军官志愿者教授。军事演习意味着男生和女生可以以军事编队行进，许多学校董事会都会安排学校间的这种军事演习比赛。

从19世纪80年代后期开始的80年间，鼓励年轻人穿军装的时尚是一种非常普遍的现象。大量掺杂着军事、帝国、爱国和公民目的的军事、宗教和世俗运动兴起。据权威机构估计，在1901年至1920年期间，有40%的男孩和青年至少参加了这些运动中的一个；另一项估计是，从大约1900年到1980年，60%的年轻人曾参加过军装运动，而其中大约有1300万人参与了童子军或女童军运动。[1]

在所有这些机构中，童军运动是最受欢迎的（事实上，它扩展到了许多其他国家——例如西欧、美国、英国的自治领和殖民地）。该运动由罗伯特·贝登堡（Robert Baden-Powell）于1908年创立，他曾在帝国许多地区担任高级

---

[1] See Derek Heater, *A History of Education for Citizenship*, RoutledgeFalmer, 2004, p.93.

军官。他在其著作《童军运动》(Scouting for Boys)中定义了童军运动的宗旨和原则。事实上,这本书被称为"一份强烈的帝国主义、爱国主义和社会达尔文主义文件,从一开始就将其副标题'良好公民教育手册'的目标置于帝国和军事背景下"。他认为,公民的其中一个重要任务就是监督他们选举出的议会代表所制定的政策。他将英国议员分为应受谴责的政客和应受欢迎的政治家两类。第一类人试图缩小陆军和海军的规模,以节省资金,因此在选举中很受欢迎,但其结果却是削弱了国家,使殖民地处于危险之中。第二类是"好人",他们不关心声望,把维护国家安全放在首位。[1]这一时期,各种青年组织和青少年运动,其本质就是培养青少年如何在帝国主义国家健康的生活,并以国家为荣。

1887年维多利亚女王登基60周年时在海德公园举办,伦敦学校有3万名儿童参加了这一盛大的庆祝活动。值得注意的是,这些孩子是通过投票选出的,投票结果对出勤率最高的孩子非常有利。伦敦学校董事会主席狄格尔(J. R. Diggle)牧师向学生们分发礼物。共有72 000个玩具,42 000个马克杯,32 000枚奖牌和1000条绳索。伦敦教育委员会辖区内的每个学生都会收到一份礼物。据估计,在海德公园举行的典礼上分发了3万个肉馅饼、3万个蛋糕、6万个面包和3万个橙子。这些场合是否给孩子们留下了持久的印象是很难判断的,但正如几位饱含帝国热情的作家所言,帝国的某些含义被传达了出去。[2]

在1897年女王登基60周年之际,沃尔特·贝桑爵士(Sir Walter Bessant)写了一篇寓言,讲述了维多利亚统治的方方面面,描绘了贫民窟的孩子们从女王面前走过,感谢她在位60年所给予的生活的改善。

"我们上学了——我们已经忘记了以前偷东西的习惯——我们正在有条不紊地文明地成长:我们学会了对上帝的责任,对国家的责任。我们已经懂得了什么是帝国,什么是米字旗,什么是陆军,什么是海军,什么是人民的自由和法律,什么是殖民地。我们不再是年轻的野蛮人,长大后不再成为国家的威胁和恐怖,而是我们的支柱和力量之源。"当时的学校教师认为自己必须

---

[1] See Derek Heater, *A History of Education for Citizenship*, RoutledgeFalmer, 2004, p. 93.

[2] See Henry Erskine Cowper, "British education, public and private, and the British empire, 1880-1930", Ph. D. Dissertation of University of Edinburgh, 1979.

承担起传授帝国信息的责任。"一位英国校长在展望学生的未来时,不会忘记他们注定要成为天下最伟大帝国的公民,他会教给他们爱国主义,不是用言语而是用他的榜样……他将激发他们对自己国家和种族的神圣使命的信念。"[1]

1902 年,在时任教育委员会特别调查主任迈克尔·萨德勒(Michael Sadler)的建议下,殖民地办公室与教育委员会联合成立了视觉教学委员会。萨德勒负责发起关于帝国教育系统的各种报告。视觉教学委员会得到了殖民地办公室的全力支持,并得到了皇室的赞助。随后制作了数千张描绘帝国的幻灯片。指定的摄影师是费舍尔,他拍摄了 6000 多张 1914 年前帝国的照片。在 1902 年和战争爆发之间的岁月里,费舍尔游历了帝国,记录了许多不同的景点。举一些例子——有些被用在《帝国日爱国主义书》中。1908 年在拉合尔的场景展示了当时所使用的枪支。有一张照片显示了五十年前防御战时的一名幸存者。这些照片的重要意义在于它们描绘了帝国的壮丽景象,为那些时刻准备着投身帝国事业的人创造了了解帝国的机会。视觉教学委员会代表了一种激发帝国热情的官方尝试。

劳森·沃尔顿(J. Lawson Walton)在 1899 年发表的文章中说,帝国主义者对宏伟壮丽的帝国遗产深感自豪,这些都是祖先的勇气和精神赢得的。他深信,履行伟大遗产的职责对英国人民的品格具有教育影响和道德感化作用,而且英国治理下所带来的无限的正义、宽容的贸易和无私的政府将遍及疆域内每一个民族。这一时期,无论是公立学校还是私立学校,这种帝国意识被经常灌输给学生。1896 年《每日邮报》(Daily Mail)诞生之初就宣称,它是帝国思想的代言人,这一时期出现在大众化报纸上的各色广告宣传都以帝国主题为标语。1885-1892 年,英国皇家殖民研究院向公立学校和文法学校施压,要求他们提高学生对帝国方面的学习兴趣。1893 年剑桥大学就提供了 6 门有关于帝国主题的课程。里斯(T. Reese)指出,皇家殖民研究院是世纪之交促使教育机构重视帝国学习的很重要因素。

(三) 帝国日的创立及在学校中的盛行

帝国日运动的创始人米思勋爵(Lord Meath)在很多方面都是典型的维多

---

[1] See Henry Erskine Cowper, "British education, public and private, and the British empire, 1880-1930", Ph. D. Dissertation of University of Edinburgh, 1979.

利亚帝国主义者。他生于1841年,在伊顿公学接受教育,1873年以前一直担任外交官,在19世纪80年代和90年代,他主要致力于慈善工作,到20世纪初,他开始积极参与各种帝国主义机构的工作。罗伯特·罗伯茨(Robert Roberts)在他的《典型的贫民窟》(The Classic Slum)一书中生动地描述了帝国日:

"一旦得到指示,穷人仍然坚定地爱国。他们不知道贸易对帝国有利还是帝国对贸易有利,但他们知道帝国是他们的,他们会支持它。在我们学校,我们完全同意这一点。凭借深刻的全球意识、对十诫的掌握和一点点知识,我们将在第一个小时就成群结队,并在工厂、工厂和商店中寻找任何工作。"[1]

帝国日当然有着特殊的意义。他们画英国国旗,在教室里挂着自治领的旗帜,自豪地看着他们指出世界地图上那些红色的区域。当乔治国王和他的王后进行国事访问时,学生们已经准备好了,还有其他3万名孩子,用歌声向他提问,然后(以防他不知道)准确地告诉他"帝国日"的意义。

孩子们首先得到了一个圆面包,还有一块巧克力。每个男孩都戴着一个由红、白、蓝三色缎带组成的花环,每个女孩都在白色连衣裙外面系着一条蓝色腰带。(那些没有穿白裙子的人可以站在后面。)他们齐声唱着"祝陛下健康","为红白蓝三声欢呼"。

帝国日的意义是什么?
大炮为什么轰鸣?
为什么"天佑吾王"的呼喊从这岸传到那岸?
为什么不列颠尼亚的旗帜在堡垒和海湾上骄傲地飘扬?
为什么我们的同胞会高兴地欢呼,我们光荣的帝国日?
在我们国家荣耀的卷轴上,
讲述着勇敢的事迹,
有这样一个故事,
关于勇敢的英雄,

---

[1] Henry Erskine Cowper, "British education, public and private, and the British empire, 1880-1930", Ph. D. Dissertation of University of Edinburgh, 1979.

在过去的日子里，
为了把这些事迹留在我们面前，
每年我们都向我们骄傲的旗帜致敬，
它从未低头，
这就是帝国日的意义。[1]

小学的日志记录了帝国日的庆祝活动。在农村地区，当地的乡绅阶层经常积极支持它。日志这样记录：帝国日（1909 年 5 月 30 日）今天在学校庆祝。夫人好心地借给我们 20 面旗帜，教孩子们向英国国旗敬礼。课程涉及米字旗和"大英帝国的发展和范围"。人们唱了几首爱国歌曲，并在下午进行了有组织的游戏。

战争推动了帝国日的发展，并使其得到广泛认可。战争激发了爱国主义，这种爱国主义延伸到了整个帝国。据《泰晤士报》（The Times）报道，1916 年帝国日的庆祝活动比以往任何时候都要热烈。英国国旗飘扬在所有的公共建筑上，7000 多所学校的孩子们聚集在一起，听关于帝国意义的演讲。在伦敦，1000 名小学生聚集在市政厅参加仪式，仪式上有歌曲、朗诵和演讲。正式的庆祝活动以一幅巨大的英国国旗拉开序幕。当国旗升起时，孩子们为国王欢呼，挥舞着发给他们的红、白、蓝手绢。市长在他的欢迎词中，回忆起利文斯通（Livingstone）、博塔（Botha）、斯特拉斯科纳（Strathcona）和沃伦·黑斯廷斯（Warren Hastings）等人为帝国建设所做的工作，他说，这是大英帝国在全世界取得成功的秘诀。伦敦郡议会教育委员会主席沃特·凯（Walter Kay）谈到了小学在战争中发挥的重要作用，并提到了 2000 名在军队服役的伦敦学校校长。凯还提到了这些学校的 10 万名"老男孩"，他们也在法国和其他地方服役。他说，仅在一所学校，他就看到了一份"荣誉名册"，30 人获得了国王勋章。证券交易所在开市前高唱国歌，南非纪念碑上悬挂着国旗。据报纸统计，超过 500 万英国儿童每人向英国军队捐赠一便士。

除了推进帝国日运动的目标外，米斯勋爵还积极推动帝国思想走进学校教科书。米斯组织出版了针对所有男孩和女孩的《责任与纪律论丛》。这些是

---

[1] Henry Erskine Cowper, "British education, public and private, and the British empire, 1880-1930", Ph. D. Dissertation of University of Edinburgh, 1979.

帝国主义的宣传物,《责任与纪律论丛》中的一些高尚的道德基调可以从以下摘录中看出来。"帝国唯一可靠的基础是品格。在英国,尽管我们可能经常背离这些理想,但我们有崇高的理想,正是这些理想,而不是面积或财富,造就了英联邦……国家的伟大最终取决于核心的健全,取决于公民和责任的崇高理想,我非常感谢伟大的工作……将这些基本真理呈现在我们国内外的人民面前。所以,在我们这个伟大的国家做一块好砖头,坚强,坚守自己的职责,愉快地服从命令,不要浪费;比赛时不要考虑自己个人的舒适或安全,为了你所在的一方可能会获胜——你所属的伟大帝国可能会强大并永远繁荣。"[1]

1901年,他写了《我们的帝国的过去和现在》的导言,这是灌输爱国主义的系列丛书的第一部。米斯还参与了卡塞尔的《英格兰图解历史》一书的编写,该书于1906年出版了十卷。

这个时代的教育出版物一大特点是大量爱国题材书籍和皇室肖像的销售。维多利亚时代晚期和爱德华时代晚期的学校历史和地理教科书中对"爱国主义"、"义务"、"纪律"、"公民"和"宗教"等主题的强调与大英帝国的文明使命息息相关。

1918年,皇家殖民研究所的帝国研究委员会向教育委员会发送了一份备忘录,呼吁在每所英国大学中设立适当的教席或讲师职位。备忘录认为,这些"研究中心"将研究帝国生活中的历史、政治和经济问题。对帝国历史和地理的充分研究应该成为所有师范学院课程的一个组成部分和必修部分。此外,在所有学校中,每个学生都应该了解帝国的成长方式以及帝国的统治以及组成部分的物理、经济和政治特征。

小　结

在经常被描述为"新帝国主义"时期的19世纪末,英国人对帝国的狂热已经达到了如醉如痴的程度,英国大众比以往任何时候都更加深切地体会到帝国的意义。帝国主义成为19世纪后期到二战前国家身份的主旋律。这一时期,官方仍然延续了前一阶段的犹疑和谨慎态度。然而,倡导公民教育的民

---

〔1〕 Henry Erskine Cowper, "British education, public and private, and the British empire, 1880-1930", Ph. D. Dissertation of University of Edinburgh, 1979.

间教育组织和协会非常活跃，成为推动公民教育发展的生力军。公民教育的内容和表现形式因帝国主义主题的贯彻而呈现出极端整合的特点，虽然这种一味宣扬帝国主义自豪感的公民教育没有能够发挥其原有的民主化功能，但却在另一个层面使公民教育的重要性得以彰显。

需要指出的是，英国作为西方资本主义国家，其根本政治制度决定了意识形态领域的所有努力都是为维护统治阶级的利益而服务。帝国主义时期，以英国为首的西方资本主义国家大肆扩展海外殖民地，掠夺殖民地资源，进行商业渗透，版图几乎遍布全球，为殖民地人民带来了残酷的剥削和深重的灾难，这一点必须旗帜鲜明地加以批判。而公民教育的价值取向和发展要求与特定的社会历史情境紧密相关，这一时期的公民教育，几乎一边倒地成为服务帝国主义的传声筒，民主、公正等原本属于公民教育重要维度的因素受到挤压和轻视。但同时也要看到，社会力量在推动公民教育发展方面起到了重要的作用，由于众多民间组织的大力倡导和支持，公民教育的功能和地位日益凸显，逐渐走进了国家的视线。二战后，公民教育得到了英国政府越来越多的关注和重视，正式被提上了议事日程，推动了公民教育进入国家法定课程的进程。

CHAPTER 4 第四章
二战后的英国国家认同与公民教育

第一节 多元文化主义与国家认同

第二次世界大战后,英国所面对的是一个急剧变化的全新世界。维多利亚时期的辉煌以及帝国时期的喧嚣和骄傲都已一去不复返。刚刚经历过战争洗礼的英国,还没来得及喘息,又立即投入大国之间新一轮的经济、科技竞争之中;同时,骤然改变的世界局势以及英国自身国力的式微也迫使英国不得不重新调整国家建构的思路。对于这个曾经拥有世界性力量的英帝国而言,眼前的一切让人应接不暇。

一、二战后英国的调整与重新定位

(一) 战争创造现代英国国家

如果我们要描述英国1900年至1945年期间的特征,那么战争是关键词。20世纪以布尔战争(1899-1902年)拉开序幕,战争敲响了英国皇权的丧钟。虽然第一次世界大战的官方日期是1914年到1918年,但事实上它的前后影响持续了更长的时间,一直持续到20世纪20年代,而且与希特勒帝国的战争从20世纪30年代初就已经开始,因此战争在20世纪上半叶成为常态。大量人口自愿被征召入伍。随着大战的进行,一个人真正为国王和国家而战的概率大大增加了。史蒂文森(John Stevenson)指出,"第一次世界大战最显著的特征之一是战备状态,甚至是热情,成千上万的英国男性,来自各行各业和每个地理区域,自愿为'国王和国家'而战。到战争结束时,几乎四分之一的男性人口曾经或正在军队服役,占所有苏格兰、威尔士和英国军人的58%。'国王和国家'这句话是关键。英国的国家身份是在对抗'他者'的战争中形成和维持的。可以说,有必要用我们不是法国人、不是德国人等来定义我们自己。因为英国人本质上是一种帝国身份,尽管是模糊的,但更多的是由对王冠的忠诚而不是这些岛屿的居住来定义的。"[1]

但战争的意义远不是这些数字这么简单,简而言之,它创造了现代英国国家。确实,早期的战争主要依赖志愿者而不是应征入伍者,这使英国呈现一个自我激励、自愿和放任自流的社会形态。然而,有一种新的修正主义认为,在塑造现代英国方面,一战实际上比二战更重要。用霍布斯鲍姆的话来说:"到1939年,与1913年的其他工业国家相比,英国看起来更像是一个20世纪的经济体"[2]。国家更多地参与到经济活动中,尤其是劳资关系、住房和失业救济;税收有重大扩展;土地转让给佃农;最重要的是,工人阶级融入民主进程。1918年(对21岁以上的所有男性和30岁以上的大多数女性),选举权进一步扩大,最后在1928年,选举权扩展到21岁以上的所有女性,这改变了英国的政治进程。

除了战争和民主以外,社会阶层的变化也是影响国家建构进程的关键因素。劳动是赋予体力劳动阶级选举权的机制,到20世纪最后25年,由于去工业化和经济结构的调整,工人阶级的规模从占劳动力的60%左右下降到40%左右。早在1911年,国家就开始了对经济的长期干预,当时引入了国民保险,并将有组织的劳工和资本都纳入了管理进程。1926年的大罢工使这一进程变得更有可能。隐含的社团主义带有自己的经济民族主义形式,只有在国家、资本和劳动共同合作或至少不相互对抗的情况下,才能追求"国家利益"。工党在这个过程中的作用是将体力劳动阶级引入民主进程,并将其政治固定在阶级的国家层面。在苏格兰,工党在1900年(即其成立之年)根本没有席位。到1906年,它只获得了2%的选票和2个席位,而自由党获得了65%,统一党获得了38%(1965年改名为保守党)。它的重大突破出现在1918年的

---

[1] David McCrone, "Unmasking Britannia: the Rise and Fall of British National Identity", *Nations and Nationalism*, Vol. 3, No. 4., 1997.

[2] David McCrone, "Unmasking Britannia: the Rise and Fall of British National Identity," *Nations and Nationalism*, Vol. 3, No. 4., 1997.

选举中，当时工党赢得了23%的选票，保守党赢得了33%的选票，自由党分裂为支持联合政府的（19%）和非联合政府的力量（15%）。此后，工党一直保持其份额，从未低于33%。[1]

（二）从英帝国转向英联邦

第二次世界大战后英帝国解体，民族主义运动在殖民地蓬勃兴起。一开始，殖民地人民和英国一起共同抵御外敌，形成了高度一致的统一战线，但战后，这些殖民地纷纷谋求独立或至少脱离英国的控制，英帝国彻底瓦解了。"如果说第一次世界大战使英帝国开始动摇，那么第二次世界大战就使英帝国走向终结，战争的胜利反而促进了殖民地的离心倾向，最终导致战后的独立。"[2]新独立的国家认为与英国保持某些比较正式的关系是有好处的，英联邦正是这种新关系的体现。英国从帝国转向英联邦。但英联邦内部关系是比较松散的，成员国对地区事务日益重视，而超地区的联邦对他们来说变得渐行渐远。

民族主义运动于19世纪后期在不列颠群岛开始兴起。在爱尔兰，这导致了20世纪20年代爱尔兰大部分地区与英国的分离。但威尔士和苏格兰的民族主义运动很虚弱，直到20世纪60年代才有所发展。造成这种情况的原因有很多，但其中必须考虑工会和工党的综合作用。在工党的四大早期领导人中，三位是苏格兰人。在20世纪末，苏格兰人重新出现在约翰·史密斯和托尼·布莱尔的领导层中。威尔士一直是工党的据点，它为许多工党政客提供了稳定的席位。事实上，早在19世纪末，英国政坛的一个显著特征就已经确立，那就是保守党在很大程度上沦为英国人甚至是南部英国人的基地，而自由党及之后的工党主要依赖威尔士和苏格兰的支持。

工党偶尔会与苏格兰和威尔士的地方自治互动，但其领导人知道，要夺取和保持权力，它必须保持一个坚定的英国政党。1918年选举权的进一步扩大改变了英国政治的面貌。从此以后，工党无论是否在位，都成为这片土地上的重要权力。它推行的国有化政策和1945年后建立的福利国家使它在英国社会的每一个角落都产生了巨大而深远的影响。威尔士和苏格兰的工人很清楚，他们的权力、地位和生活水平更有可能由覆盖整个英国的强大劳工运动

---

[1] See David McCrone, "Unmasking Britannia: the Rise and Fall of British National Identity", *Nations and Nationalism*, Vol. 3, No. 4., 1997.

[2] 钱乘旦、许洁明：《大国通史·英国通史》，上海社会科学院出版社2007年版，第347页。

来提升，而不是由相对较小的民族主义政党来提升。这在很大程度上必须归功于工党的力量和影响力。

二战后，人们把注意力转向了未来，憧憬着战后的"新英国"。二战中英国人民支持战争，投入战争，为战争的胜利做出了不可估量的贡献。全国上下同仇敌忾，举国一致，壮年男子出征打仗，老人妇女护卫家乡，在德军入侵最危险的时候，平民自动组成国土保卫队，国王及家人都以各种方式参与战争。人民取得战争的胜利，战后人民就要求回报。英国逐渐走向福利国家。1941年时，英国政府曾专门设置机构为战后的社会作规划，机构的主席是威廉·贝弗里奇爵士（Sir William Beveridge），1942年12月，著名的《贝弗里奇报告》发布了。这份报告就是对"新英国"的具体谋划。报告的主要内容是建立一个包罗万象的社会保障体系，让所有英国人，不分阶级、不分贫富，都有权享受社会福利制度的保护。《贝弗里奇报告》引起了很大的震动。一年里，几十万份《报告》被售出，许多人排长队购买这本小册子。到年底，95%的英国人知道这个报告。[1]

福利国家的本质是国家调控社会，缩小贫富差距，合理配置资源。自由放任学说在这一时期受到了冲击。战争中政府对经济活动的调控和安排也在向英国人说明：在经济领域中国家的作用不可忽视。1945年，工党上台后，开始履行它的承诺，一是福利国家，二是国有化。"福利国家"由两项法律奠定基础，一是《国民保险法》，二是《国民医疗服务法》。前者规定一切有收入的人定期缴纳保险金，一旦失业，就可以领取失业津贴；后者对全民实行免费医疗。国家出面为全体国民提供了保障，保证了人们的生存。英国成为基本消灭了贫穷而高度发达的国家，在社会公平方面取得了重大成就。工党的第二项承诺也从1946年开始，这一年英格兰银行实行国有化，煤矿、铁路、公路、电力等部门相继完成国有化。工党和之后执政的保守党，达成了某种思想上的共识，这也形成了战后的"共识政治"。在"共识政治"期间，英国权力向下议院倾斜。到1994年，托尼·布莱尔出任领袖，他认为工党应追求"第三条道路"，既非"自由放任"，也非"国家干涉"主宰一切。[2]工

---

[1] 参见钱乘旦、许洁明：《大国通史·英国通史》，上海社会科学院出版社2007年版，第338页。
[2] 参见钱乘旦、许洁明：《大国通史·英国通史》，上海社会科学院出版社2007年版，第339-347页。

党的政策转向源于英国社会的巨大变化，英国的中间力量正在逐步扩大成为社会的中坚力量。

英帝国的深刻变化直接反映在英国的对外态度之上。英国拥有一个庞大的帝国，其政策制定均以帝国为先导。英国人一直具有"英国不属于欧洲"的观念。这主要是因为英国的国家利益存在于不同的领域，在很多情况下，英国作为帝国所谋求的自身利益与欧洲的发展相背离。然而，一体化却是战后西欧的主要潮流，1959年法国提出"舒曼计划"，也就是欧洲经济共同体的前身。英国对此计划毫无兴趣，因为它认为与欧洲的合作将在一定程度上制约帝国的自由发展。这样一来英国失去了在欧洲事务中的领导地位。但是，随着帝国的消失，英国不得不重视起与西欧国家的关系。随着时间的推移，英国逐渐转向欧洲。这是英国对自身国际地位的重新界定。

自联合王国成立以来，英国一直接纳外来移民。然而，大规模的移民潮主要发生在二战后，这些来自欧洲以外的移民大量涌入后，移民融合问题逐渐成为国家议事日程中的重要议题。英国从原来以移民输出为代表的国家转变为移民输入国。随着大量移民的进入，英国人原有的生存空间被挤压，英国政府在1962年开始出台法律限制移民的进入。毫不夸张地说，在当时的伦敦，几乎可以找到来自世界上任何一个国家的人。随着移民群体的长期定居和繁衍，英国逐渐形成了少数族群。世界上其他国家也在发生着类似的事情，20世纪60-70年代，多元文化主义开始兴起，英国改变原有的同化政策，开始尝试包容和接受不同文化背景的融合政策。

二战后，英帝国转为英联邦，对内，成员国对地区事务日益重视，对外，英国逐渐正视与欧洲的关系，开始谋求合作。福利国家的建设一方面满足了人们对战后国家补偿的期待，另一方面也带来了负面的社会影响，移民大量涌入，在为英国带来新增劳动力的同时，也在社会融入中不断出现分歧和冲突，推动了英国多元文化政策的施行。二战后国家建构的这些背景和举措都在深刻地影响着英国国家身份认同的建构和特征。

二、关于国家认同的争论与多元文化的兴起

（一）二战塑造文化相似性

第二次世界大战在形成统一和文化同质的刻板印象和形象方面发挥了重

要作用。战争中骇人听闻的暴行以及广泛的战争宣传塑造了一种社会凝聚力，所有的能力和努力都被动员起来，以建立一个统一的内部战线来面对纳粹。所有的社会和文化界限都被模糊了，或者至少被搁置了。军事他者（德国人）的存在推动了内部团结和民族凝聚力的发展。历史学家埃里克·霍布斯鲍姆在《1780年以来的国家与民族主义》（Nations and Nationalism since 1780）一书中解释了外部危险如何能激发内部凝聚力，他认为没有比团结起来对抗外来者更有效的方式，能把躁动不安的民族中不同的部分团结在一起。

传统的阶级之间的社会距离似乎消失了。工人阶级成为赢得战争的核心力量。战争宣传增强了他们的沙文主义情绪，这种情绪主要是基于为英国而战而需要感受到英国人的感觉。在战争之前，英国的工人阶级通常被认为是深色皮肤的人口，他们被排除在"白人"的福利和社会特权之外。因此，白人被等同于权力和影响力，这是中上层阶级的垄断。然而，战争的现实巩固了英国社会，英国的国家认同变得更具包容性。因此，工人阶级被"白化"了，一种新的英国意识出现了：英国在文化上是同质的，社会上是有凝聚力的，更重要的是种族上是纯洁的。尽管许多非白人为战争做出了贡献，但他们被视为异类和下等人。大卫·切萨拉尼（David Cesarani）展示了这场战争如何帮助划定了英国人和"非英国人"之间的界限。他写道："战争在英国国家认同中的共鸣继续沿着种族界线将人口分开。1939年至1945年，成千上万的西印度人和印度人在英国军队中服役，但这一事实几乎没有在公众的战争记忆中出现……这场战争被用来唤起英国人的最佳状态，丘吉尔的'岛屿种族'的品质……它有助于构建一种排除了1945年后大部分移民的国家和民族意识。"[1]

于是，在1900年至1945年期间，"战争"和"福利"交织在一起。毕竟，1945年后的福利国家是英国人民，特别是其工人阶级对在战争中的牺牲以后所要求的补偿。1918年后的现代社会似乎创造了一个国家-民族-社会融合的国家。但1900年至1945年这段时期却也同时凸显了英国国内普遍存在的矛盾，这种奇特的多民族但统一的政治形态，主要是由帝国主义外部力量而非内部力量锻造而成的。那么这种矛盾的存在到底源于什么？

---

[1] Hassen Zriba, "Exclusiveness and Inclusiveness in the British National Identity", *International Journal of Multicultural and Multireligious Understanding*, Vol. 5, No. 2., 2018.

答案是，如果没有根本的宪法改革，英国根本不可能成为一个像其他任何国家一样的"现代"国家。1707年之后，它一直是一个"守夜人"的国家，因为它几乎没有选择，至少在政治方面是如此。苏格兰在那一年加入了联合王国，前提条件是它将继续管理自己的体制事务——其法律、教育和宗教制度，以及其地方政府制度。这种"低级政治"只有在英国政府将自己局限于"高级政治"——尤其是帝国政治——的情况下才能运作。当英国失去了帝国，在战争的压力下被迫整合其制度和政治安排时，压力开始显现。

英国人本质上是一种帝国身份，帝国的丧失会在国内外侵蚀这种身份。白人的统治早已不复存在。1926年的帝国会议反映了这些变化，它提到了大英帝国内部的一批自治社区，虽然它们都效忠于国王，都是英联邦的成员，但彼此地位平等，在国内或对外事务的任何方面都不服从于另一个（即英国）。

加拿大基金会是1867年根据英国《北美法案》建立的，1931年英国《威斯敏斯特法令》赋予自治领完全的自治权。同样的过程也发生在澳大利亚和新西兰。

（二）战后多样性问题凸显

具有讽刺意味的是，与帝国的联系在很大程度上加剧了英国民族认同的矛盾。1945年以后，各自治领希望重新定义公民身份，以适应其作为独立国家的日益提高的地位，并开始颁布自己的移民国籍法。1948年的《英国国籍法》——人们被定义为"联合王国和殖民地的公民"——将这种定义嫁接到一个更古老的概念上，即英国人是王权的臣民，而不是领土的公民，这一理念被嵌入在1914年的《英国国籍和外国人法》中，该法案并没有将英国作为一个物理领土。1931年的《威斯敏斯特法案》赋予自治领制定自己的公民权法的权力。

英国政府倾向的立场是，人民首先是英国的臣民，其次才是国家的公民，但是日益增多的独立国家让他们无从掌控。英国身份的模糊性是帝国统治的复杂性所导致的结果，帝国统治专注于效忠君主制而不是国家。1945年后的工党和保守党都发现自己陷入了这种身份政治的混乱游戏中。一方面，工党试图为其昔日的殖民地制定一种非民族的、多种族的战略，基于一种地方感而不是部落感。另一方面，在党内鲍威尔派的压力下，保守党发现自己转向了对国籍的更"民族"定义,并将1971年移民法中首次引入的"父权"概念嵌入了撒切尔夫人1981年的国籍法中。这意味着,只要你能证明你的祖父母出生在英国,你就有权利加入英国,这更接近于血统法,而不是领土法。

当英国回归本土,那里的情况也不甚理想。爱尔兰问题困扰了英国很长一段时间。1922年,爱尔兰突然被一分为二,只有阿尔斯特新教徒仍然是英国的一部分。新独立的爱尔兰人对被定义为英国王室的臣民而不是一个独立国家的公民并不买账,他们在1949年宣布共和国地位时试图加强这一点。两次世界大战之间的时期也见证了现代威尔士和苏格兰民族主义的第一次萌芽。桑德斯·刘易斯(Saunders Lewis)在1925年创立了威尔士党。苏格兰民族党(Scottish National Party,SNP)成立于1934年,由苏格兰民族党和苏格兰党组成,后者试图通过像加拿大、新西兰和澳大利亚那样的地方自治来加强大英帝国。尽管苏格兰民族党直到20世纪60年代末才在选举中产生影响,但它已经开始了漫长的政治征程。随着大英帝国的衰落,爱尔兰、苏格兰和威尔士都在展示自己的民族力量。

在政治表达以外,他们也采取了相关的文化形式。从本质上说,英国的文化霸权即将终结,"英语"的语言和文化在战后不再是英国的专利。在苏格兰和爱尔兰,文学复兴出现了,利用英语作为文学媒介,苏格兰和爱尔兰盖尔语等本土语言得到长足发展。在爱尔兰,政治和文化在20世纪的头20年融合在一起,相互促进。十年后,苏格兰文学在苏格兰兴起,刘易斯·格拉斯克·吉本(Lewis Grassic Gibbon)的《日落之歌》(Sunset Song),是对苏格兰老农民的挽歌,他们的生活方式被一战摧毁。这一时期的作家们都试图将苏格兰语作为自己的母语,并融入英语,而其他地方的盖尔语作家,如索利·麦克林(Sorley Maclean),则在文学目的上挖掘更古老的文化根源。文学民族主义的试金石——全国词典计划,是由威廉·克雷吉(William Craigie)于20世纪20年代在爱丁堡发起的,此后《古苏格兰语词典》和《苏格兰国家词典》相继出版。

这些地方文化运动是英国帝国长期衰落的表现。这些民族复兴源于一战导致的英国文化霸权的崩溃,这种枯竭也正是北美、澳大利亚和英国非英语地区的作家宣布文化独立的时刻。所有这些文化中的作家都承认并断言,英国文化传统已经成为他们自己母语发展的限制,这些主张从主流英语形式中获得文化自主权的文学运动本身就是英语世界中更广泛的多样性和多元主义的表现，政治和文化交织在一起。

略作总结。到了 20 世纪上半叶，英国的国家身份问题暴露了出来——一个源自帝国历史的超国家的身份。无论是过去还是现在，英国都是一种相当松散的统治形态，将不同的文化和民族聚集在一起。它是一种包容性的定义，而不是一种排他性的定义，是对国王效忠的定义，所有在其统治下的人都是英国的臣民。虽然这种解释在帝国时代有优势，但到了 20 世纪，却变得不适应现代国家的需要。战争造就了 18 世纪的英国，而 20 世纪的大规模战争似乎又强化了它。然而，战争是一把双刃剑。一方面，它主宰了 1900 年至 1945 年间英国人的生活。为国王和国家而死强化了这种"民族"意识。然而，战争及其社会-政治需求削弱了英国的国家结构，因为它不是被设计成一个民族国家，而是一个国家-民族。它越是要求人们忠诚于自己的国家偶像，就越清楚这些偶像根本不是"国家的"。战争在许多方面塑造了国家和民族，但在某种程度上导致了它的分裂。随着帝国的衰落，"不列颠"也退缩到了本土海岸，在北爱尔兰民族分离主义的影响之下，民主意识与地区权力意识也在苏格兰和威尔士那里得到了持续的增长。

（三）关于国家认同的争论

关于英国国家认同的争论从 20 世纪 60 年代初就开始了，并产生了各种各样的观点，其中有两种观点相当受欢迎，分别是新右翼和新工党关于国家认同的观点。新右翼观点首先由伊诺克·鲍威尔（Enoch Powell）提出。对他来说，英国的国家认同有四个基本的相互关联的组成部分。第一，它涉及议会主权。下议院是"英国人民的化身"，它的独立等同于他们的独立。第二，英国从根本上讲是个人主义社会，一直珍视个人的权利和自由。英国比其他任何社会都更符合这一点，它的个人主义根源可以追溯到其历史之初，深深植根于英国人民的性格中。第三，英国的国家认同植根于英国人民的民族团结和政治团结，并不断得到这种团结的滋养。英国人是一个有凝聚力的民族，他们强烈地意识到自己的民族身份，与国内外的同类有着深厚的亲属关系和忠诚。他们有强烈的"同质的我们"意识，本能地知道谁是"他们中的一员"，谁是"局外人"。第四，由于该国的地理和历史因素，英国的国家认同是独特的、独立的。英国是一个岛屿，不是欧洲大陆的一部分；一个独立的实体，其重心位于自身内部。它的历史反映了它的地理，是独一无二的全球性的。在对英国发展至关重要的一段历史时期里，英国"面朝大海，背对欧洲"。甚至当它漂洋过海统治世界时，就像罗马帝国一样，它从未离开过家乡，在其他地方扎根。由于它始终保持自己，不属于任何更大的实体，所以它能够既忠于自己，又向世界开放。鲍威尔以国家身份得出有关当今政治问题的重要结论。他谴责将权力下放给苏格兰和威尔士的做法，理由是它削弱了议会的主权，把权力交给了反议会，并摧毁了国家的统一和身份。他谴责了大部分的福利国家，因为他们与英国的个人主义和与之相关的道德美德不相容。他相信，英国人永远不会接受和同化黑人和亚洲移民，因为他们本能地反抗外来文化的存在。因此，鲍威尔建议，要么应该遣返少数民族，要么应该减少他们的权利。[1]

由于英国的国家身份是单一的，鲍威尔认为英国加入欧洲无异于自杀。它不是一个欧洲国家，它在地理上与欧洲的接近是一个偶然的问题，没有什么政治和文化意义。它的历史始终是在自己的边界内和公海上制定的，从来没有在欧洲制定过，它的文化、政治、经济和其他机构以及历史演变的模式也各不相同。鲍威尔承认，其他欧洲国家并没有感到受到欧洲共同体的威胁，但他坚持认为，之所以如此，是因为它们的身份与英国不同。由于他们的民主制度起源较晚，没有深厚的历史根基，他们对这些制度并没有深切的依恋。这些大陆国家彼此之间也很相似，一方面是因为它们都是拿破仑战争及其后的历史事件的产物，另一方面是因为它们在农民农业方面有着共同的社会基础，他们也有相似的法律和行政机构，对政治和社会有共同的看法。因此，联邦的想法对他们来说是自然而然的，并且没有损害他们的民族认同。由于英国在这些和其他问题上与他们截然不同，它的命运就在别处。与他的许多继任者不同，鲍威尔也不认为英国与美国有太多共同之处，也不重视紧密的英美联盟。[2]

玛格丽特·撒切尔对英国国家认同的看法与鲍威尔有一个重要的不同之处。她也强调了议会主权、个人主义和英国人民的民族团结。尽管她对黑人和亚洲人以及随之而来的文化多元主义并不完全满意，但她认为他们可以而

---

[1] See Biku Parekh,"Defining British National Identity", *The Political Quarterly*, Vol. 71, No. 1., 2000.

[2] See Biku Parekh,"Defining British National Identity", *The Political Quarterly*, Vol. 71, No. 1., 2000.

且应该被同化到英国的"血统"和生活方式中去。尽管像鲍威尔一样确信英国的民族性格与欧洲大陆人民的性格相当不同，而且这个国家"与欧洲其他国家几乎没有相似之处"，但她重视英国的欧共体成员身份，一方面是为了教化后者，另一方面是为了防止它成为一个联邦制国家，对英国的重大利益构成威胁。与鲍威尔不同的是，她坚持认为英国的"性格"和"文化"与美国非常相似，英国与美国有着密切的历史、语言和"种族"联系。正如在一次非同寻常的讲话中所说，她一生中遇到的所有英国问题都源于欧洲，而解决这些问题的办法都来自英语国家。和鲍威尔一样，她也是英国民族主义者，但鲍威尔的民族主义有一个民族核心，而她的民族主义有一个种族维度，因此他们对美国的态度也有很大的不同。

撒切尔夫人对英国国家身份的看法成为她执政的哲学，给了她方向感、自信和一套不容置疑的信念。对撒切尔夫人来说，英国有着独特的天赋、身份、灵魂或本质，任何与之相悖的东西都不可能成功。她享有特权，是国家存在的最高祭司。几十年来，连续的政治领导人可悲地对民族性格和身份一无所知，他们误导了这个国家，被动地主持了它的衰落。她决心与众不同。所有这一切使她的政治具有准宗教性质，并产生了一种近乎救世主的公共话语模式。[1]

英国民族认同的新右翼观点贯穿于约翰·梅杰（John Major）的演讲和著作。虽然表达委婉，但没有减少任何内容，他借鉴了英国著名小说家乔治·奥威尔作品中的温啤酒、乡间草地上长长的阴影、绿色郊区、在晨雾中骑自行车去圣餐的老姑娘等引用，这些对奥威尔来说都是英国身份的组成部分。查尔斯·摩尔（Charles Moore）1995 年在政策研究中心（Centre for Policy Studies）的演讲中也阐述了这种新的右翼观点。他要求北爱尔兰完全融入英国，还指责说服撒切尔夫人签署《单一欧洲法案》的卑鄙的行政精英。

英国外交大臣威廉·黑格（William Hague）在题为"身份与英国方式"的重要演讲中，提出了"身为英国人意味着什么"的问题，并给出了一个明确属于新右翼传统的答案。他强调作为国家认同核心的议会主权，以及强有力地概括了企业和个人主义精神的"撒切尔主义"，这种撒切尔主义比玛格丽

---

[1] See Biku Parekh, "Defining British National Identity", *The Political Quarterly*, Vol. 71, No. 1., 2000.

特·撒切尔早了 800 年。和撒切尔夫人一样,他认为英国是欧洲的一部分,但不是一个欧洲国家,因为他们在上次战争中的经历和表达身份的方式不同。与其他欧洲国家不同,英国并没有经历"侵略和暴政",而是明智地将其国民性投入其政治机构,并得到了良好的服务。黑格说,这就是为什么去巴黎的游客会去埃菲尔铁塔或卢浮宫,而不是去国家大教堂,而去伦敦的游客则更喜欢大本钟、国会大厦和白金汉宫。

与鲍威尔和撒切尔夫人不同,黑格在他对英国国家认同的定义中增加了两个新元素。英国是一个"开放和流动的社会",欢迎来自各种背景的人才。英国身份的另一个重要特征是,它是一个"邻里国家",而不是地区国家,是对地方而不是地区忠诚的国家,这可以从传统的英国人参与慈善机构、教会团体、志愿俱乐部和地方机构中看出。与鲍威尔、撒切尔夫人、摩尔等人不同,黑格重视英国的多民族特征,但不认为这是其国家身份不可分割的一部分。[1]

新右翼对英国国家认同的定义存在许多问题。议会主权并非英国独有,也不能与民主画等号,因为上议院是未经选举产生的,在执政党占多数的情况下意义不大,而且正日益受到全球化进程的侵蚀。而且在当前的经济和政治背景下,与其他欧洲国家联合起来在调整全球力量、促进英国重大利益、维护其相对独立性和身份方面是有利的。虽然个人主义是英国身份的重要组成部分,但相互关心和社会团结的精神也是如此。新的右翼发言人说英国是一个有凝聚力的国家,却没有意识到这个国家是一个由情感和命运组成的共同体,不能建立在个人主义的基础之上。正如 20 世纪英国保守主义最雄辩的发言人迈克尔·奥克肖特(Michael Oakeshott)所言,英国历史和所有其他欧洲国家的历史一样,长期以来都以个人主义和社群主义两者为共同特征,两者相互制约,都无法击败对手,两者之间不断的相互作用和不稳定的平衡为其制度和政策提供了关键。

至于欧洲,英国是一个欧洲国家,它的历史长期以来与欧洲其他国家的历史紧密相连,它的语言、文化等深深地影响着欧洲,反过来又被欧洲影响着。简而言之,新右翼关于国家认同的观点是狭隘的、排他性的、教条主义的,它还缺乏民主合法性,对欧洲主要国家抱有不公正的贬低态度。

---

〔1〕 See Biku Parekh,"Defining British National Identity",*The Political Quarterly*,Vol. 71,No. 1.,2000.

第四章 二战后的英国国家认同与公民教育 ❖

　　在过去的几年里，新工党发言人提出了一种关于英国民族认同的新观点。雄辩的新工党代表马克·伦纳德（Mark Leonard）在其专著中强调了英国的全球联系和欧洲根基，并认为这两者是互补的。像新右翼一样，他强调了英国的个人主义，但同时也同样强调了正义感、公平竞争和道德。与鲍威尔和撒切尔夫人不同，他认为英国的多民族和多元文化特征是其身份的重要组成部分。他强调英国的商业活力和技术精神，以及文化活力和创造力。在作为首相的几次演讲中，托尼·布莱尔表达了类似的观点，并强调了英国身份的其他几个方面。与新右翼观点相反，他认为英国的多元政治结构是建立在英格兰、苏格兰、威尔士（或许还有北爱尔兰）平等伙伴关系的基础上的，淡化议会主权的作用。他认为，英国身份的核心不是议会主权，而是议会民主，而后者与权力下放完全一致，实际上也需要权力下放。布莱尔还强调了英国悠久的宽容传统、文化多样性、对不同生活方式的热情好客、对社会的同情心和年轻的精神。他对英国历史的看法在很大程度上没有撒切尔夫人式的幸灾乐祸，即英国如何"教化"了亚洲和非洲的劣等种族，并"拯救"了欧洲其他国家，使其免受内部野蛮人的侵扰。与黑格尔不同的是，布莱尔也认识到，英国长期以来一直是而且仍然是一个阶级分明的社会，需要更加开放和包容。[1]

　　尽管马克·伦纳德等人提出的新工党对英国国家认同的看法比其竞争对手保守党更包容、更宽容，更符合英国人民的历史和愿望，对当代经济和政治背景更敏感，但仍有许多不足之处。它是折衷的，倾向于将国家身份降低为一个企业品牌，就好像英国是一个需要在国外推销自己新形象的政治公司。它基本上以伦敦为基地，庆祝这座城市的"酷"（coolness）、竞争力和金融服务等，只有在达到伦敦标准的情况下，才会粗略地注意到国家的其他地方。新工党的观点还包含了排斥和不宽容的种子，它倾向于暗示那些没有展现出进取心、创造力和其他理想品质的公民不是完全的英国人，甚至可能拖累国家的进步，让人在道德上感到尴尬。它几乎没有考虑到英格兰在彻底重建的英国中的地位，也没有考虑到需要提供一种新的、让英国人感到舒服的、可

---

〔1〕 See Biku Parekh, "Defining British National Identity", *The Political Quarterly*, Vol. 71, No. 1., 2000.

以遏制狭隘的英国民族主义增长的英国国家认同。[1]

（四）族群认同的政策转向——多元文化主义兴起

种族论或民族论是在第二次世界大战后出现移民问题时才开始兴起的。战后英国见证了大量的移民浪潮，这造成了新的社会文化问题。这些移民来自不同的文化背景，不同的少数民族在许多方面具有不同的文化、宗教和社会传统，现有的英国文化结构遭遇了新的挑战。因此，国家人口结构的变化以及文化景观的变化导致了本就一直脆弱的国家认同的危机。英国人需要根据这些变化重新定义自己。新的文化形式和表现形式似乎正在形成，自我认同过程不再被认为是理所当然的。英国政治分析家安德鲁·甘布尔（Andrew Gamble）和托尼·赖特（Tony Wright）说："长期以来，英国人的特点是不清楚自己是谁，在哪里，或者自己是什么。他们中的大多数人习惯性地把英格兰称为不列颠。只有商人才会谈论一个叫'联合王国'的地方……这完全是一个可怕的混乱"。因此，对身份识别和身份认同的术语被给予了明确的关注。因此，不列颠不再是英格兰，联合王国似乎是指另一个政治文化实体。命名和身份的新政治出现了。[2]

族群认同的出现对国家认同提出了有影响力的挑战。文化界限失去了"神圣"的稳定性，新的少数民族和主流白人多数派之间的文化谈判正在积聚势头。然而，这些谈判并不总是那么容易和站得住脚。战后的英国经历了许多种族骚乱事件，其结果是导致对社会凝聚力的需要和文化多样性之间的紧张关系。英国学者阿德里安·法维尔（Adrian Favell）巧妙地阐述了对于这两者的需要，他问道："一个政治制度如何能够跨越由多元价值观和个人利益引起的冲突和分裂，通过重建文明和宽容的公共纽带——一种道德的社会秩序——来实现稳定和合法性？"[3]在英国，基于共同和共享的公共文化的国家认同似乎是答案。文化归属是由少数民族适应既定英国身份要求的程度来衡量的。多元文化主义和多民族主义虽然重要，但绝不是英国国家认同面临的

---

[1] See Biku Parekh, "Defining British National Identity", *The Political Quarterly*, Vol. 71, No. 1., 2000.

[2] See Hassen Zriba, "Exclusiveness and Inclusiveness in the British National Identity", *International Journal of Multicultural and Multireligious Understanding*, Vol. 5, No. 2., 2018.

[3] Hassen Zriba, "Exclusiveness and Inclusiveness in the British National Identity", *International Journal of Multicultural and Multireligious Understanding*, Vol. 5, No. 2., 2018.

唯一挑战。超国家实体的影响，如全球化和欧洲化的影响，意味着英国在其国家身份上不再安全。英国迫切需要重新思考英国人的概念，将其作为一种统一的身份，能够为现实和感知的社会文化碎片提供社会和文化粘合剂。民族主义和国家认同的话语被重构，以帮助形成一种团结和安全感。因此，这个国家被想象为"一个统一的文化共同体"，用本尼迪克特·安德森的话来说，英国的"想象共同体"同时具有排他性和包容性：排除"他者"的文化，包容"美国"的文化。

1. 民族"同化"政策

战后英国的民族关系概念大致可以分为两个不同的阶段：从1945年到1981年的同化主义排斥阶段，以及从1981年到2001年的多元文化包容阶段。

在战后的英国，随着英国少数民族的增加，种族论点已成为对英国国家认同的突出挑战。新移民浪潮混淆了传统的英国人概念。新的语言、宗教和生活方式被视为对传统英国价值观和文化的破坏。大量涌入的新移民受到了双重政策的对待。他们在经济上受到欢迎，但在文化上遭到拒绝。战后的英国政府需要廉价劳动力，但同时又没有准备好改变英国人的国民性。移民的文化被视为对英国共同文化的威胁，文化异质性是对英国文化同质性的腐蚀。因此，"英国性"这个概念是建立在种族基础上的。人们普遍认为英国的文化和价值观具有普遍的优越性。人们对新移民的期望是融入主流文化，成为"英国人"，这样他们就不会对基于种族的英国人身份构成任何问题。要想被纳入国家共同体，移民必须排除他们过去的文化遗产。相似是英国人的本质。社会文化界限的建立是为了区分英国本土社区和新的少数民族之间的差异。科恩（Cohen）认为，这种差异可能是任意的或虚构的，"我们"已经为自我设置了边界，"他们"就变成了"他者"。[1]

从理论上讲，有许多范式试图解释英国种族关系的整合和处理过程。最重要的模式之一是"移民–融合模式"，它认为只要有足够的时间，移民最终会被英国社会的社会文化结构所同化。该模型建立在以下主要前提上：（1）英国是一个稳定的单一文化社会。（2）移民因其异质文化而成为他者。（3）这些外来人会引发社会动荡和不稳定。（4）假以时日，移民就会融入主流文化，

---

[1] See Hassen Zriba, "Exclusiveness and Inclusiveness in the British National Identity", *International Journal of Multicultural and Multireligious Understanding*, Vol. 5, No. 2., 2018.

接受它的价值观和生活方式。(5) 当这种同化发生时,社会将恢复稳定与和平,英国特色将得到确认。这一范式清楚地表明,文化的同一性和同质性在战后英国性概念的构建中是如此重要。差异被排除在英国国家认同的社会文化建构之外。因此,英国性的概念是在新移民浪潮的背景下建立起来的。那些来自不同文化和国家的移民被固定的刻板印象所代表。他们被冷漠地构建为异类,并对得到广泛相信的同质化和定义明确的民族身份构成潜在威胁。保守派政治家伊诺克·鲍威尔在其臭名昭著的同名演讲中,甚至将移民及其后代形容为"血流直下的河流"。他说:"作为一个国家,允许每年大约5万名家属流入,我们一定是疯了,真的疯了。这些人将成为未来移民人口增长的主要来源。这就像看着一个国家忙着堆自己的葬礼柴堆。"[1]

玛格丽特·撒切尔也表达了同样的民族主义言论。1981年《国籍法》的通过被视为英国民族主义的复兴。英国与欧盟委员会(European Commission)的冲突,以及福克兰岛(Falkland)战争事件,都是展示民族主义倾向和沉迷于共同的英国身份认同的绝佳时机。由于处于战争状态,撒切尔夫人保守政府能够充分利用前大英帝国的独特性和帝国主义遗产。这个国家再次有机会振兴其帝国历史,强调共同和独特起源的神话。英国性概念的一个关键特征是强调英国民族文化、传统和制度的悠久历史。英国民族认同的排他性的单一文化基础重新得到了确认。然而,英国性虽然反映出一种单一文化,却并不是指单一种族,其他非白人少数民族只要接受主流的基本文化主张,就能够属于主流身份。在1983年大选期间,保守党的一张海报上画着一个黑人,宣称"工党说他是黑人,我们说他是英国人"。这样的海报可以被解读为试图将少数民族同化为国家认同的新神话。

文化认同基本上是一种社会文化建构。然而,国家认同在创造国家统一方面往往是强有力的。这种团结是对国家和文化符号的忠诚,以及对身为英国人的意义忠诚的结果。对英国的效忠和忠诚问题对于当时排外的保守党政府来说是至关重要的。保守派政治家诺曼·特比特(Norman Tebbit)建议通过所谓的"板球测试"来测试移民和少数民族对英国的忠诚度。当英格兰在板球比赛中对阵巴基斯坦或印度时,真正的英国人会在情感上站在英格兰一

---

[1] Hassen Zriba, "Exclusiveness and Inclusiveness in the British National Identity", *International Journal of Multicultural and Multireligious Understanding*, Vol. 5, No. 2., 2018.

边，即使他们是南亚血统。特比特在接受《洛杉矶时报》采访时为自己的测试辩护说："英国有很大一部分亚裔人口没有通过板球测试。他们支持哪一方？这是一个有趣的测试。你还在回想你从哪里来，现在在哪里吗？"特比特的检验告诉我们，20世纪80年代保守的英国出现了一种新的倾向，即针对外国"他者"构建国家认同，而外国"他者"的身份、文化和忠诚不断受到质疑。[1]虽然英国不再是一个帝国，但它继续援引帝国经验来构建其特殊的国家身份。

民族主义同化模式基本上是建立在不同的他者和差异的建构和愿景之上的。"他者"被消极地代表，他/她的差异被视为对"我"的纯洁性和原创性及文化完整性的威胁。随着文化多元主义和多元文化主义的出现，这些话语在很大程度上受到了挑战。面对纷繁复杂的国内局势和激烈的国际竞争，尊重差异和主张各民族平等的多元文化理念走入公共政策制定者的视野，英国开始考虑多元文化主义的可行性。

2. 多元文化主义兴起

多元文化主义起始于20世纪20年代，在50-60年代流行，从20世纪70年代开始更多地出现在国家话语中。多元文化主义是针对同化主义和融合理论而提出的一种新的民族和解理论，它承认文化具有多样性，而文化与文化之间是平等的，各民族间应互相理解和尊重各自的文化、风俗习惯及传统，是寻求对人的普遍尊重和保护的尝试。美国哲学家H·卡伦（Horace Kallen）1915年在《民主与熔炉》（Dencocracy versys the Meltily Pot：A Study of American Nationalty）一文中首先提出"文化多元主义"理论。

事实上，虽然二战后的移民潮加剧了英国族群构成的特殊性和复杂性，但英国政府最初并没有考虑推行多元文化主义政策。起初英国采取的是同化政策，在其预期中少数族群人口会逐渐被主流社会同化，进入英国社会的少数族群将自然而然地更换语言媒介，行为方式也必将在潜移默化的影响下改变，英国社会中的文化差异会慢慢消失。为了实现社会同化，英国政策的主要原则是分散减弱移民的族裔整体性。这在教育方面表现得最为明显，首先政府将移民家庭的学龄儿童安置在不同的学校接受教育，以避免形成移民的聚集，削弱该移民族群的地区影响力。例如在移民族群聚居的城市布莱德福

---

［1］ See Hassen Zriba, "Exclusiveness and Inclusiveness in the British National Identity", *International Journal of Multicultural and Multireligious Understanding*, Vol. 5, No. 2., 2018.

德（Bradford）和索撒尔（Southall），移民学生被分散至不同的学校，甚至被安排到距离遥远的学校就读。其次，同化政策还意图否认少数族群与主体民族间差异的正当性，通过预设刻板印象否定少数族群的文化传统，引导双方认为与主体民族不同的行为都是不正常或不文明的，以达到边缘化和同化少数族群的目的，比如英国社会普遍认为不说英语、近亲结婚、饮食不健康等因素导致非洲裔儿童普遍智力低下，而亚裔孩子大多存在健康问题的现象。

事实证明同化政策未能按政府的意愿顺利进行，反种族主义运动日益高涨。维护少数族群在就业、住房、教育等领域基本利益的反歧视立法逐渐发展起来。1965年和1968年工党政府相继颁布了两部种族关系法，以法律形式确立了种族的权益，1976年更是出台了《种族关系法》，这部法律至今还在发挥作用。英国开始转变整合移民的思路，多元文化主义政策顺势而来。

英国的多元文化政策是自下而上逐渐推行和展开的。自20世纪70年代以来，英国部分地方政府首先开始探索和尝试多元文化主义政策，在取得了一定效果以后，该政策逐步上升到国家层面，成为主导性的处理种族关系的管理方法。英国社会的多元文化问题集中在三个方面：争取族群间的平等权利、反对种族主义和对差异性的承认。为应对这些问题，英国政府采取了一系列措施，首先在国家层面，一系列《种族关系法》的颁布作为法律保障，维护了移民族群的合法权利。其次，因1958年英国发生了一系列诺丁山种族冲突，种族问题上升严重影响了英国的社会稳定。同年，应对种族矛盾的"种族关系研究所"（Institute of Race Relations）成立，主要研究各国的种族矛盾和政策，提供政策支持。

《种族关系法》（Race Relations Act 1965）于1965年颁布，是英国首部调整不同种族间社会关系的规范性文件；三年后又出台了《1968年种族关系法》（Race Relations Act 1968），将种族歧视的范围进一步扩展到住房和就业领域，并设立"社群关系委员会"（the Community Relations Committee）引导和规范正确的社会行为，通过教育事前干预，减少或避免歧视和偏见的产生。《1976年的种族关系法》大幅扩大歧视的认定范围，"种族平等委员会"（the Commission for Racial Equality，CRE）享有了更多的权力以支持其进行执法活动。[1]

---

[1] 参见韦平：《多元文化主义在英国的成与"败"》，载《世界民族》2016年第3期。

此外，各种专门项目在地方层面展开。多元文化主义承认文化的差异性和多元化，并试图寻求不同文化在公共生活的适切性，深入社会生活的各个方面减少不平等现象的产生。自20世纪中叶起，多元文化主义已经多方位地渗透到了英国的各种社会政策中，随着多元文化主义政策的全面铺开，各类项目也在地方上大范围地开展。在就业领域，地方政府实施了一些具体措施用以弥补少数族裔在就业中的不足。在发布相关招聘信息时，不以各种资质证书为唯一参照，而更多地强调实际的工作能力，这为少数族裔提供了更多的竞争性可能，同时，一些地方还建立了监测统计系统，实时掌握少数族群在各行业的就业人数，为纠正种族歧视、处理不公提供了条件。数据显示，1988年，在伯明翰市议会的员工，有6.9%是少数族裔，而这一数字在2000年达到了20%，到2007-2008年，则占到了22.8%。[1]

在教育领域，多元文化主义的现实需求极高，针对教育事务的多元文化政策也极具代表性。虽然没有来自国家层面的明确政策支持文化多样性，但是在人们的实际生活中，每天都要面对来自不同民族的文化、语言的差异，尤其在教育领域，来自不同族群的孩子共聚同一个课堂，如何处理这种差异，避免出现紧张局面，促进彼此之间的包容和谅解，这是教师们不得不面对的重大挑战。

1967年的《普洛登报告》（Plowden Report）对英国初等教育进行了调查，并在此基础上提出了重要的基本原则。包括补偿教育（the Compensatory Education）原则。主要针对特殊儿童采取倾斜性的补偿政策。尤其是系统性、体制性帮扶移民家庭、少数民族家庭的学龄儿童；此外，在教育资源分配上，行政力量着重改善底层人民、少数民族和移民聚居的区域，具体而言包括学校建设、教师培训、财政资助等。报告和种族平等委员会对英国社会产生了广泛的影响，在教育领域得到了民众的普遍认可。

在移民教育领域，针对来自移民家庭的学生，英国政府分别于1963年、1965年颁布了《移民的英语教育》（English for Immigrants）和《移民教育》（The Education of Immigrants）两个文件，指导移民学生的教育工作，尤其是《移民教育》将民族认同感纳入考察并制定了相关政策。然而两个政府文件仅明文规定尊重多元文化原则，并未提出应对措施，实质上还是一种教育同化，

---

[1] 参见韦平：《多元文化主义在英国的成与"败"》，载《世界民族》2016年第3期。

引导移民学生认同、融入英国的主体文化。但《移民的英语教育》《移民教育》依然具有重要意义，它是英国在移民教育政策方面实施多元文化教育的开端。

20世纪70年代后期，英国多元文化教育进入了一种实质性阶段，这一时期出现了许多重要变化，文化多样性成了课程安排的核心设计因素之一，这些举措源于20世纪80年代的三份重要文件：《学校课程》（The School Curriculum）公开宣布英国是一个多元文化社会，奠定了实行多元文化教育政策的基调，其后出版的《兰姆顿报告》（Rampton Report）和《斯旺报告》（Swan Report）极大推动了教育政策向着多元文化主义方向迈进。《兰姆顿报告》主张在少数民族学生、不同宗教学生、移民学生的教育中注重平等对待差异文化。《斯旺报告》又称为《全民教育》（Education for All），是由斯旺爵士（Lord Swann）领导的一个调研，报告指出除了在多元文化主义基础上发展少数民族的特殊教育制度以外，更应当不断提高包括适用于主体民族的整体教育制度，教育制度的改善应当面向英国的全体民族。

伯明翰种族关系部发布了《1988-1989年种族关系报告》，指出教育系统为多元文化教育政策提供了很多积极的支持。教育提出三个目标：一是反对种族主义和由此引发的歧视；二是有针对性地满足特殊教育需求；三是强调老师和学生都要准备好生活在一个多元化的社会，尊重差异，强调包容。为此，地方教育部门增设了新的岗位，包括多元文化教育顾问、双语顾问等，还成立了多元文化资源中心，为教师提供服务。政府还专门聘请老师或设立专门的学校为少数族群儿童教授他们本民族的语言和文化等，还批准建立了各种宗教学校。

在成人教育方面，国家开始扶持各类继续教育。少数族群在保留其自身的独特文化方面有时也常常力不从心，移民的语言文化在政府的资助下得以受到保护和延续。许多移民劳工通过继续强化对本民族语言的学习，间接地促进了对英语的掌握。此外移民族群的各种组织也在积极争取政府的资金，用以保护本民族文化的传承发展。20世纪80年代他们成功地利用政府资金开展了各种针对女性和老年人的活动和咨询服务，同时本民族语言也得到进一步的发展。

多元文化主义受到越来越多的认可和推崇，不同文化的发展得到了尊重和包容，有利于民族文化交融，现实中文化混杂的情形越来越普遍，比如加勒比人所特有的语言、手势和音乐广泛被追求潮流的年轻人使用。布莱尔时期"酷不列颠"（Cool Britannia）内容中的一部分是多元文化主义的体现。多元文化政策所蕴含的价值观念被内化，公共领域中越来越多地承认了这种文化的差异性，自由的多元文化观念被越来越广泛地接受和传播。

因战争而被动员起来的高度统一的国家认同感随着二战的结束而逐渐转变。社会结构的改变，工人阶级力量的壮大，地区意识的强化，大量移民的涌入等所有这一切都试图在政治文化表达中发出自己的声音，英国社会的多样性诉求日渐凸显。执政党在战后到21世纪之前这段时期内却做出了不同的回应。保守党执政期间以个人主义为遵循，新右翼关于国家认同的观点是狭隘的、排他性的，撒切尔夫人主张公民应该服从国家权威，主动承担自己的责任，以维多利亚价值观为基础，侧重培育服从、谦虚和克制的公民，这更多的是对帝国遗产的继承，之后的新工党以社群主义为参照，主张以更加多元、开放、包容的态度凝聚国家认同，尊重多样文化，多元文化主义开始在英国勃兴。

第二节 公民教育的理性探索

二战的爆发使英国的教育发展受到严重阻碍，人们开始认识到教育在国家兴衰中的重要作用。而且，大战还激发了英国民众的民主意识，人们希望建立公平、合理、民主的教育制度，这为战后教育的民主化奠定了基础。二战后，随着国家政策的重新调整，英国运用国家调控手段，改变了以往单一的市场经济模式，社会矛盾得到了一定程度的缓解，英国国际地位和角色有了新的变化，公民的社会权利和政治权利也进一步扩大和普及。1948年《人民代表选举法》实行彻底的一人一票制，而1969年又将选民的年龄降至18岁。也就是说，在英国，学生离开学校不久以后就要开始行使自己的选举权。另外，随着战后大量移民的进入，英国少数民族政策从最初的同化政策日渐向多元文化主义转变。战时高度统一的民族认同渐渐转变为以培养国家认同为基础的多元社会认同。因此对民主教育、政治教育的迫切需求，对世界知识、国际关系的殷切渴望，对多元文化的理解和尊重中的急切需要，这些推动了公民教育的调整。鼓励开展直接的民主政治教育，增加了世界知识、国际关系知识方面的内容，而且随着社会多样性特点的凸显，增进文化包容和理解，增强凝聚力的知识也得到了重视和强调。

一、政府倡导与国家统一课程的建立

（一）政府态度的松动

第二次世界大战之后，英国政府认识到，通过教育培养公民的民族、政治意识是一种高效方式，而公民的这种意识对于英国社会的民主、文明至关重要。教育领域的诸多官方文件体现了英国政府对公民教育的态度转变。

最先展现英国政府改变对直接公民教育态度、开始国家干预教育事务的举措，是英国课程改革委员会于1945年对学校课程的改革要求，学校必修课容纳了政治、经济等社会科。两年后颁行《新中等教育》（The New Secondary Education），引导学校开设包括联合国、国家行政机构、司法部门、税收等内容的公民教育。

但之后的直接公民教育在英国的发展并不是一帆风顺。1949年出版的《公民在成长》（Citizens Growing Up）虽然明确了直接公民教育对于国家和社会的必要性，但是并没有在课程设置上更进一步，没有构建起公民教育的课程框架，因此对直接公民教育的发展并无实质性推进。1963年发布的《纽瑟姆报告》（The Newsom Report）报告主张学校教育要培养真正的"自由人"，建议向学校教授国际事务方面的内容，但仍然延续了政府对公民教育犹疑的态度。

通过上述政府的报告和文件可以看出，这一时期的英国政府开始认识到社会成员的民主、政治意识对建立一个文明社会的重要性，而获得这些意识的重要渠道就是教育。虽然英国政府在战后对公民教育的态度发生了变化，但是这一时期，经济竞争和就业问题成为西方发达国家提高教育水平的主要动因，因此对于教育在增强民族认同感和公民意识方面的重视不足。对于如何具体开展公民教育，通过什么样的途径和方式，具体的课程框架等，英国政府没有给出明确的答案。20世纪70年代末以前，英国的公民教育大多依赖非政府组织和民间机构倡导，整体呈现一种自发的特点。

英国的民间公民教育在长期发展中取得了许多成果。战时英国民间就自发成立了"公民教育协会"（The Association for Education in Citizenship）希望通过教育与极权主义抗争，因此希望开展公民教育培养政治上追求自由民主，认知上思维有逻辑、具备认识世界的能力。[1] 该协会还深入调查了当时中小学生的受教育情况，基于强有力的调查数据提出建议以培养符合民主社会要求的公民素质，并形成了书面成果，即《学校生活中的民主》（Democracy in School Life）。

除自由、民主教育外，英国民间的公民教育的积极倡导者还提出应当延长受教育年限。例如，有学校理事会在学校顾问团的工作文件中，明确提出政治教育对于培育未来公民的必要性，更在此基础上提出，15岁以上的学生应当具备合格现代公民应有的观念——法治、平等、自由、责任、诚实守信等现代精神。然而离校年龄的提高被最终确认，但其他公民教育的主张没有得到官方的细化和普及，理论上的指导性建议无法成为现实。

另一提倡直接公民教育的英国非官方组织是政治协会。政治协会是在教育家伯纳德·科瑞克（Bernerd Crick）和希特（Derek Heater）的提倡和支持下建立的，其致力于通过教育提高公民的政治知识水平和公民素质。该机构首先以文章和专著推广政治教育及其教学方法，引起了广泛关注；其次在纳菲尔德基金会（Nuffield Foundation）的资金支持下开始实践其理念，协会与汉萨德学会（The Hansard Society）共同推进了一项扩大学生政治知识的公民政治教育项目。此外，组织还争取到了大量资金支持，社会捐赠方面，除纳菲尔德基金会外，利华休姆信托基金（The Leverhulme Trust）、福特基金会均提供资金协助学生政治意识调查、国会和大众关系等政治教育研究；该组织还得到了来自英国政府的拨款，教育科学部同意每年拨款资助政治协会开展相关活动。政治学会在推广直接公民教育领域取得丰富的成果，不仅改变了英国社会对于政治教育的看法，而且在公民政治教育理论方面有所创新，基于学会的项目研究出版了《政治教育和政治素养》（Political Education and Political Literacy）一书。

（二）国家统一课程的建立

英国由于长期受自由主义思想的影响，在教育上始终保持中立的态度，英国的学校在具体教育的实施过程中具有较大的决定权，而且大多数中小学也不是国家开办，这就使英国的学校长期以来缺乏统一的课程要求和教学内

---

[1] 参见姬振旗：《20世纪80年代以来英国中小学公民教育研究》，河北师范大学2009年博士学位论文。

容。随着教育民主化的深入开展,人们对教育机会均等和质量均衡提出了要求。1976年,教育与科学部发布了题为《英格兰的学校教育:问题与倡议》(School Education in England: Probleme and Initiatives)黄皮书,建议建立全国统一的"核心课程"。1977年,又发布了《学校中的教育》(Education in Schools)绿皮书,其内容显示英国政府开始考虑设立全国性的统一课程。1983年,政府解散了具有自治性质的"学校课程与考试委员会",并设立了"学校课程开发委员会"和"中等教育考试委员会",以此加强对学校教育的控制。1984年,英国教育大臣基斯·约瑟夫(Keith Joseph)在谢菲尔德教育大会发表重要演讲,其内容昭示着政府意欲在教育领域开展统一行动。1985年教育与科学部及威尔士事务部向议会提交了《把学校办得更好》(Better Schools)白皮书,里面具体分析了当前英国教育的现状和存在的问题,并就此提出了详细的改革计划。白皮书认为,学校课程要在目标和内容上达成共识,有自主探索精神,掌握必要的知识和技能,具备成为公民的素质。

1987年,保守党在大选获胜后发表了题为《全国统一课程(5—16岁)》的文件,提出了设立国家课程的一整套方案。最终,1988年,随着教育改革法的颁布,英国的教育正式纳入国家层面的管理。

二、由权利转向责任的"积极公民"培育

(一)政府对公民教育的主张

英国政府对公民教育整合功能的重视,是从20世纪70年代末以后开始的。1979年,以撒切尔夫人为首的保守党上台。撒切尔夫人一上台就面临严重的社会和道德问题,比如大量的吸毒、犯罪和暴力事件;个人主义泛滥;种族矛盾和冲突频发;学生学习积极性不高,学生和家长都不重视教育;年轻人参与政治的意识淡薄,参与选举的比率较低;等等。以撒切尔夫人为代表的新保守主义认为,正是福利政策的推广使人们一味强调个人权利,而忽视对国家、社会的责任。英国政府开始意识到确立一种公认的国家认同意识的重要性,提出了"积极公民"的概念。"积极公民"主张公民应该服从国家权威,主动承担自己的责任,不仅要为自己考虑,更要为社会、国家着想。新保守主义以维多利亚价值观为基础,侧重培育服从、谦虚和克制的公民,开始关注公民教育。

这一时期,英国对公民教育的关注主要体现在一些政府政策和报告上。

1981年，英国教育和科学部及威尔士事务部联合发布了一份名为《学校课程》（The School Curriculum）的文件，其中认为学校承担着为学生今后踏入社会做准备的责任，在学校学习的内容一定要与今后成长为积极的公民相匹配，要教授学生学会承担责任和积极参与国家事务。学校的工作必须反映出学生在成熟过程中必须接受的许多问题。当前，有这样三个问题值得特别注意。"第一，我们的社会目前已呈现出明显多元化的特征。第二，技术对就业方式的影响使人们更加强调适应性、自力更生和其他个人素质。第三，保证男、女生在选修课程方面有真正均等的机会是至关重要的。"[1]从这里可以看出，当时的英国政府已经开始注意到教育在整合多元文化方面的作用。而且对于英国在世界上的定位以及面对多元文化时所应具备的基本素质和技能也在文件中有体现：不列颠今天具有多元文化，她是欧洲共同体的成员。从这一实际出发，我们应鼓励学生培养自己对世界、对自己在世界上的位置和人们是怎样生活和工作的认识。这涉及给能力较强的学生和以较为简单的方式给其他学生介绍历史概念，例如年代学和因果关系以及如何权衡不同来源的信息；为他们提供机会来熟悉不同种类的文字资料和学会区分什么是事实描述，什么是虚构；使他们对本地区和更远的地方的地理有一定的了解；使他们对宗教信仰和活动有一定的理解。[2]

虽然《学校课程》中没有关于公民教育的明确规定，但从其教育目标和要求上已经明显包含公民教育的含义。

同年，英国教育与科学部的一个研究小组提出了"个人与社会发展"的课程框架，内容包括个人与社会、公共意识等，还包括职业、政治、法律等内容，在教育层面涵盖知识、理解、应用和态度四个方面。比如关于"个人及人际关系"方面，在知识上要讨论认识什么，我是什么样的人，人与人之间的差异等；在理解上要讨论人的实质与幻想之间的差异以及自己的兴趣、需要等；在应用上要讨论处理人际关系的方法；在态度上要讨论对自我、对不同人种的态度等。[3] 1989年英国国家督学局（Her Majesty's Inspectorate）颁布了指导个人和社会教育课程的第14号文件，规定个人与社会教育的目

---

〔1〕 瞿葆奎主编、金含芬选编：《英国教育改革》，人民教育出版社1993年版，第437-444页。
〔2〕 参见瞿葆奎主编、金含芬选编：《英国教育改革》，人民教育出版社1993年版，第449页。
〔3〕 参见刘丙元：《英国青少年公民道德教育的发展趋势及其启示》，载《当代教育科学》2020年第3期。

是要加强学生的社会责任感，以便使他们更好地适应公民角色，融入国家和社会。在知识和理解方面，强调了解自己、他人、环境、社会责任、法律，理解权利、义务和民主决策的过程；在道德规范和行为方面，要了解其内容，不同文化之间的差异；在能力方面，要培养判断能力和尊重他人的能力；在态度方面，要培养自信独立，尊重他人，为他人谋幸福的品质。[1] 通过以上内容可以看出，个人与社会教育课程的要求其实就包含了文明社会所需要的公民素质，意在培养积极公民。

1985 年，《全民教育》（Education for All）发布，报告指出，"文化多元主义在政策、结构、操作和信仰上的正当提出不只是在教育制度中，而是应该在整个社会。它不是一个个人问题，它要求政治上的允诺和各种机构的努力。学校在这些问题上不能，也不应再保持中立。它不能消极地反映社会，而必须积极地寻求未来公民态度和行为的改变。文化多元主义向学校作为主要文化传递者的传统角色发出挑战。在这一过程中，它必须与那些偏见和歧视的经验所有者以及那些占统治地位的文化的成员交战。"[2] 该报告还指出，所有学校和老师都应具有一种专业责任，让学生能够在一个多元社会中生活。

（二）实践中培养公民意识

这一时期，因为公民教育尚未作为独立的课程进入国家教育体系，因此针对公民教育的实践拓展也相对有限，但我们仍能从当时的学校教育实践中窥见带有明显公民教育性质的参与活动。《纽瑟姆报告》指出，由于当时学生对学校、对校外的生活及以后的工作感到厌烦，而少年犯罪的顶峰，也一直出现在学生离校前的一年，而且学校认为，学生缺乏时间来参与一些真正有益的活动，因此提出把"附加课程"结合进整个教育大纲，把一些时间用于真正的特殊形式的校外活动——"家庭作业"。报告认为，学生可以从他们所承担的某些课外作业中受益。它提倡采取更加多样化的活动以丰富课外作业的形式。比如做一些手工活动，或开展小组讨论和班级演讲。对于某些地方教育当局和学校愿意尝试三部制学日（将一天的学习划分为早上、下午和晚上），报告是持支持态度的，还建议官方给予一定的财政资助。这事实上也是

---

[1] 参见刘丙元：《英国青少年公民道德教育的发展趋势及其启示》，载《当代教育科学》2020年第3期。

[2] 林亚芳：《英国的公民教育》，载《江西教育科研》2001年第10期。

倡导开展校外活动的体现。

　　课外活动，作为正规课堂教学的有益补充，是英国公民教育的重要隐性途径。后来，随着课外活动的普及和日益规范化，课外活动主要划分为两种形式：学校活动和社区服务。英国学校通过有目的、有意识、有组织地策划各种实践活动，将公民教育的内容要求渗透其中，通过学生参与的过程，培养他们的价值观、社会责任感，提升他们的实践能力。与在课堂上接受直接的教学和指导相比，英国青少年更热衷于参加各种课外活动。参与课外活动，对于大部分学生来说，是饶有趣味和富有挑战性的。通过课外活动，他们化身为不同的社会角色，体验不同的工作职责和内容，如何面对问题，解决冲突，这对于培养他们的团队协作能力、处理问题的能力及领导能力等具有重要的作用。学生们通过参与各种实践活动，增进对公平合理、团队协作及尊重理解等价值要求的认识。而且，课外活动能够充分地反映和包容学生的多样性特点，对于那些学习成绩不是很优秀的学生，课外活动显然是另一条实现自我，增进信心的重要途径。

　　事实表明，英国的中小学生大都热心于参与各种课外活动，例如在申请参加社会服务志愿者组织（Community Service Volunteers）志愿工作的人中，60%来自中小学生；英国绿色和平组织（Green Peace）18岁以下的年轻成员已经超过了5万人。[1]

　　1996年，德比·罗克（Debi Roker）等人开展了一项针对中学生的调查，参与调查的有3所学校，通过调查，三所学校中有155名学生（占到总人数的13.4%）是社会组织成员，而且是需要缴费的，包括国际赦免组织（Amnesty International）、绿色和平组织和"地球之友"等。一年中，这3所学校中大量的学生参与了各种各样的社会活动：70%的人签署了各种社会运动的请愿书，包括争取人权、呼吁新立法以及其他地方性事务；59%的人参与了抗议活动，比如抵制法国商品以抗议太平洋地区的核试验，抵制动物实验等；89%的人曾向慈善机构捐款；48%的人参与过各种地方社区事务，例如阻止在绿地上建造建筑，或反对关闭当地火车站；60%的人曾为改变学校规则或政策而活动；7%的人参加过游行或集会，例如抗议核武器，支持不同国家的人权以及废除地雷；16%的学生曾写信给国会议员或地方议员，涉及各种地方、国家

---

[1] 参见邱琳：《英国学校价值教育研究》，武汉大学2010年博士学位论文。

和国际问题。此外，在被调查的学生中，有146人（占总人数的12.6%）参加了各种志愿活动和社会活动。[1]

英国青少年对学校实践活动的参与度非常高，借助一些社会组织和公益社团，他们有机会近距离地接触不同的人群，面对不同的问题，处理不同的矛盾，尝试通过新的视角看待多样化的社会结构和人们彼此间的差异，增进了对社会结构的认识，锻炼了实践能力，增强了公民意识和社会责任感。

通过以上分析可以看出，二战后，随着国内国际局势的急剧变化以及人们民主意识的增强，英国开始关注到公民教育在国家发展中的重要作用，在一些政府制定的报告和文件中可以看出，英国一改往日谨慎小心的姿态，开始承认和肯定公民教育的必要性和重要性，很多教育文件都体现着公民教育的元素。但是这一时期的公民教育依然没有被纳入到国家法定的课程中，主要的倡导者和实施者还是一些民间机构和组织，虽然政府出资支持了部分机构开展公民教育调查和研究，但直接的、具体的、全面的公民教育却未能出现。在学校的教育实践中，公民教育被置于可有可无的位置。其原因主要包括：1. 公民教育因没有列入国家法定课程，缺乏强制约束力；2. 公民教育的开展具体要依赖地方教育当局和学校，而由于英国国内长期受自由主义思想影响，教师认为不应该传授具有倾向性的政治话语；3. 英国的学校课程繁多，各种考核机制的压力，挤压了公民教育的空间。所以，虽然《课程指导8：公民教育》中专门就公民教育进行了描述，但由于其跨学科的性质，在实际推行过程中，发挥的作用并不大。

1994年英国政府的一项调查表明，43%的小学和62%的中学都认为公民教育是课程中很重要的一部分；27%的小学和4%的中学坦言没有开展公民教育，为数不多的学校已经将公民教育列入学校的计划之中。……2/3的学校（包括中学和小学）称学校的时间表安排过满，这是他们开展公民教育的主要障碍，此外，缺乏经费以及专业教师也是重要原因之一。[2]

---

[1] See Debi Roker, et al., "Young People's Voluntary and Campaigning Activities as Sources of Political Education", *Oxford Review of Education*, Vol. 25, No. 1-2., 1999.

[2] 参见陈鸿莹：《英国中小学公民教育的特质及其影响因素研究》，东北师范大学2004年硕士学位论文。

三、以跨学科课程纳入国家管理

1988 年是英国教育史上值得纪念的一年,以《1988 年教育改革法》的颁布为标志,英国教育的发展为公民教育带来一个新的历史机遇,为今后英国中小学公民教育的发展奠定了基础。该法包括与公民教育直接相关的英语、历史、地理等课程,要求学校必须为学生提供广泛和恰当的课程,以促进学生在学校和社会中精神、道德、文化、心理和身体方面的发展,为今后踏入社会,成为积极公民打好基础。为了确保达到以上目标,全国课程委员会(the National Curriculum Council,NCC)制定了一系列课程指南。1990 年拟定了《课程指导 3》(Curriculum Guidance 3),提出了 5 个跨学科主题,其中有一个就是公民教育。之后,又针对五个跨学科主题分别制定了五个课程指导,其中,《课程指导 8:公民教育》(Curriculum Guidance 8:Education for Citizenship)是继 1949 年《公民在成长》之后第二本直接针对公民教育的官方出版物。该文件将公民教育作为五个跨学科课程主题之一正式纳入国家课程,对公民教育提出了细致的要求,这标志着公民教育在中小学教育中的地位得到了国家的确认。

《课程指导 8:公民教育》认为公民教育的目标包含应当包含三个方面的内容。在知识教授方面,学生应掌握基本的社会科学知识,如有关社区本质、民主社会的作用与关系、权利与义务的本质与作用等。在实用技能方面,学生应学会处理个人与社会的关系,掌握交流、计算、研究、解决问题及信息技术能力等。在态度方面,学生应被引导遵循合适的道德要求、遵纪守法的行为准则以及判断是非的价值标准。公民教育的内容包括八个方面:(1)了解社区本质;(2)认识多元社会中各种关系与作用;(3)了解作为公民的义务与权利;(4)认识家庭及其在社会中的作用;(5)理解实践中的民主含义;(6)认识公民与法律的关系;(7)协调工作与休闲的关系;(8)培养公共服务精神。[1]

与此同时,国会下议院的公民委员会(the Speakers' Commission on Citizenship)发表了一份名为《鼓励公民》(Encouraging Citizenship)的报告。该

---

〔1〕 参见吴文侃主编:《中小学公民素质教育国际比较》,人民教育出版社 2001 年版,第 375 页。

报告也强调了公民教育的重要性，认为福利事业不仅是由国家提供，地方或国家志愿组织也可以通过为他人服务而作出贡献。报告认为公民教育的任务包括理解规则、学习知识、结合实践提高所学技能，通过学校的学习体会民主的行为方式。报告还建议把公民教育列为学校的必修课程，学生从 7 岁开始就应接受公民教育。因为公民教育关系儿童个体与其所处的世纪。不仅是个人之间的关系，还涉及国家以及全世界的关系。它关系到民主社会中的民主组织机构和个体的权利、责任，关系财富的创造，关系公私雇主以及志愿者组织的角色，关系人们在社会生活共同体的发展机会。[1]

1993 年，为了调查国家课程实施的情况，英国政府委派迪尔英爵士（Sir Dearing）开展了针对国家课程实施状况的调查，并形成了《迪尔英报告》（Dearing Report）。报告明确地肯定教育挑战涉及一系列非常广泛的生活，包括公民，他说道："教育不仅是装备学生需要生存的知识技能，它还必须帮助我们的年轻人：创造性地使用闲暇时间；尊重他人、其他文化和其他信仰；成为好公民；对自身认真思考；追求一种健康的生活方式；并且，至少是应该正确对待自己和所取得的成绩。它应该发展一种对我们的丰富文化遗产和生活的精神与道德标准的理解，并且，它必须很好地为所有儿童服务，而不论他们的背景、性别、宗教信仰、种族或才能"[2]。

1993 年，国家课程委员会相继出台了一系列有关国家课程的指南，提出要保证个人具有一定程度的自由度，发展自身的价值，并具备过硬的知识和能力，在一系列重大的社会问题面前做出正确的判断。"教育体系……有责任教育个体自己进行思考和行动，具有一套可以被接受的个人素质和价值观念，并能满足成人生活的更广泛的社会要求。"[3]

小 结

第二次世界大战后，世界格局的急速变化深刻地影响着英国国内的政治社会进程。英帝国逐渐失去世界霸主的地位，国际竞争愈发激烈，战争时期

---

[1] See Ken Fogelman, "Citizenship Education in England", in keny kennedy (ed.) *Citizenship Education and the Modern State*, Routledge Falmer, 1997, p. 88.

[2] 林亚芳：《英国的公民教育》，载《江西教育科研》2001 年第 10 期。

[3] 邱琳：《英国学校价值教育研究》，武汉大学 2010 年博士学位论文。

付出巨大代价的人们要求英国兑现福利国家承诺。战前以帝国主义、军事主义为内容的公民教育显然已经与如今英国面对的国内外形势不相符。对于民主自由的渴望促使着教育进行改革，但是英国政府一开始的公民教育努力仍然是谨慎的、试探性的，更多地反映在政府的一些官方报告和文件中。撒切尔夫人执政时期，面对福利制度造成的诸多社会问题，撒切尔夫人开始进行国家控制的教育改革，提出了"积极公民"的概念，强调公民对社会和国家的义务和责任。《1988年教育改革法》颁布后公民教育出现在一系列的课程指导文件之中。但是，公民教育并没有被正式纳入到国家法定课程之中，作为五个跨学科课程之一。在学校的教育教实践中，公民教育仍然没有走进国家教育布局的核心。但是保守党提出的"积极公民"的概念复兴了公民的理念，而且为在多元社会如何整合力量、形成凝聚提供了一种参考方案。保守党这一时期在公民教育方面所作的努力为之后上台的新工党将公民教育纳入国家课程并正式推行奠定了扎实的前期基础。

同时，二战后的英国与欧洲、世界的联系日渐紧密，战后移民的大量涌入，使英国社会的多元化特点越来越凸显，英国开始奉行多元文化政策，倡导尊重不同文化，谋求和谐发展，通过公民教育帮助不同民族、不同文化开展交流，寻求共生。战前强调单一认同的公民教育逐渐转向以培养国家认同为基础的多元认同。

在这一时期，公民教育取得了迅速的发展，首先是来自政府观念的转变，以往中立和迟疑的态度渐渐转向谨慎的探索和实践，加强了国家对公民教育的建议、指导、组织和协调。长期以来，英国在教育管理上采取分权模式，不过多干预地方和学校的具体教育实施，自20世纪80年代起，中央政府开始加强对教育的控制和管理。另外英国注重根据形势变化适时地进行政策调整和改革，公民教育的重要性得到更为广泛的肯定，并作为跨学科课程纳入了国家课程，开始关注多元文化背景下的国家认同问题，教育的理念和政策实践体现着这种变化和倾向。

第五章
21世纪前后的英国国家认同与公民教育

21世纪，民族国家的认同与民族国家的凝聚力受到了空前挑战。20世纪与21世纪之交，美、苏冷战宣告结束，两极国际格局逐步走向多极化的新国际格局，全球化、一体化成为新的不可逆转的时代特点。与此同时，民族国家的经济、文化、政治等方面的活动日渐突破传统民族国家的界限。

这一时期，英国的民主政治环境发生了变化。历经几百年的发展，民主制度已是被广泛采用。深入人心的政治制度、民主权利、社会权利和以平等为基础的法律权利的内涵逐步扩大。但在20世纪末期，人们对民主政治的热情消退，表现出冷漠态度——不再热衷于政治，对政治制度、民主程序漠不关心。这种现象背后的原因当然不是民主政治不再符合现实需求，而是人们认为公民权利的获得是理所当然的，这种心态对于年轻人的影响更为严重。最明显的证据就是投票率，英国选举的投票率近年来呈现整体降低趋势，特别是年轻人群体的投票率更低。政治家对此感到非常忧虑，年轻人因法律权利与社会权利的完善保障而产生的对民主、政治的冷漠、无知和惰性，会导致社会陷入道德恐慌；另一方面，由于缺乏基本的公民素养，一些年轻人对国家政治、政党缺乏认识、敬畏和尊敬，更严重的是越来越脱离主流文化与主流社会规范——推崇次级文化、吸食违禁药品、行为过激，青少年犯罪率的提高不仅影响到社会安定，而且也严重阻碍了社会凝聚力的形成。

第一节 国家认同面临多重冲击

一、一体化的冲击

自20世纪90年代以来,随着苏联解体和冷战的结束,世界格局发生了重大的改变,经济全球化的纵深发展促使了全球经济、政治向着一体化发展,全球化已成为当下研究的热点。全球化深刻地影响着英国国家内部的价值观念和社会结构。全球化日益突破原来民族国家的界限,各民族的文化交流和融合变频繁了,世界日益连接为一个整体,这中间一系列区域组织超越国家层面相继出现,如联合国、国际货币基金组织、国际法院等。除了国际组织,还有诸如世界公民、跨国公民、人权组织等超越国家层面的概念的涌现均对各国公民的公民意识形成了挑战,与此同时,不同的文化在交流中相互影响、相互渗透,不同国家的社会文化、价值观念也在相互渗透。安东尼·D. 史密斯在《全球化时代的民族与民族主义》中指出:"我们所居住的地球正变得越来越小,越来越一体化,我们生活的星球上经济与社会之间的联系正在得到加强,以前独立的民族与国家也正在被一张复杂的跨国组织与规则的网络连接成为一个真正的国际共同体……一句话,我们的世界已经成为一体。"[1]族群和国家认同问题成为当代世界重大的敏感政治问题。

(一) 全球化时代导致民族国家问题突出

首先,应当认识到民族国家仍然是国际上最常见的政治共同体,但全球化问题治理和国际组织的出现暴露了民族国家的局限性。全球化一方面促进了世界发展和进步,另一方面产生了很多负面的影响,诸如环境污染、能源匮乏、恐怖主义等,这些问题事关全人类的未来,几乎每个国家都受到了不同程度的影响,但是有的民族国家在应对这些全球问题时表现得力不从心导致公民对国家治理能力产生怀疑,民族国家一直以来的运行模式和功能受到了空前的严峻挑战,进而引发了人们对国家认同问题的质疑。在世界日益连接成为一个国际共同体的背景下,面对现代民族国家不能独自解决的公共问

---

[1] 黄岩:《试论全球化与国家认同》,载《前沿》2007年第11期。

题，为了寻求解决办法，一些超国家组织应运而生，超国家组织承担了一部分民族国家的职能，而这在一定程度上又对国家主权产生了挑战，公民的国家认同也会受到削弱。

其次，经济的全球化与国际交往冲淡了各国公民的国家认同感。世界市场的发展突破了原有的民族国家界限，公民的国家整体观念被弱化，尤其各种区域性组织相继成立，开展活动不再仅以民族国家为单位，这在客观上也促使公民形成了超越国家认同的其他认同形式。此外，由于私人的工作、生活边界不断延伸，在世界范围内开展广泛的交流、互动更加频繁，人们面临着不同的制度、文化、思想和信仰的冲击；但另一方面原有国家的历史、文化、传统的影响根深蒂固，总是潜移默化地发生作用，如此一来，固有观念与外来文化冲突，进而引发个人身份、公民身份上的认同危机。这种伴随着焦虑的认同危机甚至使人们对民族国家合法性产生强烈质疑。

（二）全球化时代导致民族国家内部的认同危机

全球化在带给民族国家机遇的同时，也伴随着挑战和冲击，国家的整合能力受到影响，国家内部出现民族分离主义的倾向，族群认同与国家认同的关系紧张。全球化时代，经济全球化引领了其他领域的变革。随着经济的一体化推进，世界的联系拉近了，社会结构以极快的速度变化着，社会分化明显，而这也直接影响到了人们的价值观念和政治意识。英国就出现了上述全球化带来的国家整合能力下降的情况。英国国内四个地区长期以来就存在着民族认同和国家认同的矛盾，再加上移民族群的力量进一步壮大，英国在进行社会治理和以族群为单位进行社会资源再分配的过程中难以保证绝对的社会公平，容易导致不同群体关系的紧张。另一方面，英国社会的多元化和差异化问题变得越来越突出。国内民族主义近年来有所抬头，苏格兰针对是否脱离英国的问题，已经进行过一次全民公投，第二次公投虽已被英国最高法院驳回，但其民族主义倾向可见一斑。英国国家未来的去向，充满了未知和挑战。

二、多元文化的困境

自联合王国建立以来，英国的外来移民数量持续增多，二战后大规模增加。最初英国政府采取同化政策，随着移民占比的逐渐扩大，社会矛盾日渐突出。显然同化政策已不适用于当时的英国社会，于是在20世纪60-70年代，政府转而推行多元文化主义，在接下来很长一段时间里，多元文化政策保障了少数族群的权利，缓和了英国的社会矛盾。但在进入21世纪以来，早期移民逐渐在文化、政治和宗教等方面呈现出越来越显著的多样性。

英国的文化、政治和宗教等方面的多样性日趋明显。根据2011年英国的人口普查，"在英格兰和威尔士的5600万居民中有59%是基督徒，5%是穆斯林，1.5%信仰印度教，0.75%信仰锡克教，0.47%信仰犹太教，0.44%信仰佛教，7.6%信仰其他宗教，还有25%的人无宗教信仰。英国的语言和族群也呈现出多元化的趋势。目前在英国大约有200种语言被使用，不同种族、族群、宗教和文化团体及其混合体数量大增，一些大城市居住着超过100个族群的居民。"[1]因此人类学家史蒂文·沃特维克（Steven Vertovec）认为"多样性"已经难以概括当前英国社会所表现出的纷繁复杂的民族特点，应该用"超级多样性"才更为合适。在这种背景之下，国家、民族、个人都必须重新寻找自身身份的定位，尤其对国家而言，基于多样性来构建全民族共有的国家认同，是迫切需要解决的问题，但是显然多元文化主义难以解决甚至加重了这个问题。

英国不但在种族数量上呈现出"超级多样性"的民族特点，而且经过几十年的定居，少数族群在人口和实力上都有明显扩展，逐渐发展为实力雄厚的族群。一方面，从人口构成看，移民族群以极大的增速持续加大人口占比。英国穆斯林协会（Muslim Council of Britain）公布的数据显示，"2015年穆斯林人口近280万人，与10年前相比增长近一倍。与之相对应的是主体民族的人口减少，在每10年1次的人口普查数据中很明显地可以看到这种趋势。1991年，白人人口是4788万，占常住人口的94.1%；2001年为4752万，占比91.3%；2011年白人约4820万人，占比为86%。由此可见，英国白人人口比例持续下降。"[2]另一方面，少数族群在英国大城市中聚集和居住的比例较高。如2001年伦敦的自治市中布伦特（Brent）和纽汉（Newham）的少数族群人口占比分别为55%和61%，而且自治市的居民并不是包含所有族群，而是会以某些少数族群为主。人口增加和同一种群的聚集使得少数民族越发成为独占一方的强势种群，有着自己种群内部的认同感和强烈的排他性。这

---

[1] 韦平：《多元文化主义之后：英国的共同体凝聚政策》，载《世界民族》2019年第2期。
[2] 韦平：《多元文化主义之后：英国的共同体凝聚政策》，载《世界民族》2019年第2期。

一时期极端主义暴力事件也频繁发生，如2001年英格兰北部穆斯林青年暴乱和2005年伦敦地铁爆炸案，这些都让英国各界越来越怀疑多元文化主义的合理性，并担忧多元文化政策是否巩固了少数民族的强势地位，助推了他们的自我隔离。

事实上，这一时期种族骚乱此起彼伏，针对多元文化主义适用性的批评与怀疑越来越多，2001年夏季在英格兰北部移民族群聚居地发生的骚乱直接促使英国政策发生转变。事件发生后，政府和社会团体专门开展了调查。调查认为，骚乱的主导原因是差异化的文化，特别是穆斯林文化，由于族群的自我隔离而引发了骚乱。其中，由泰德·坎特（Ted Cantle）爵士主持并最终形成的《坎特报告》（Cantle Report）直接促使国家政策转向共同体凝聚。

报告提出了"平行生活"（parallel lives）的概念，用来指那些与主体民族和主流社会相隔离的少数族群，两者没有交汇点，类似于分别生活在不同的平行世界，这很大程度上是由多元文化政策导致的。虽然英国社会的多样性已经成为现实并延续多年，但显然多元文化政策已经不能解决当下英国社会出现的新问题新挑战，国家需要确立一种新的政策来解决问题、应对挑战，即共同体凝聚。报告还阐述了多元文化主义和共同体凝聚的关系，认为多元平等和共同体凝聚是辩证统一的，共同体凝聚强调在尊重差异的基础上，着力通过形成集体记忆和塑造共同价值观来整合公民，追求族群间的多元平等。这份报告提出了共同体凝聚的概念。英国政府随后采纳了这些主张，在移民政策上开始推行共同体凝聚政策。

其实早在21世纪到来之前，1997年英国内政大臣杰克·斯特劳（Jack Straw）就提议兰尼米德基金会（Runnymede Trust）成立对移民情况展开调查的调研组，并形成了正式报告《帕雷克报告》（Parekh Report）。报告指出，差异性是问题的关键，但是现实的情况并非仅仅非此即彼的，更多的时候这种差异性存在于多种不同之间。公民可以在具有某种身份认同后，又因环境的变化而拥有另外的身份认同，因此应将英国塑造成一个由不同的小共同体组成的大共同体（a community of communities），来将存在多元文化自由发展的英国整合成具有向着共同方向前进的社会。[1] 报告不赞同同化政策，认为这并不能从根本上解决问题，反而会激化种族矛盾和冲突。在追求平等、尊

---

[1] 参见韦平：《多元文化主义之后：英国的共同体凝聚政策》，载《世界民族》2019年第2期。

重差异的同时寻求集体的价值实现才是正确的道路。报告也对多元文化主义进行了否定，多元文化主义社会存在的基础——种族平等难以实现，种族偏见主义和文化差异歧视仍然存在。报告认为，在一个复杂多变的社会中，同化根本不可能实现。因此在政治话语中要足够重视种族平等、包容差异性，这才能塑造具有多元文化英国向共同目标前进的想象共同体。

三、重塑国家认同——重提"英国性"

近年来，一系列书籍、报纸文章和电视连续剧都出现类似"英国已死"的表述。《英国死亡之日》（The Day Britain Died）是英国广播公司（BBC）的一部电视剧的名字，该剧之后改编成书，由BBC首席政治记者、《独立报》前编辑安德鲁·马尔（Andrew Marr）负责出版。另一位记者，广播员加文·埃斯勒（Gavin Esler），在2000年以更开放的标题"英国人"命名BBC的一档广播节目。英国资深评论员汤姆·奈恩（Tom Nairn）早在1977年，就出版了一本意在预示英国国家认同危机的书籍《英国的分裂》（The Break-Up of Britain），一部分原因是苏格兰民族主义的复兴，另外一部分是英国国家和经济正在出现的深刻危机，奈恩说，英国社会摇摇欲坠，过时的结构无法让英国更长久地团结在一起，联合王国已处于崩溃的边缘。他在伦敦政治经济学院演讲时的告别词就是："永别了，不列颠尼亚"。[1]

2006年，《星期日电讯报》委托英国的权威民调机构ICM对英国的国民认同问题进行调查。该公司对1003名苏格兰人和869名英格兰人进行了电话采访。结果显示：52%的苏格兰人支持苏格兰完全独立；59%的英格兰人希望与苏格兰分离；60%的英格兰选民抱怨苏格兰人均占有的公共开支过高；48%的英格兰人不仅希望与苏格兰分开，还希望与威尔士和北爱尔兰分离。由此可见，英国国内几个主体民族对于彼此之间的区分是很清楚的。历史上，英格兰和苏格兰合并时，为了寻求一种共同的身份认同，开始使用"不列颠"这个新称呼，这在一定程度上解决了当时的身份认同问题。但是出于务实的目的而建立起来的联合，随着英帝国的衰落而日渐失去了优势，随着现代化和全球化的进一步深入，英国的光辉和荣耀一去不复返，再加上英格兰始终

---

[1] See Krishan Kumar, *The Making of English National Identity*, Cambridge University Press, 2003, p. 240.

处于英国的核心地位，这也在一定程度上催生了其他民族的反叛情绪。ICM的调查还显示：26%的苏格兰被访者更愿意称自己是苏格兰人，而不是"不列颠人"。[1]

与此相似，另一个官方的权威机构 IPPR 也公布了题为《我们是谁？2007 不列颠人的认同》的报告，由于英国是由复杂的多民族构成，因此报告将国家和民族做了区分：一层是作为"国族"的"不列颠"，另一层是作为构成民族的英格兰、威尔士和苏格兰，北爱尔兰因情况比较复杂，暂时没有纳入。报告指出，自1920年以来，构成民族的"不列颠认同"都在下降，而民族认同则呈现上升趋势。报告得出结论，国家认同的持续下降成为威胁国家安全和稳定的新挑战。研究的结论是：从威尔士、英格兰到苏格兰，对"不列颠"认同的减弱已成为威胁国家稳定的新挑战。[2]2007 年，英国《卫报》的一项民意调查表明只有44%的英国人认为"不列颠身份"最能反映自己的国民身份，这个比例在十年前是52%。[3]如今越来越多的英国国民不希望、不愿意或无所谓成为"不列颠人"，而更愿意做威尔士人、英格兰人或苏格兰人。

（一）共同体凝聚的提出

战后英国在处理社会整合和少数族裔关系方面奉行了多元文化主义政策，在很长一段时期内取得了良好的社会效果，维护了社会的稳定和谐。英国的多元文化政策充分承认和尊重不同民族的文化，保护公民的政治权利，妥善地处理了多民族关系，在一定程度上增进了凝聚力，增强了少数族群的归属感和认同感。然而，2001 年美国的"9·11"事件、2005 年伦敦的地铁爆炸案以及近年来英国发生的多起骚乱事件，动摇了英国一直以来奉行的多元文化主义的民众基础。进入 21 世纪后，多元文化主义在维护社会稳定方面愈加力有不逮，招致了越来越多的批评和质疑。尤其是伦敦地铁爆炸案的罪犯几乎都是土生土长的英国公民，当时的工党政府首相布莱尔在针对该事件发表的讲话中提出：迁居英国伦敦不只是一种权利，而选择英国的生活方式定居

---

[1] 参见徐新建：《英国不是"不列颠"——兼论多民族国家身份认同的比较研究》，载《世界民族》2012 年第 1 期。

[2] 参见徐新建：《英国不是"不列颠"——兼论多民族国家身份认同的比较研究》，载《世界民族》2012 年第 1 期。

[3] 参见陶翀、饶从满：《英国人国家认同建构中的公民教育：作用考察与背景分析》，载《外国教育研究》2018 年第 11 期。

于此，就负有责任去分享和支持这种生活方式背后的价值观念。[1]

工党政府提出了共同体凝聚政策并在其执政时期大力推进。2003年内政部设立了共同体凝聚专家组，制定推行该政策的指导方针。2006年，政府设立社区和地方政府管理部（Department for Communities and Local Government），之后又建立了整合和凝聚委员会，该委员会在2007年发布了其报告《我们共同的未来》（Ours Shared Future），提出了四个关键原则："1. 共同的未来；2. 一种新的权利和责任模式；3. 重新强调相互尊重和礼貌；4. 明显可见的社会正义。"该报告还建议在国家和地方层面强化公民的权利和责任。2007版的《公民手册》中也写道："尽管英国是世界上最多元化的社会之一，但大多数人认为应该有一套每个人都赞同的共同的价值观。"[2]包括戈登布朗在内的很多政府大臣都将这种"英国价值观"与"英国性"（Britishness）相联系。工党的这种态度得到继任者联合政府的支持，并加以推进。

在语言教育方面，卡梅伦政府主张所有的移民都应该学习英语，语言作为文化的重要载体，在相当程度上承载着传播文明和价值观的作用，英国政府希望通过采取措施帮助移民尽快习得英语，一方面提高他们的学习成绩，另外也可以帮助他们减少对于文化差异的抵触，尽快适应和融入主流文化，发挥语言教育所具有的潜移默化的作用，教学中以直接的英语教学为主。[3]

在宗教文化与教育的关系方面，以前在一些少数民族集中的学校，会专门开设针对他们特性的宗教和语言课程，但是在当前英国的社会背景下，这种方式受到了越来越多的批评，他们认为政府不应该再支持这些学校的做法，而政府也在这个过程中逐渐改变了态度，转而强调对于学生专业学习的指导。当然，出于对多元文化的包容和尊重，政府要综合考虑如何在其中寻求平衡和协调，既要保障少数民族的基本权益，又要朝着共同凝聚的方向发展。

（二）留在欧洲

历史上，英国与欧洲大陆的关系错综复杂，英国始终有一种奇怪的观念，

---

[1] 参见王璐、王向旭：《从多元文化主义到国家认同和共同价值观——英国少数民族教育政策的转向》，载《比较教育研究》2014年第9期。

[2] 韦平：《多元文化主义之后：英国的共同体凝聚政策》，载《世界民族》2019年第2期。

[3] 参见王璐、王向旭：《从多元文化主义到国家认同和共同价值观——英国少数民族教育政策的转向》，载《比较教育研究》2014年第9期。

那就是把英吉利海峡对岸看作欧洲，而自己则不属于欧洲的范畴。英国与欧洲大陆的分离不仅是地理上的分离，也是地缘政治意义上的分离。自英法百年战争结束以后，英国就回归了本土，开始走自主发展的道路，逐渐形成了对后世影响深远的岛国性特点。英国著名历史学家屈威廉（G. M. Trevelyan）在他的《英国社会史》中指出英国自那以后就成为"一个独特的岛国，立身于（欧洲）大陆之外，不再是欧洲世界的离岸或延伸之所在"[1]。英国率先建立了当时最为先进的政治制度，而且具有一套完备的议会制度、内阁制度和政党制度等，因此即使与欧洲大陆分离，"英国例外论"依然大有市场。英国公众中普遍对欧洲不够信任，反而对其他的英语国家更为亲近。然而，随着战后国际格局的深刻变化，全球化和一体化越来越成为不容忽视的巨大力量，英国对于与欧洲乃至世界的态度逐渐发生了变化。

1991年12月，英国签署了《马斯特里赫特条约》(The Treaty of Maastricht)，因此至少在原则上承诺加入欧盟。此举在几个方面引起了恐慌，不仅在保守党支持者中，而且在工党左翼的部分人群中也是如此。这似乎预示着英国议会精神主权的丧失和英国独立的终结。在次年的保守党会议上，当时的首相约翰·梅杰试图安抚保守党的不满，他说，"我永远不会让我们独特的英国身份在联邦欧洲消失……如果有人想把英国国旗拉下来，高举欧洲美国的星条旗，我会对他们说：你误判了英国人的脾气！……英国一千年的历史应该告诉他们：你不能欺负英国。"英国的历史还不到300年，一些学者对首相这种无知的表现感到恼火，还有一些人怀疑首相脑子里想的可能是英国以外的其他实体。但更糟糕的事情还在后面。几个月后，在圣乔治节前夕的一次演讲中，梅杰又回到了国家认同的主题。他宣称英国将"以其不可改变的本质"长期存在下去。五十年后，英国仍将是这样一个国家：乡村土地上的长长的阴影、热啤酒、不可征服的绿色郊区、爱狗人士以及——正如乔治·奥威尔所说——"在晨雾中骑自行车去领圣餐的老姑娘"。[2] 这场演讲受到了当时许多人的抨击。评论家们，抓住了他演讲中的一些核心要点专门进行了批评。首先，它所纪念的圣人是英格兰的守护神；其次，苏格兰、北爱尔兰和威尔

---

〔1〕 潘兴明：《英国国家身份认同：理论、实践与历史考察》，载《英国研究》2009年第0期。

〔2〕 See Krishan Kumar, *The Making of English National Identity*, Cambridge University Press, 2003, pp. 226-227.

士的大部分地区对乡村板球一无所知，热啤酒和爱狗人士也很难让人联想起这些地方的文化。梅杰的所谓"不可改变的本质"不仅明显带有英格兰的印记，而且涉及更深程度的社会和文化排斥，而且忽略了许多中产阶级之外的人的生活，他们显然是在赞美中产阶级。梅杰提到了郊区，但没有提到市中心，有板球场，但没有足球场，有爱狗人士，而不是失业者。这个被唤起的国家没有高速公路、矿井和清真寺等。这一时期的政治家们所主张的观点不再适用于当时骤然变化的国内国际新局势，因此受到了民众越来越多的抨击和反对。

1997年英国工党以419票的绝对优势在大选中取胜，结束了保守党连续18年的执政。首相布莱尔上台以后，进行了一系列大刀阔斧的改革。工党对政府的作用和英国在世界上的地位的看法已经改变，主张在欧洲发挥建设性的领导作用，同时"热情支持建立跨大西洋的牢固关系"。他在《新英国：我对一个年轻国家的展望》一书中指出，"英国的两个主要的伙伴关系是与欧盟的关系和跨大西洋的关系。我们需要利用这些关系，最大限度地扩大我们的影响，使我们能促进和保护我们在国际上的利益，单靠我们自己无法实现这一目标……在欧洲发挥全面的作用才能最佳地保护英国的利益……这就是英国留在欧洲是爱国的理由。"[1]

这一时期，虽然仍然存在视欧洲为威胁的观点，但支持加入欧盟的人增多了，对他们来说，来自不同种族和文化的人来到英国，开启了身份转变的前景，这应该受到欢迎。虽然其中一些景象可能令人眼花缭乱，社会中如此多不同文化的存在可能意味着更加多样化的、不断变化的身份。然而拒绝这种文化资源提供的个人自由表达的机会将是最糟糕的"本质主义"。

(三) 地区认同和国家认同的博弈

20世纪90年代的保守党在执政期间奉行的是撒切尔主义，鼓励竞争，涉及个人、工会、地方政府和私人部门等领域，其目的是通过竞争使人们不再依赖福利制度，因为福利政策的实施带来了社会很多负面的社会影响，公民失去主动性和积极性，经济衰退，进而导致"英国病"的出现。撒切尔夫人的强硬政策导致了民众的强烈不满，基于这种背景，工党提出了"权力下放"

---

[1] [英] 托尼·布莱尔：《新英国：我对一个年轻国家的展望》，曹振寰等译，世界知识出版社1998年版，第305页。

的承诺，迎合了大众的期待，布莱尔上台以后，提出"第三条道路"，强调团结和协作，重建地方民主。1998年，英国正式实行权力下放，建立了苏格兰和威尔士议会和行政机构，苏格兰议会享有有限的立法权，威尔士享有地方政府次要立法权，也就是威尔士的立法必须和中央政府商议，同时给予北爱尔兰一些地方事务权力。布莱尔说，权力下放"不只对苏格兰和威尔士有利。它将有利于整个英国，因为它使权力更接近人民，是更广泛的权力下放进程的组成部分。这一进程将使中央政府集中精力，满足整个国家的战略需求。"[1]

权力下放是推进英国政治民主化的过程，对于防止中央集权有一定的积极作用，能够有效地调节中央和地方的关系，对于应对国内民族主义运动的复兴，保障国内社会稳定具有一定的作用。但与此同时，英国的公民和国家认同也经历了剧烈的变化。权力下放进一步稀释英国单一的文化概念，在权力下放地区的民族主义政党已经确定并推广了与英国不同的民族价值观。这些政党在苏格兰和威尔士掌权，加剧了人们对英国公民权未来的担忧。著名政治学家弗农·博格丹诺（Vernon Bogdanor）将这些权力下放行为统称为"自1832年《大改革法案》（Great Reform Act）以来，这个国家最激进的宪法变革……"他们似乎在暗示，联合王国正在成为一个国家的联盟，每个居于其内部的国家都有自己的身份和制度。[2]

权力下放、民族主义在苏格兰和威尔士的复兴，以及解决北爱尔兰问题的迫切需要，都是威胁联合王国传统统一和完整的一系列力量。它们对威斯敏斯特议会神圣的至高无上地位提出了质疑，也对过去三个世纪统治英国的整个宪法安排提出了质疑。新的宪法模式为英伦三岛内部提供了一套新的身份认同，以及组成曾经的联合王国的不同民族之间的一种新的关系。

那么面对骤然变化的国内国外局势，英国人的处境究竟如何？威尔士人对分裂英国没什么兴趣。分离主义几乎从未出现在威尔士民族主义的议程上。早期将《圣经》翻译成威尔士语使威尔士人得以保留他们的语言，并在此基础上发展出一种文学，这在不列颠群岛的凯尔特语族群中是独一无二的。威

---

[1] Krishan Kumar, *The Making of English National Identity*, Cambridge University Press, 2003, pp. 312-313.

[2] See Krishan Kumar, *The Making of English National Identity*, Cambridge University Press, 2003, p. 240.

尔士民族主义的主要关注点是保护和扩展威尔士的文化遗产。因此，他们努力在学校中保留威尔士语教学，拥有自己的大学来研究威尔士的过去和威尔士文化，并确保他们在广播和电视等新的文化和传播媒体中有自己的声音。桑德斯·刘易斯在威尔士民族主义党成立时很好地阐述了威尔士民族主义的目标和潜在动机："不是独立，甚至不是无条件的自由，而是要建立和维护威尔士文明所需要的自由。"[1]

自宗教改革以来，威尔士人一直是忠诚的不列颠人。在社会和政治上，他们比任何其他非英格兰人都更能融入英国。他们在18世纪是忠诚的托利党人，在19世纪和20世纪成为自由主义和劳工主义的堡垒。这些联系都是与英国国家政党有关，而不是与威尔士地方民族主义政党有关。物质纽带巩固了这种亲切的关系。威尔士的农业和工业已经完全与英国经济和英国市场联系在一起。与英国其他地区一样，去工业化对他们的打击也很大，这进一步增强了他们的共同命运感。威尔士人知道，尽管全球化和外国投资可能会给他们带来一些新的就业机会和产业，但他们不太可能通过脱离英国而在经济上取得成功。威尔士既缺乏脱离独立的杠杆，也缺乏物质动力。

北爱尔兰给英国人带来了另一种挑战，但就国家认同而言，这种挑战可能较小。北爱尔兰的天主教少数民族当然有种族差异，但他们已经不再扮演历史上英国民族身份的"他者"角色了。新教徒也一样，他们是英格兰人和苏格兰人的后裔，特别是在1921年爱尔兰其他地区脱离后，他们越来越强烈地坚持他们的英国身份。阿尔斯特的新教徒反对在1920年《爱尔兰政府法案》中提出的为阿尔斯特单独设立议会的想法。正如统一党领袖爱德华·卡森爵士在1919年告诉下议院的那样，"阿尔斯特从未要求独立的议会。阿尔斯特的主张一直都很简单，我们在联合王国的统治下繁荣昌盛，我们是你们的一部分。"统一派担心，如果接受一个独立的议会，就会与英国大陆割裂，并剥夺他们与威斯敏斯特议会中代表的其他英国公民的平等权利。他们的新教信仰和对英国王室的忠诚是他们本质上的英国特性的标志。在1990年的英国社会态度调查中，66%的阿尔斯特新教徒称自己是"英国人"，只有27%的

---

[1] Krishan Kumar, *The Making of English National Identity*, Cambridge University Press, 2003, p. 243.

人称自己是"阿尔斯特人"或"北爱尔兰人"。[1]

苏格兰人的情况又有所不同。苏格兰人确实给英格兰人带来了最大的挑战。1707年，英格兰与苏格兰联合成立。苏格兰人平等地参与了国家的发展，并参与了英国身份的演变。他们也是建立帝国的伙伴。他们的经济和英国人一样，反映了英国和帝国的双重背景。如果苏格兰人脱离联合王国，这对英格兰的影响将比目前任何其他事态发展都要严重。这就是为什么现在很多关于"英国分裂"的评论都把注意力集中在苏格兰人身上。需要指出，近年来苏格兰民族意识的确稳步增长。这体现在苏格兰民族党（SNP）支持率的上升上，从1966年大选的5%上升到2001年大选的20%，远远领先于保守党（15.6%）和自由民主党（16.4%）（《独立报》2001年6月9日）。苏格兰民族党现在在苏格兰的地位明显仅次于工党，这对于一个直到20世纪60年代还被认为是怪人和极端分子避难所的政党来说，是一个了不起的崛起。[2] 与此同时，自20世纪80年代末以来，苏格兰人对苏格兰身份的偏好明显超过了英国身份。

尽管强大的英国身份崛起，但苏格兰人的身份并没有因为1707年与英格兰的联合而被埋葬。通过保留独立的宗教、法律和教育机构，联邦得以延续。20世纪70年代北海石油的发现和开采给苏格兰民族主义带来了天赐的良机，民族主义者声称北海石油是苏格兰的石油。苏格兰民族主义者认为，英国政府将主要利用石油利润来弥补国际收支赤字，而不是对苏格兰工业进行必要的投资。还有欧盟，它向苏格兰提供了独立的机会。长期以来，苏格兰人一直抱怨自己处于英国的边缘，远离伦敦的权力和影响力中心，而英国加入欧盟可能会增加这种距离感。大卫·麦克龙（David McCrone）很好地总结了苏格兰目前的状况，即在接受重组后的联合王国的自治和决心在联合王国之外寻求彻底独立之间保持着不稳定的平衡。苏格兰正在重新考虑其在联合王国的地位，甚至在考虑它所代表的"权宜婚姻"是否应该继续存在。苏格兰人在帝国框架内获得了相当大的经济和政治影响力，但这些早已不复存在。工会主义、帝国主义和新教的意识形态支持系统不再像过去那样发挥作用。苏

---

[1] See Krishan Kumar, *The Making of English National Identity*, Cambridge University Press, 2003, pp. 245-247.

[2] See Krishan Kumar, *The Making of English National Identity*, Cambridge University Press, 2003, p. 248.

格兰的经济已经转型，重新面向欧洲和后帝国主义世界。包括欧盟、英国和苏格兰在内的新的可变版图变得越来越重要。[1]这反映在一个事实上，即苏格兰人在欧洲看到了一个新的联盟，以扩大甚至取代旧的英国联盟。

英国国内的这些变化是英国国内深刻的身份危机的根源，他们颠覆了英国人几个世纪以来建立起的自我意识。正是通过建立和维持大不列颠的"内部帝国"，英国人确保了他们在不列颠群岛统治地位。正是在海外帝国的扩张中，他们看到了自己，就像古代的罗马人一样，在世界上重新实现了文明的使命。对英国而言，大不列颠是比建立一个传统的民族国家更高尚、更艰巨的事业。面对这种国家认同困境，20世纪90年代和新千年初，很多学者都致力于国家身份认同问题方面的研究。如琳达·科利的《英国人：国家的形成，1707—1837年》（Britons，1992）、阿德里安·黑斯廷斯（Adrian Hastings）的《国家的建设》（The Construction of Nationhood，1997），拉斐尔·塞缪尔（Raphael Samuel）的多卷本《记忆的剧院》（Theatres of Memory，1994）。在报纸和杂志上有大量关于英格兰性和英国性的文章。《经济学人》推出了一期特刊，题为《瓦解英国？》（Undoing Britain，1999）。黑人和亚裔英国人对重新定义国家身份做出的贡献也得到了相当多的关注，特别是在雅思敏·阿里布海·布朗（Yasmin Alibhai Brown）的《我们认为我们是谁？》（Who Do We Think We are，2000）和兰尼米德信托基金关于多民族英国未来的报告。

（四）"新英国"——寻求共同价值认同

正是在这种背景下，"新英国"的策略被提出。这是托尼·布莱尔领导下的新工党所追求的战略，也是左翼和自由主义阵营中许多艺术家和知识分子所追求的战略。他们一致认为，英国不能继续走老路。苏格兰人、威尔士人和北爱尔兰人的民族愿望必须得到尊重和接受，因此必须权力下放。"新英国人"——非洲裔加勒比人和亚裔的诉求也必须如此。英格兰人也没有被遗忘，他们也必须被允许表达自己的身份。因此，英格兰首都伦敦恢复了市长制度，英格兰地区议会甚至还在讨论按照苏格兰议会的模式建立一个单独的英格兰议会。托尼·布莱尔宣称他们是"真正的爱国政党"，并将该党自身的现代化与"新英国"相提并论。他指出，英国是"一个国家，一个社区"，建立在

---

[1] See Krishan Kumar, *The Making of English National Identity*, Cambridge University Press, 2003, p. 249.

共同的英国价值观上，如民主，宽容和国际主义。根据布莱尔的说法，这种共同遗产的独特性"让我们有权称自己为英国人"。最重要的是，新英国必须是现代化的。它必须摆脱过去的拘谨和自负，摆脱狭隘和排外。它必须向外看，接受来自国内、国外、欧洲乃至整个世界的新影响。新工党财政大臣戈登·布朗是新英国最有影响力的倡导者之一，他说："新工党反映了英国经久不衰的传统，以及使我们的制度现代化的需要，20世纪80年代，玛格丽特·撒切尔将一种非常狭隘的'英国性'观念发扬光大，当时的英国建立在自私自利的个人主义、对外国人的不信任和一成不变的宪法之上。我认为这是基于对我们过去的误读。我们的历史表明英国是一个开放的国家。英国历史的定义是不信任外国人，这是不对的。过去的历史表明，英国一直是一个国际主义者和积极参与的国家。"[1]

新工党通过宣扬"酷不列颠"，推广其对新英国的愿景。英国要时髦、酷、以青年为导向、创新和创业。它把英国描绘成在日益开放的全球经济中，一个外向型、多元化、创造性的中心，激发人们对英国核心价值观的热情。作为一个相互联系的世界中的民主和自由社会，找到一种更好的方式，将对过去的自豪与对未来的信心联系起来。英国绝不是一成不变或封闭的，它是一个适应变化的国家，一个特别有创造力的国家。

工党的这种态度得到继任者联合政府的支持，并加以推进共同价值观来增强国家凝聚力。布莱尔的继任者工党前首相布朗多次强调"英国性"的概念，布朗所谓的"英国性"是一种核心、基础的价值观念，具有彰显英国个性、团结国内各民族、增进国家认同的作用。布朗认为一方面国家和社会要尊重不同群体保持差异的权利，另一方面英国公民又负有在表达差异时连接彼此的义务。"既有保持差异的权利，又有进行融合的义务，这才是英国人的真正含义。"[2] 布朗还倡议设立爱国庆祝日"英国日"。基于以上背景，英国政府开始收紧移民政策，并宣传要自己争取英国公民身份，而已经取得公民身份的移民，应该履行自己的融合义务，将英语作为主要的交流语言，认可、

---

[1] Krishan Kumar, *The Making of English National Identity*, Cambridge University Press, 2003, pp. 253-254.

[2] 徐小田：《国家认同视角下英国中小学公民教育研究》，山东师范大学2021年硕士学位论文。

适应和支持英国的共同价值观。[1]

英国已然认识到多元文化主义在英国的失败并寻求替代之法。2011年2月，在出席慕尼黑国际安全会议期间，英国首相卡梅伦公开发表讲话承认多元文化主义政策是滋生了极端主义甚至恐怖主义的重要诱因。卡梅伦认为配套的教育政策在该过程中具有一定的负面影响，英国教育不能提供给少数民族愿意归属的社会前景，英国社会甚至任由行为与主流价值观不相容的群体长期处于封闭状态，各种原因共同导致一些有不满倾向的少数族裔青年缺乏归属感。这一群体中的部分少数族裔青年最终选择在极端主义意识形态中寻找归属和信仰。正是多元文化政策导致了英国社会的民族分离，少数族裔处于自我隔离的状态，这导致了基于共同意识的国家认同的弱化。因此，英国必须采取更加有效的政策，促进社会形成更有凝聚力的国家认同。卡梅伦表示"英国必须放弃失败的多元文化主义""坚决捍卫自由的西方价值观"，加强推广"国家认同"，阻止人们转向极端主义。[2] 为此英国政府应当注重对"英国共享价值"（British shared values）的培养，将言论自由、信仰自由、民主、法治以及平等权利等英国主流社会共享的价值观作为公民教育的重要内容。

2013年，震惊国内外的"特洛伊木马"事件成为英国推行"基本英国价值观"政策的出发点。当时英国伯明翰市议会收到匿名信，信中说某宗教极端组织控制了一批学校，让学校按照极端的伊斯兰教义上课。2014年，大批国内外媒体先后对这一事件进行专门报道，舆论一片哗然。首相卡梅伦带领多名政府官员开展了专项调查，虽然事后证明结果不实，但却引发了政府对极端主义的高度警惕。

为了应对极端恐怖主义，卡梅伦宣布了一项在学校积极推广"基本英国价值观"（Fundamental British Values）的新政策，他指出，英国需要某种形式的价值共识来团结彼此，建立一个共同的家园。如果这些价值观被证明能够做到这一点，它们可能在实现社会凝聚力方面发挥关键作用。

2014年，英国教育部出台《在学校推广英国基本价值观作为SMSC教育

---

[1] 参见王璐、王向旭：《从多元文化主义到国家认同和共同价值观——英国少数民族教育政策的转向》，载《比较教育研究》2014年第9期。

[2] 参见王璐、王向旭：《从多元文化主义到国家认同和共同价值观——英国少数民族教育政策的转向》，载《比较教育研究》2014年第9期。

的一部分——政府给公立学校的建议》(Promoting Fundamental British Values as Part of SMSC in Schools)。该建议提出借助 SMSC 教育（即精神、道德、社会和文化的发展教育计划）增进学生对英国性的理解，将核心价值观与学生在社会、道德、精神和文化方面的发展结合起来。

国家认同是国家生存发展的基础，寻求统一的国家认同是每个现代国家的基本诉求。在全球化和一体化渐趋完善的现代社会，如何处理好文化多元与国家统一之间的平衡是摆在每个国家面前的重要课题。英国长期以来奉行的多元文化政策在 21 世纪遭遇了前所未有的冲击和挑战，由此看来文化多样性与国家统一性之间偏向任何一方都会致使冲突不断。英国政府已经意识到基于文化多样性的共同价值观的重要性，并采取了一系列措施推广和强化这种共识，虽然对政策的实施褒贬不一，但一种新的价值追求已经得到传播。

第二节　公民教育的突破发展

一、《科瑞克报告》

1997 年，英国工党上台，面对英国的年轻人政治意识淡薄，政治参与积极性不高的社会现实，工党提出了以强调"公共道德"为主的积极公民观，重视公共利益和公民责任，强调在参与中学习，主张个人要重视对国家的责任。工党看重公民教育在这当中发挥的作用。1997 年，英国教育和就业部发表了《卓越学校》(Excellence in School)白皮书，提出应"加强学校中的公民教育与民主教学"，还宣布将成立公民教育委员会，主要就是为学校开展公民教育提供咨询和建议。国家教育和就业部委任伯纳德·科瑞克作咨询小组的主席。伯纳德是热衷公民教育事业的积极倡导者，早年曾创建政治协会，因其在公民教育上的贡献为人所熟知。

1998 年，英国资格与课程局（Qualifications and Curriculum Authority, QCA）发布了最终报告《学校中的公民教育与民主教学》(Education for Citizenship and the Teaching of Democracy in Schools)，也就是著名的《科瑞克报告》。《科瑞克报告》中提出的有关公民教育的建议得到了国家教育和就业部部长大卫·

布兰科特（David Blunkett）的认可，并成为日后在国家层面正式实施公民教育的重要纲领性文件。《科瑞克报告》的发表，在英国公民教育史上具有里程碑的意义。报告明确提出要以培育积极公民为目标，建立一个完整而有序的公民教育体系，英国的公民教育将以该报告为指引，实施一系列的教育改革措施。

《科瑞克报告》共分为三个部分，第一部分是导言，对何为公民身份进行了分析，并给出了相应的定义，同时提出了公民教育的需要和目标；第二部分是建议，基于之前的调查报告，并在借鉴了以往非官方的公民教育理论和实践经验，以及吸收多方意见和建议的基础上，提出了可行的实施建议；第三部分是详解，设定并详细阐述了公民教育四个关键阶段的学习成果及指导原则、学习过程、教师评估等，并对有争议问题的教学进行了指导，还阐述了公民教育与其他学科之间的关系等。

（一）《科瑞克报告》中公民教育的必要性和目标

公民教育意味着培育民主社会的公民，在《科瑞克报告》的前言中，贝蒂·布斯罗伊德（Betty Boothroyd）一开始就提出公民教育在学校教育中的重要性，她认为，公民教育的缺失将为我们未来民主化进程的推进带来不利的后果。因此，报告强烈建议对学校做出强制性规定，确保公民教育和民主教学成为每个学生应有的权利。这不再是在数量、内容和方法上随意变化的地方性倡议，而是用民主价值推动统一公民身份的基础，旨在为国家和地方带来一场政治文化革新。[1] 人们视自己为国家的"积极公民"，有意愿并且有能力在公共生活中施加影响，在发表意见和付诸行动之前具有对事物的批判鉴别能力；使年轻人更广泛地融入现有社区参与和公共服务传统，使他们在新型的参与和实践中变得更加自信。目前英国青年对公共生活表现冷漠，愤世嫉俗，倘若不能妥善处理，那么宪法改革和福利制度所带来的益处也很难真正发挥作用。报告引用大法官的一段话说："我们不能、不应该，也不敢对英国民主的健康和未来沾沾自喜，除非我们能够成为国家的积极参与的公民，否则我们的民主就是不安全的。"[2]

---

[1] See Bernard Crick, "Education for citizenship and the teaching of democracy in schools", *Final report of the Advisory Group on Citizenship*, Qualifications & Curriculum Authority, 1998, pp. 2-80.

[2] See Bernard Crick, "Education for citizenship and the teaching of democracy in schools", *Final report of the Advisory Group on Citizenship*, Qualifications & Curriculum Authority, 1998, pp. 2-80.

在公民教育目标方面,《科瑞克报告》提到了英国青年委员会（The British Youth Council, BYC）的建议。英国青年委员会代表了近 100 个青年组织,年龄在 18-25 岁之间的实名注册会员达到 300 万。英国青年委员会认为,公民教育课程应该关注民主、社区、社会和公民身份方面的主题。首先,公民教育课程关注什么是代议制民主,它是如何演变的、内涵及优缺点,关注世界其他地区的政治制度和民主制度,还应在全球范围内强调公民身份的重要性。其次,公民教育课程应该关注归属于社会的责任——公民的权利和责任。它应该研究儿童和青少年的权利和作为公民的责任以及这些责任如何随着年龄的增长而变化。它还应该研究法律和司法系统以及与权利和责任的关系问题。再次,公民教育课程应加强学生对社会多样性的认知,深化他们对于角色的熟悉并教他们如何融入。应该使他们了解他们的社区、社区的历史以及社区在国家生活中发挥的作用等。它还应该使他们了解社区和社会的多样性,了解机会均等问题、民族认同和文化差异。此外,课程应展示普通公民如何成为地方、国家和国际层面变革和改进的催化剂。课程应考虑导致被社会排斥的因素,如欺凌、肤色和其他形式的"差异"。它应该让学生意识到这种排斥可能对个人和社会造成的困难,以及一些人"选择退出"道德社会结构的原因。课程应该使儿童和青少年能够探索和理解热点问题、道德问题等。课程还应涵盖使年轻人能够有效参与公共生活并为成为正式公民做好准备的实用技能。它应该着力培养学生沟通和团队协作的能力。它应该帮助他们学会有说服力和有效地争论,成功谈判并与他人合作。它还应该使他们能够独立思考、解决问题并有效地决策。这些实用技能应该得到实践它们的机制的支持。他们坚信学校应建立学校理事会,来锻炼儿童和青少年参与民主决策的能力。他们使儿童和青少年有效地参与学校、辩论和解决他们和他们的学校关心的问题。[1]

《科瑞克报告》基本采纳了青年委员会的建议,并提出了公民教育的具体目标,应从核心概念、知识和理解、技能和才智以及价值观四个核心要素出发,教授学生了解自己在社会和国家甚至国际层面的角色以及与之相关的权利和义务。每个核心要素的具体内容如下:

---

［1］ See Bernard Crick, "Education for citizenship and the teaching of democracy in schools", *Final report of the Advisory Group on Citizenship*, Qualifications & Curriculum Authority, 1998, pp.2-80.

《科瑞克报告》公民教育目标[1]

核心概念	知识和理解	技能	价值观
■ 民主与专制 ■ 合作与冲突 ■ 平等和多样性 ■ 公平、正义、法治、规则、法律和人权 ■ 自由与秩序 ■ 个人和社区 ■ 权力和权威 ■ 权利和责任	■ 当地、国家、欧洲及英联邦国家以及国际上的热门和当代问题和事件 ■ 民主共同体的性质，包括如何发挥作用和变迁 ■ 个人与地方以及志愿团体的相互依存关系 ■ 多样性、异议和社会冲突的性质 ■ 个人和共同体的法律和道德权利和责任 ■ 个人和共同体面临的社会、道德和政治挑战 ■ 地方、国家、欧洲、英联邦和国际层面不列颠的议会政治和法律制度的运作方式和变迁 ■ 共同体内政治和自愿行动的性质 ■ 消费者、雇员、雇主和家庭以及共同体成员的公民的权利和责任 ■ 与个人和共同体相关的经济体系 ■ 人权问题 ■ 可持续发展和环境问题	■ 能够在口头和书面上提出合理的论点 ■ 与他人有效合作的能力 ■ 思考和理解他人经验、观点的能力 ■ 容忍其他观点的能力 ■ 制定解决问题方法的能力 ■ 批判性地使用现代媒体和技术收集信息的能力 ■ 批判性地对待已有观点和寻找新观点的能力 ■ 认可巧妙和有说服力的观点的能力 ■ 认可、响应和影响社会、道德和政治挑战和状况的能力	■ 关心公共善 ■ 关心人的尊严和平等的信念 ■ 关心解决冲突 ■ 以体谅之心与他人合作并为他人工作的倾向 ■ 行为负责的倾向：即关心他人和自己；预想和计算行为可能对他人带来的影响；并接受对不可预见或不幸后果的责任 ■ 宽容 ■ 以道德准则判断和行事 ■ 勇于捍卫观点 ■ 在讨论之后或事实面前乐于改变自己的观点和态度 ■ 个人的主动性和努力 ■ 文明礼貌，尊重法治 ■ 公正行事的决心 ■ 对机会均等和性别平等的承诺 ■ 对积极公民的承诺 ■ 志愿服务承诺 ■ 关注人权 ■ 关注环境

---

[1] See Bernard Crick, "Education for citizenship and the teaching of democracy in schools", *Final report of the Advisory Group on Citizenship*, Qualifications & Curriculum Authority, 1998, pp. 2-80.

(二)《科瑞克报告》中的公民教育内容

何谓公民身份?《科瑞克报告》中对于公民身份的定义很好地吸收了马歇尔的公民身份理论。马歇尔认为,公民身份包含三个主要要素:公共的、政治的和社会的公民身份,这三个要素是相辅相成的。报告基本赞同马歇尔的三要素理论。但是报告更强调权利和义务的交互作用,公民的志愿互助团体和组织所发挥的作用,这些都被视作成为"积极公民"的公民责任。报告指出,对于"积极公民"的定义必须宽泛,结合马歇尔的公民身份三要素理论,不能仅用其中任何一个要素来单独定义"积极公民",必须是三者的良好互动。英国公民基金会在《卓越学校》白皮书中的话很好地陈述了这一观点:我们认为,公民身份有一个清晰的概念核心,涉及年轻人涉足公共生活的法律、道德和政治场所。它将学生引入社会及其构成部分,并展示学生如何作为个体融入整体。

基于这样的公民身份概念,报告认为,有效的公民教育应该包含三方面内容:社会及道德责任、社区活动参与和政治素养。这三者相互依存又彼此独立,在课程中的位置和实施方式需要分别考虑。

第一是社会和道德责任。社会和道德的责任要求学生不仅关注个体自身,而且还要学会尊重他人的权利。因此学校需要对儿童的道德和个人发展进行指导,让他们建立自信心,无论在课内还是课外,都要形成社会和道德的负责任的意识和行为。这种学校不应仅限于校内,也可以扩展到校外,让儿童学习团队写作,共同参与社区事务。通过学习,让学生逐步建立起对于正义的理解以及对于法律、规范、决策、权威及社会责任等方面的认知。借助不同的渠道,考察他们社会的民主状况,以及社会问题怎样影响他们的日常生活等。[1]

第二是社区参与。积极公民很大程度上意味着参与的公民。参与既是儿童的权利,也是公民教育的核心与有效途径。学校的民主实践是促进公民知识和参与的最有效方式。学生应该成为社会中的积极参与者,其中社区参与和服务就是公民教育有效的实践路径。报告鼓励学生通过社区志愿团队参与社区事务。即使学生和成年人认为许多志愿团体是非政治性的,但更明确的

---

[1] See Bernard Crick, "Education for citizenship and the teaching of democracy in schools", *Final report of the Advisory Group on Citizenship*, Qualifications & Curriculum Authority, 1998, pp. 2-80.

意思可能是说"无党派":志愿团体在进行说服、与公共权威互动、宣传、筹款、招募成员,然后试图激励(或安抚)他们的时候,所有这些团体显然都在使用和需要政治技能。这些志愿服务不仅提供社区参与的机会,还能在这一过程中实践自己的政治知识和技能,反过来又能促进社区的发展。报告以维尔特郡的约翰·本特利学校开展的"青年事业"计划为例,作为镇上唯一的中学,它组织了"青年城镇委员会"(Young Peoples' Town Council, YPTC)。该委员会与校务委员会定期召开会议,会上针对公民社会、预防犯罪等问题进行讨论,使镇上年轻人的公民素养显著提升,并获得了一些组织的认可和资金支持。

第三是政治素养。政治素养是对一定情境中发生什么有意识的理解和行动的能力,是个体参与政治生活的基础。政治素养不应单纯理解为政治知识,应包括知识、技能和价值观三个方面。它应该覆盖公共生活中的所有现实内容,包括阶级冲突,对与当今主要经济和社会问题相关的决策,讨论公共资源的分配和税收的基本原理。学生不仅应该掌握这些基本知识,更应该随时为解决问题做好准备。无论这些问题是发生在地方、国家或国际层面,从正式的政治机构到非正式的团体,都需要进行此类准备。报告以公民研究协会开展的低年级公民项目为例。该项目旨在通过他们对周围世界的日常体验,帮助6年级学生理解公民的概念,特别是成为公民的意义和所涉及的原则。鼓励学生积极主动,说出问题并发展他们的想法和态度。该项目基于社区的概念:从学校社区到当地社区,包括对哈尔顿区议会工作的了解,辐射到国家和欧洲层面。事实证明,这种以当地为中心的做法特别受学生欢迎,与其他学校的会议也是如此。该研究所希望在未来几年内将该计划更广泛地提供给其他小学。

此外,20世纪80年代以后,随着世界经济的转型、政治格局的变迁和文化交流的日益频繁,如何适应新的世界环境,如何培养迎接当代和未来社会的挑战的公民,成为摆在各国政府面前的重要问题。全球化的发展使公民教育超越了国界,人们开始从全球化的视野重新审视公民和公民教育。英国在20世纪80年代就有一些地方教育当局提出"世界学生"的培养目标,《科瑞克报告》中也引入了英国、欧盟、国际社会的相关概念以及英国在其中的定位和角色等。报告指出,历史课有很多关于社会和政治、社会和经济体系演变的教学和学习,包括英国民主和多元社会的发展,这为公民教育学习成果中的许多要素提供了重要的概念和制度基础。例如，议会的历史是英国历史的核心，很容易引发对当今选举安排的讨论。同时，英国、欧洲和世界历史主题也可以引导学生关注国际、可持续发展和人权方面的问题。地理课程中，对地域、由地方到全球问题的学习为了解冲突、扩展有关政治团体和压力团体和志愿团体活动的知识提供了重要机会，从而更好地评估决策对人、地域和环境的影响。这是一个特殊的机会，从中可以了解人和地域如何密不可分地联系和相互依赖。[1] 第三和第四关键阶段也将全球化、欧盟、联合国等内容纳入其中，第四关键阶段还增设了全球责任感及可持续发展方面的知识，鼓励他们领会英国与欧盟以及世界其他国家的关系的重要性。这不仅体现了公民教育适应国际环境变化而开启的全球视野，同时也是英国面对全球化、一体化的世界发展趋势的一种积极回应。

（三）实施策略

《科瑞克报告》中提出的课程模式为四个关键期的公民教育设立了学习成果（learning outcome）。学习成果是学校公民教育和学习总体框架的重要组成部分，为理解什么是好公民以及如何培养好公民奠定了基础，不仅进一步说明了公民教育的必要性，还提出了具体的指导原则，为课程资源局的检视提供了具体的依据和观测指标。具体来说，学习成果可以让教师更清楚他们应该教什么以及如何教；为学生提供明确的学习成果；为评估学生的进步和学习进步奠定更坚实的基础；并为学校协调现有的教学方法和学习机会以及与当地社区建立积极的关系奠定更好的基础。[2] 随着时间的推移，希望该框架能够增强教师在为所有学生开展有效公民教育方面的信心和专业精神。

为了确保学习成果的取得，报告提出了相应的指导原则：第一是广度和平衡度。扩大和深化学生在学校教育中应有的教育体验的范围和质量。第二是连贯性。让学生在概念、价值观和性格、技能和能力、知识和理解等方面具有连贯一致性。第三是连续性和循序渐进性。通过发展性和连续性的成果，确保学生学习的连续性和进步性，并加强和进一步发展学生在每个关键阶段

---

[1] See Bernard Crick, "Education for citizenship and the teaching of democracy in schools", *Final report of the Advisory Group on Citizenship*, Qualifications & Curriculum Authority, 1998, pp. 2-80.

[2] See Bernard Crick, "Education for citizenship and the teaching of democracy in schools", *Final report of the Advisory Group on Citizenship*, Qualifications & Curriculum Authority, 1998, pp. 2-80.

获得的价值观和性格、技能和能力以及知识和理解。第四是适切性。解决学生当前和未来的需求和兴趣；并促进学生对教学、学校和整个社会的积极态度。第五是高质量。充分考虑各种因素对教育的影响，提早谋划和有针对性地突破，帮助学生达到尽可能高的卓越标准。第六是途径和融入。确保所有学生都有机会参与构成有效公民教育的所有教学、活动和体验。[1] 要注意这些指导原则不仅限于公民教育，也适用于学校所有课程。

1. 强调以责任为主的公民权责观

长期以来，由于受自由主义思想的深远影响，英国人谈及公民身份，多是强调公民权利，而对于公民义务则较少强调，长此以往，英国年轻人对政治制度和民主程序缺乏必要的知识和关注，导致英国社会普遍出现政治冷漠、道德沦丧等问题。新工党执政后，提出"积极公民"，这是应对因一味追求公民权利而导致权责失衡现象的有力措施。英国政府希望借助教育的力量重申公民责任的重要性，树立"我们得到的权利应反映我们担负的责任，权利和责任相辅相成"[2]的价值观念，从而实现社会的凝聚。《科瑞克报告》中三大内容之一就是社会及道德责任：儿童从最初就应该在课堂内外学习自信心及具有社会道德责任的行为。无论是面对权威，还是个体之间，无论何时，无论何地，儿童都应该以团队的形式或参与社区事务的形式进行工作和学习，这是公民身份的核心问题。有些人或许认为小学教育还未涉及具体公民和政治方面的知识，但事实上，儿童在学习和讨论的过程中，已经形成了公平的概念，以及对法律、规则、决策、权威、环境和社会责任等的认知，而且他们也从学校、家庭或其他地方获取了关于是否生活在一个民主国家的认识，所有这些都是可以被引导、被构建的。[3]

2. 社区参与是重要补充

社区参与是公民的自愿服务行为，阿尔蒙德和西德尼·维巴在《公民文化》一书中指出，自愿组织是调节个人和国家关系的基本手段，世界政治文

---

[1] See Bernard Crick, "Education for citizenship and the teaching of democracy in schools", *Final report of the Advisory Group on Citizenship*, Qualifications & Curriculum Authority, 1998, pp. 2-80.

[2] [英]托尼·布莱尔：《新英国：我对一个年轻国家的展望》，曹振寰等译，世界知识出版社1998年版，第276页。

[3] See Bernard Crick, "Education for citizenship and the teaching of democracy in schools", *Final report of the Advisory Group on Citizenship*, Qualifications & Curriculum Authority, 1998, pp. 2-80.

化朝着参与的政治文化而改变，从而形成"公民文化"，它是一致性与多样性并存的文化。这种文化体现公民的参与性与积极性，从而支持民主制的顺利而健康地运行。[1]在英国，公民的社区参与被视为公民资格的重要条件。从20世纪80年代以来，英国着力发展公民文化，并将其作为深化民主的重要方式，这对1997年上台的新工党产生了重要影响。英国公民身份观逐渐由自由主义政治传统走向共和主义。新工党支持社区参与的公民复兴计划，包括传统信仰、伦理社会主义、社群主义。正如时任英国教育大臣大卫所说，"民主思想中的'公民共和主义'深深地影响了我……这一传统让我们真正重视社群，在社群中义务和公民美德发挥强烈和形成性的作用。就其本身而言，一种拒绝不受约束的个人主义和批评将个人权利置于共同的价值观之上的思想传统是必需的，以维持有价值的和有目的的生活。我们不可能过没有任何社群责任的生活，而且我们不可能脱离他人生活。"[2]大卫还倡导21岁以下的青年承担社会义务服务。在英国公民教育国家课程中，分别对4个关键阶段的学生参与社区提出了相应的要求。在第一关键阶段，主要是班级和学校内的参与和贡献。从第二阶段开始，学生就要参与社区和志愿活动，并从中了解和熟悉其中的角色作用和关系。在第三和第四关键阶段进一步拓宽了参与的范围，扩大到国家甚至国际层面的志愿组织，对学生的参与技能也提出了更高的要求，比如沟通协商与决策能力，批判与反思的精神等。

　　社区是新工党实现国家整合的重要领域。新工党宣称自己为"社区的政党"。"第三条道路"的社群主义路线，就关心重建社区的邻里复兴和强化城区公民作用的城市复兴。社区承载着公民社会的共享价值，不但为个人的发展提供机遇和条件，而且能够促使公民和谐相处，共同进退。通过社区来实现社会整合，成为新工党上台后推进国家整合的重要途径。《科瑞克报告》中把社区参与作为与社会和道德责任以及政治素养相互关联、相互依赖的重要公民教育内容之一。完整的公民身份意味着公民对国家的政治和地方社区的全面参与。我们坚信志愿服务和社区参与是公民社会和民主的必要条件。至少，为这些做准备应该是教育的一个明确部分。尤其在政府试图将重点从福利国家的供给和责任转到社区和个人责任的时候，这一点很重要。我们只是

---

[1] 参见唐克军：《英国学校公民教育》，中国社会科学出版社2021年版，第289页。
[2] 唐克军：《英国学校公民教育》，中国社会科学出版社2021年版，第290-291页。

说，虽然志愿服务是民主国家完全公民身份的必要条件，但不是充分条件。事实上，当地社区并没有脱离国家和公共政策。[1] 由此可以看出，国家是以地方为基础的，公民的地方参与就构成了国家的正式的政治参与的基础。社区参与为公民的政治参与提供了必要条件，都是将个人力量贡献给公共社会。该报告还要求借助社区参与将学生所学的知识和技能贡献给公共社会，提高学生在社区中的负责任行为，促进社区的繁荣。还要求通过学校和社区参与、案例研究等方式讨论身边发生的社会问题，帮助学生将地方的学习与行动和全球性的思考相结合。[2]

二、国家课程的实施

基于《科瑞克报告》中关于公民教育国家课程的建议，2000年英国对国家课程进行了修订，公民教育作为一项国家政策被正式纳入英格兰的学校教育中。从2000年起，小学的关键阶段一和二将公民教育纳入"个人、社会和健康教育（PSHE）"，但不作为法定的必修课程。从2002年8月起，公民课成为中学阶段的法定课程。之后，资格与课程局发布了有关公民教育的指导性文件，用于指导学校和教师开展相关具体的公民教育。

在实施公民教育时，教育部采纳了《科瑞克报告》的建议，给予学校更大的自主权，允许学校采用多样化的教学手段开展公民教育。这一时期的公民教育途径呈现出多样性的特点，包括独立的公民教育课程、通过学科渗透的方式以及学校与社区相结合的方式等。

（一）独立的公民课程

在英国的学校公民教育中，课程肯定是最为基础和重要的环节。课程能够将英国学校公民教育的目标贯彻到课程大纲中，指导和规范公民教育体系的其他要素，为教育实践活动提供规范原则和方向。这既体现着公民教育对国家意志的贯彻和对公民诉求的关照，又为教师的教学活动提供依据。长期以来，公民教育在英国没有得到明确的界定，因此也没有形成系统的课程。

---

[1] See Bernard Crick, "Education for citizenship and the teaching of democracy in schools", *Final report of the Advisory Group on Citizenship*, Qualifications & Curriculum Authority, 1998, pp. 2-80.

[2] See Bernard Crick, "Education for citizenship and the teaching of democracy in schools", *Final report of the Advisory Group on Citizenship*, Qualifications & Curriculum Authority, 1998, pp. 2-80.

从 1765 年被建议容纳公民教育的因素以来，课程改革和变动一直在进行：从最初的要求增加涉及生活技能、绅士品行到战后加入爱国、和平等因素，英国教育课程越来越靠近公民教育的主张。[1]但是大多是依靠历史、地理等其他学科渗透的方式进行，直到 2000 年，英国政府推出《课程 2000》，确立了新的中小学国家课程，其中规定了 12 门课，其中一门就是公民课，自 2002 年 9 月起，公民课成为英国中学第三和第四关键阶段的国家教学大纲基础教育课程。从此，公民教育正式步入中学阶段的法定必修课。公民教育作为独立学科的地位被确定下来，从此，专门课程的教学方式取代了以往以学科渗透为主的跨学科方式而开展的教学。

（二）与其他学科渗透

虽然公民教育已经作为独立的学科确定下来，但分析公民教育在中小学各个阶段的具体目标和内容上来看，其中有很多要素涉及其他学科，因此，在确保公民教育专门教授的同时，也不能忽视学科渗透方式的重要作用。在英国，历史课是跨课程公民教育的极为重要的途径，可以将公民教育的主题置于历史情境中，达到深化理解和认识的作用。2000 年的国家课程要求既要反映不同的文化传统，也要意识到英国的国家认同，而且，历史课也是学生道德教育的一部分，教师普遍从道德对公民意识形成的作用来设计历史课的教学。地理课也与公民课有着不可分割的关系。公民教育解释为什么所有社会成员只有相互关心，社会才能为每个人的福利所在。地理课正说明了这一重要方面：因为相互依赖的全球环境，因而所有人相互依赖。英国希望通过公民教育塑造共同体意识，如布莱尔就希望"为现代世界界定一个新的公民和社区的关系"。塑造共同体认同感，需要明确的空间范围。地理将人们置于一定空间的人与人、人与社会、人与环境的关系中。[2]英语课也可以发挥作用。英语教学中的资源如印刷的资源（书籍、戏剧、诗歌和报纸）以及口头和视觉资源（电视、广播和新的通信技术）等，都与公民教育的目标有关联。比如对文本进行批判性的、开放式的阅读和讨论是一项非常接近于公民教育的批判的技能。

其他学科也可以做出有价值的贡献。例如，数学和信息技术课有助于理

---

[1] 参见李丁：《英国青少年公民教育研究》，人民出版社 2012 年版，第 140 页。
[2] 参见唐克军：《英国学校公民教育》，中国社会科学出版社 2021 年版，第 184–185 页。

解选举制度和民意调查以及从中获得最大收益的技能。科学和技术学科通常会引发社会政策的伦理问题。宗教教育提供了探索道德和社会问题的机会。体育可以调动个人的主动性以及团队合作技能。现代外语可以在国家、欧洲和国际事件上提供与其他国家不同的观点，而商业研究可以阐述公民身份的经济因素等。

（三）学校生活与社区参与相结合

《科瑞克报告》建议通过学校活动和社区参与、校内和校外相结合的方式进行公民教育。在课堂教学之外，学校和老师鼓励和带领学生参与活动。具体形式有：参与班级和学校管理，培育责任感；自发组织班级或全校范围的辩论；安排设计主题活动周；组织和参与讨论或有关会议；合作开展项目或活动；成立俱乐部，并参与经营和管理；参加世纪的选举，培养权责意识；利用现代传媒手段，如网络、电视、广播等进行道德、法制和价值观教育。

除此以外，社区活动被视为有效的公民教育手段。有些地方社区还成立了"社区论坛"帮助学生参与社区。学生在参与社区事务的过程中，能够将课堂所学的知识应用于实践，增强公民的社会责任感以及对社区和国家的认同感，同时也能培养学生的批判性思维、沟通能力等。正如《科瑞克报告》所言，地方议员、国会议员和欧洲议会议员、志愿机构和社区机构，如警察和信仰团体，都参与公民学习和活动。有他们的积极贡献，公民教育将会更巩固更有效。[1] 2002 年，资格与课程局和教育与技能部联合出版《公立学校教师手册》，手册中为各学科的教学提供了一个完整的系统的教学计划。手册指出，每个学校都要策划和组织课外活动方案，为学生提供充分的实践机会。

公民实践主要分为学校生活和社区参与两类。学校生活包括主题实践活动和学校参与的相关活动。英国学校经常组织一些主题日活动，学校普遍还会为班级讨论安排圆桌会议，通过这些活动增强儿童对自我、他人、社区和团结的意识。圆桌会议还会推广到学校层面，全校圆桌会议讨论班级代表递交的事项，班级代表再向班级的圆桌会议汇报。学校的每个人都能够通过圆桌会议与学校保持着公平的联系。[2] 学生的社区服务通常是以解决社区的实

---

[1] See Bernard Crick, "Education for citizenship and the teaching of democracy in schools", *Final report of the Advisory Group on Citizenship*, Qualifications & Curriculum Authority, 1998, pp. 2-80.

[2] 参见唐克军：《英国学校公民教育》，中国社会科学出版社 2021 年版，第 268 页。

际问题为基础，英国的许多中小学，都会安排"社区服务计划"。英格兰2002-2008年中学公民教育纵向研究发现，绝大多数学校与当地社区保持着良好的互动关系，大多数学校领导赞同学校与当地社区维持这种关联。一些学校让学生参与地方社区甚至更为广大的世界。这些活动包括走访地方和国家的政治机构，如议会、地方法院和地方政务会；参观与公民有关的历史遗迹，如伦敦路学校组织学生参观当地的犹太博物馆，增进学生对犹太教的知识和理解；国际联系如海外旅行，开展帮助发展中国家的慈善活动或与欧洲学校和发展中国家学校建立连接。

三、再调整：协调身份认同和多样性的公民教育实践

（一）《课程检视：多样性与公民身份》中的多样性和统一性问题

当今大多数国家都是文化多样性的国家，文化多元的问题是民族国家公民身份所面临的重要问题，少数群体通常要求承认他们的认同，接受他们的文化差异。如果要建立一个整体性的国家，就必须促进多元文化融合，尊重不同的文化和价值观。托尼·布莱尔在20世纪90年代竞选期间就强调英国内部的种族多样性，说英国人"每种颜色都是好颜色"，赞扬"不列颠酷"。科瑞克将多样性看作政治存在的条件。他认为，政治源于多样性，因为有不同的观点，不同的利益和传统，才有了政治。政治意味着尊重社会多元，采取和平的统治方式。政治统治就不能将所有事务变成单一的统一体，必须创造或允许一些自由。多样性不仅具有政治价值，还具有教育价值。科瑞克强调多样性本身就是教育。如果政治认可对多样性的宽容，就必须进行政治或公民教育。《科瑞克报告》提出，我们社会日益复杂的性质、更大的文化多样性和价值共识的明显丧失，以及大家庭等传统支持机制的崩溃……"文化多样性"引发国家认同问题。应对这些担忧，整个社区的主要目标应该是找到或恢复共同的公民意识，包括构建强烈的国家认同感，可以为英国长期存在的多种国家、文化、种族身份和宗教找到一席之地。公民教育在不同的种族和宗教身份之间搭建了桥梁。因此，需要为英国制定一个明确的多元文化公民观念，以更加多元化的方式应对种族劣势，这要求对种族多样性敏感，同时尊重个人和他们所属的社会群体的公民身份。多数人必须尊重、理解和宽容少数人；少数人必须学会尊重多数人的法律、规则和习俗，这个过程有助

于培养共同的公民资格。[1]

当然《科瑞克报告》对于多样性的尊重是基于多数人的主体地位，这遭到了一些学者的批评。奥斯勒认为报告缺乏对英国多元文化现实的了解，认为该报告对多元文化的理解是成问题的，对差异、平等和正义的处理也是不合适的。她指出，报告中提到的"我们少数人的家园"是保护的语调，甚至削弱了有色人种学生的权利，而"多数人必须尊重、理解和宽容少数人；少数人必须学会尊重多数人的法律、规则和习俗"这句话事实上正体现了对于少数群体的偏见。她进一步说，虽然报告认为宽容是成功的多元文化社会的重要因素，但报告倡导的宽容是单向的，多数人社会的规则占主体地位，多数人的行为、文化和价值观被视为标准，并不是将少数群体和多数群体放在完全平等的位置。她认为，如果要塑造多元文化的公民资格，必须宽容所有文化，不存在任何领域的偏见。[2]

2001年，英格兰北部的许多城镇发生了穆斯林之间的暴力冲突，2005年伦敦发生地铁爆炸案等，接连不断的冲突迫使英国政府意识到需要强化社会凝聚力，增进公民之间的相互理解。公民教育在其中发挥重要作用。2007年，英国对公民教育进行改革，以《课程检视：多样性与公民身份》的发布为标志，规定新的课程于2008年9月开始实行。自此，公民教育开始正式将多样性问题纳入其课程体系，年轻人需要学习如何尊重多元文化，并在多元背景下培养有能力处理利益和观点分歧的能力。

随着全球化的加速，民族国家都面临着来自种族、宗教、文化多样性的挑战。如何将多样性的社会塑造成团结的社会是许多国家要完成的任务。其实长期以来，在英国社会，围绕多元文化主义和统一国家认同的争论一直没有间断。多元文化主义主张尊重差异、以开放、平等的态度对待不同族裔，而国家认同强调共享的价值观念，社会的强大凝聚力是社会稳定和谐的重要因素。教育与技能部指出，公民教育是建立一个现代化、团结的英国社会的关键，教授年轻人我们的统一价值观从没像现在这样重要。[3]

英国高等教育和终身学习事务大臣比尔·拉梅尔在演讲中表示面对英国

---

[1] See Bernard Crick, "Education for citizenship and the teaching of democracy in schools", *Final report of the Advisory Group on Citizenship*, Qualifications & Curriculum Authority, 1998, pp.2-80.

[2] 参见唐克军：《英国学校公民教育》，中国社会科学出版社2021年版，第60-61页。

[3] See Keith Ajegbo, et al., *Curriculum Review：Diversity and Citizenship*, DfES, 2007, p.16.

社会的多元问题，需要基于包容和尊重寻求共同价值，只有这样才能促进社会的和谐发展。由于公民教育在促进社区凝聚力、消除偏见以及构筑个人与社区联系之间发挥的重要作用，比尔认为应将多样性方面的内容也纳入到公民教育中。2006年，教育与技能部开展了针对公民教育国家课程的检视，重点考察其中有多少涉及多样性的内容，以及英国的文化和历史如何在课程中体现等。检视由基思·阿杰格博（Keith Ajegbo）主持。这次检视是针对英国近些年来日益突出的宗教、文化、种族、价值观等问题而开展。

1.《课程检视：多样性与公民身份》的核心理念

2007年1月25日，教育与技能部公布了检视小组的最终报告：《课程检视：多样性与公民身份》（Curriculum Review: Diversity and Citizenship），也就是《阿杰格博报告》（Ajegbo Report）。报告对英国公民教育的实施情况进行了检视和总结，在征求了包括政府官员、社区工作者、教师、学生、家长等多方意见基础上，提出了切实可行的公民教育建议。报告指出课程检视是为了回应关于英国社会是否以满足所有学生需求的方式参与当今英国日益激烈的种族、宗教、文化、身份和价值观问题的辩论。作为个人和国家，我们是否尊重彼此的差异并建立共同点？我们是否欣赏自己和他人的独特身份？我们真的了解成为公民是什么，了解在英国生活是怎样的吗？而且，最重要的是，我们是否确保我们所有的儿童和年轻人享受他们需要的教育，以接受多样性和公民身份问题，以便他们更好地在未来生活？如果英国要在21世纪拥有一个有凝聚力的社会，这种"多元化教育"至关重要。[1]该报告建议在《科瑞克报告》原有的三个核心内容（即社会和道德责任、社区参与和政治素养）之外增设第四个核心内容"身份和多样性：共同生活在英国"，以应对当前多元文化背景下的统一性问题，促进国家认同的增强。修正后的国家课程于2008年9月正式实施，自此学校公民教育课程承担了通过培养统一英国价值观来加强社会凝聚力的重要使命。

（1）多样性教育

在关于多元文化教育的讨论中，人们普遍认为少数民族的儿童没有得到应有的尊重和教育，教育不应只是接纳各种文化中的优秀元素，更应该学会如何平等地对待和尊重不同文化。多元文化教育认为，每个人都享有平等受

---

[1] See Keith Ajegbo, et al., *Curriculum Review: Diversity and Citizenship*, DfES, 2007, p.16.

教育权，不受性别、阶层、种族和文化等因素影响。多元文化教育认为每一种文化都有它特殊的属性和价值，本质上不存在优劣之分，应该受到平等的对待。通过学习，可以增进彼此的认识和理解，减少不必要的偏见和歧视，促进民族间的交融和和谐共处。教育影响并体现着一个社会的核心价值观念，英国国家课程认为，教育应让所有年轻人成为享受学习并获得进步与成就的成功的学习者，能够成为安全、健康和充实生活的自信的个体，以及对社会做出积极贡献的负责任的公民。[1]

2004年联合国教科文组织发布了一篇有关公民教育必要性的报告。报告充分肯定了公民教育在协调差异，促进发展方面发挥的作用。班克斯指出："多元文化社会面临着国家身份创建的问题，这种国家身份接纳和吸收其公民的多样性，并信奉一个整体的所有公民都坚守和共享的价值观、理想和目标……公民对于一致与多元的理解和行动并非来自稀薄的空气，而是来自他们的教育。"[2]

英国社会由许多种族、文化、语言和宗教组成，并且在不断发展。报告分析了英国社会的构成：2001年，英国少数民族占人口的7.9%。非基督教和新宗教运动的积极成员2005年估计为160万（布里尔利）。2001年的人口普查显示，约8名学生中有1名是少数民族，到2010年，这一比例预计将达到五分之一左右。一篇题为《少数民族崛起》（Minorities Arise）的文章指出混合血统的人是增长最快的群体。据估计，10年后，15%的英国劳动力将是穆斯林。[3]

多样性教育是指向所有学生传授多样化的教育，学校应该为学生提供机会以帮助他们了解自己与当地社区的关系，除此之外，他们需要能够在更广泛的英国社会中找到自己的位置，适应自己的种族，并对周围不同的人群保持敏感，最终能够在全球背景下内理解英国的价值观。通过学校的课程，学生们应该：①探索英国的起源以及不同的文化如何创造了英国；②探索英国和世界不同种族、民族、文化和宗教群体中的代表人物；③探讨种族和宗教

---

[1] 参见［英］大卫·伯内特：《英国的多元文化教育与公民教育》，刘绪译，载《湖南师范大学教育科学学报》2014年第4期。

[2] ［英］大卫·伯内特：《英国的多元文化教育与公民教育》，刘绪译，载《湖南师范大学教育科学学报》2014年第4期。

[3] See Keith Ajegbo, et al., *Curriculum Review: Diversity and Citizenship*, DfES, 2007, p.17.

不容忍和歧视的后果；④培养批判性素养（理解语言如何构建现实），使他们能够反思自己和他人的文化传统。[1]

多样性教育至关重要，不仅关系到我们儿童和年轻人的未来福祉，而且对我们社会的生存也是如此。每所学校都有责任确保其学生能对他们成长的国家有广泛的了解和文化认同，这对社区凝聚力至关重要。为了更有效地推进多样性教育，该报告对学校提出了以下建议：①所有儿童和年轻人都需要了解他们的身份并感受到归属感——这对土著白人学生和新移民一样重要；②每所学校的校长和领导团队都应致力于在道德和智力上推动多样性教育。没有他们的能量和信念，我们的愿景就无法实现。不仅如此，英国的每所学校都应如此，无论其种族和文化构成如何；③虽然学校的校风必须接受多样性，但它也需要通过课程涵盖广泛的学科进行连贯的规划；④为了让学生了解多样性这一概念，需要利用当地社区开展工作，并扩展到国家和国际问题；⑤需要为教师提供额外的支持和培训，以便他们能够轻松应对种族、文化和宗教问题，并能够发展他们的专业知识；⑥如果多样性教育要在全国范围内产生影响，整个教育系统都需要做好准备，将多样性教育视为我们共同生活在英国的关键。[2]

（2）凝聚统一价值

本杰明·西潘雅（Benjamin Zephaniah）说，英国不是一个部落，也不是一个宗教，我们不是来自一个地方。但我们正在建立一个家，我们都可以成为我们想成为的人，而又仍然是英国人。这就是我们所做的：我们接受、我们适应并继续前进。[3] 共享的价值观通常是社区凝聚力的基础。为了塑造国家的统一意识就必须塑造共同的价值观。英国政府认为，社会的稳定和团结需要通过共享的价值观认同来获得，也可以说是"英国性"。2001年，英国内务大臣大卫·伯内特呼吁一种基于共同价值观的英国公民身份意识，他说，我们必须……旗帜鲜明地表达和保护支持我们民主的共同价值观。[4] 伦敦爆炸案后，共同价值观的培养和教育成为英国公共讨论的重点，并得到各党派的支持。英国工党和保守党都大力倡导英国的价值观教育。

---

[1] See Keith Ajegbo, et al., *Curriculum Review: Diversity and Citizenship*, DfES, 2007, pp. 23-24.
[2] See Keith Ajegbo, et al., *Curriculum Review: Diversity and Citizenship*, DfES, 2007, p. 27.
[3] See Keith Ajegbo, et al., *Curriculum Review: Diversity and Citizenship*, DfES, 2007, p. 76.
[4] 参见唐克军：《英国学校公民教育》，中国社会科学出版社2021年版，第66页。

英国内务部在 2005 年发布的《生活在英国：公民之旅》（Living in the UK：A Journey to Citizenship）中强调尊重，并相信政治和法律体系，同时承认身份和实践的多样性："成为英国人意味着尊重法律、民选议会和民主政治结构、相互宽容、尊重平等权利和相互关心的传统价值观；并且效忠于国家以换取它的保护。成为英国人就是要尊重那些将我们所有人、不同国家和文化在和平和法律秩序中团结在一起的特定制度、价值观、信仰和传统。因为我们都受到包括人权和平等权利立法在内的法律的约束。"[1]

报告指出，在课程检视过程中，一些学校的学习计划已经涉及解决身份、多样性和共同价值观问题的范围。例如，在最初的《科瑞克报告》中，价值观显然是对公民身份理解的一部分，不仅仅是对公民身份和公民社会的了解；还意味着发展价值观、技能和理解力。当然这里指的是政治价值观，而不是个人或文化价值观。虽然"价值观"在当前的公民学习计划中没有明确提及，但它们隐含在诸如"培养探究和沟通技能"以及"培养参与和负责任行动的技能"等内容之下。例如，"应该教学生思考热门的政治、精神、道德、社会和文化问题和事件"和"应该教学生考虑其他人的经历并能够思考、表达和解释其他人的观点"。但是，通过课程的咨询、走访学校和对相关报告的检视来看，身份和多样性问题往往被忽视。当涉及这些问题时，通常只停留在少数知识层面的阐述中，缺乏深度，也没有提供相应的实践建议。[2]为了弥补这一空白，报告将统一价值观的教学增加到学校公民教育课程中，希望通过加强多样性和统一性的教育，培养积极参与的公民，增进社区团结。

2. 具体实施

（1）增加"身份和多样性：共同生活在英国"

《课程检视：多样性和公民身份》针对当前日益凸显的种族、文化多元等社会问题，在《科瑞克报告》原有的三大内容基础上，建议增加第四个内容"身份和多样性：共同生活在英国"。报告指出，如果儿童和青少年要形成具有包容性的公民意识，明确身份和多样性问题至关重要。公民与社会之间的内在关系是身份或归属感在发挥作用。这是因为公民参与社会的动机在逻辑上是以归属感为基础的，或"认同"他们的环境。因此最好从政治和历史的

---

[1] Keith Ajegbo, et al., *Curriculum Review：Diversity and Citizenship*, DfES, 2007, p.92.

[2] See Keith Ajegbo, et al., *Curriculum Review：Diversity and Citizenship*, DfES, 2007, p.94.

角度来理解身份和多样性问题。报告规定了这项内容应包含的核心问题：① 了解英国是一个由多个民族构成的国家，包括英格兰、北爱尔兰、威尔士和苏格兰；②了解移民，英联邦以及帝国和欧盟的历史文化遗产；③扩大选举权（例如，奴隶制遗留问题、普选权和平等机会立法）。增加的内容主要在于培养学生在种族、宗教等问题上的批判性思维；帮助师生以历史的视角审视当下问题，寻找解决的方案。[1]

(2) 探索身份

探索和理解自己和他人的身份是多样性教育的基础，这对于学生构建自己对周围世界以及他们在该世界中的定位至关重要。所有学生都需要参与并致力于更广泛的多民族社会；他们还需要被包容和尊重。性别和社会阶层问题也是形成学生身份的关键因素。为了让所有学生感到他们"属于"他们，为了让他们的学校教育充实，学校需了解身份。同时，报告指出，所有学生，无论其背景如何，都需要得到教育，以培养他们的社区归属感、文化理解和批判性素养。事实上，并非少数民族的学生需要受到关注，占大多数的白人学生的态度对创造社区凝聚力也非常关键。因此，在白人学校尤其需要了解课程对多样性的态度并支持探索差异和共性的关联。[2]

具有优良校风的学校，在探索和解决与文化多样性有关的问题时，通常也非常关注学生的声音。就学校的多样性向学生咨询不仅有助于获取学生的支持，还加强了学校社区内外的多样性信息交融。有些时候学生的作用已经超越了学校理事会，有的学校定期让学生反馈对学校生活的意见、参与员工选任，并与教师合作制定工作计划以及学习和教学策略。在这些学校中，学生被视为解决方案的一部分，而不是问题的一部分。很多时候，当校长致力于与学生建立信任关系并创造一个积极、安全和有保障的环境，让学生有归属感时，学生的声音最能被听到。报告建议所有学校都应该建立适当的机制，确保倾听学生的声音并采取相应行动。学校应考虑使用论坛、学校理事会、学生问卷或其他机制围绕身份、价值观和归属感进行讨论。[3]

---

[1] See Keith Ajegbo, et al., *Curriculum Review：Diversity and Citizenship*, DfES, 2007, p. 91.
[2] See Keith Ajegbo, et al., *Curriculum Review：Diversity and Citizenship*, DfES, 2007, p. 29.
[3] See Keith Ajegbo, et al., *Curriculum Review：Diversity and Citizenship*, DfES, 2007, pp. 33-34.

(3) 学校领导层发挥作用

学校领导的水平是进行多样性教育的基础。很多在多样性教育上有突出表现的学校，都依赖校长和领导团队的付出和努力，以及激励和支持其他教师的能力。校长为学校制定战略方向。没有他们的支持，多样性教育就不会深入人心。

然而，通过调查，种族和多样性问题并不总是学校议程的重点。2000年种族关系法案（修正案）要求学校制定"种族"平等政策。但是，根据种族平等委员会的数据，只有65%的学校履行了这一法定义务。针对这种情况，报告建议学校领导必须重视学校在实施多样性教育和增强社区凝聚力方面发挥的重要作用，将身份和多样性教育纳入学校日程。与此同时，学校领导还需要创建一种能够反映多元文化并建立和维持包容性学校课程的校风。没有良好的校风，任何课程改革都很难运行良好。这种校风反对个人和制度性的种族歧视和宗教不容忍、鼓励多样性和包容，帮助学生在整个社区团结的大背景下，认识和接纳自己的身份。学校必须在所有政策和实践中都将多样性和公民身份的内容纳入其中。学校领导还应关注学生价值观问题，为教师和学生营造安全的空间，让他们可以探讨与身份和本民族历史有关的问题。[1]

此外，报告对领导力的培训提出了明确要求，从2009年4月起，所有新任校长必须通过全国校长专业资格考试（NPQH），而且报告指出该资格考试需要更多地关注多元化教育，将其作为考核领导力的一个重要维度。所有学校的校长和管理机构都应确保符合《2000年种族关系（修正案）法》和《种族关系（修正案）法》的法定要求，使用社区凝聚力指南来检查他们的责任。

(4) 多学科渗透

《课程检视：多样性与公民身份》报告强调公民教育的渗透式教学。多元化教育的概念和过程需要贯穿于一门学科和一门学校课程之中。公民教育是增进对政治的知识和理解、树立政治认同，培养公民参与能力的教育。任何课程，尤其是历史、地理、语言和文学课都表达对社会、道德和政治的理解，增进国家认同，培养政治价值观，也是所有课程的目标。报告强调公民教育与其他学校相结合，通过学科渗透的方法进行身份和多样性教育。

第一，语言是文化的重要载体，文化是语言承载的内容，这两者密不可

---

[1] See Keith Ajegbo, et al., *Curriculum Review: Diversity and Citizenship*, DfES, 2007, pp. 34-35.

分。戴维斯说，语言和权力、故事和文化、交流和社会问题有诸多联系，可以通过英语课程促进对公民方面的理解。[1]学生在英语课中通过学习诗歌、小说等文学作品，接触不同地区的方言等，通过阅读、评论等表达方式，形成文化认同和民族意识，认知文化多样性的存在，在反思中锻炼批判性思维。老师和学生不能仅将英语视为功利主义的学科，片面强调学生获得阅读和写作技能，而应该引导和支持教师提供文化方面的教学回应，帮助学生在尊重多样性的基础上形成共同的文化认同。

第二，强调数学和科技课的作用。报告强调数学和科学对教育多样性的贡献，这些学科虽然通常被认为是客观的，"无价值的"，缺乏文化参考，但让学生了解不同的文化如何促进这两门学科的发展是至关重要的。报告认为教师应该得到支持和培训，以超越他们必须涵盖的内容水平，并认识到如何利用课程中的这些机会来反映多样性问题。报告提供了一个情境化数学的例子，陶尔哈姆莱茨的海洋数学项目说明了文化多样性如何融入数学学习。该项目侧重于家长和学生合作解决具有文化参考价值的材料问题。在《数据处理与公民身份》一书中，开展"规划和收集数据"等活动在帮助伦敦和德比郡有联系的学校的学生探索真实的统计数据方面很有帮助，同时也能发展对不同社区的理解。[2]多元化教育不是奢侈品，而是发展一个凝聚力社会的先决条件，在这个社会中，所有学生，无论他们的背景如何，都应被鼓励取得成就。

第三，重视历史、地理传统课程的作用。历史可以促进对于种族和文化多样性的历史渊源的相互理解，可以提供机会研究"多样化的群体在不断迁徙和定居过程中如何塑造了今天的英国"。它还有助于研究当今的身份问题、共享文化、价值观和态度是如何被形塑的。报告建议，教师在教学中不应只是停留在对英国历史的简单介绍上，而应结合当下议题，探讨历史与其的相关性，培养学生的批评思维和多元视角。学校的地理课教学应该培养学生地方性的归属感和认同感。通过讲授英国的地理知识、风土人情，培养学生的国家认同感和自豪感。通过讲授欧洲及世界的地理知识，让学生了解并学会尊重不同国家、地区的差异和多样性，引导学生从不同的角度探索人与自然的关系。[3]

---

[1] 参见唐克军：《英国学校公民教育》，中国社会科学出版社2021年版，第160页。
[2] See Keith Ajegbo, et al., *Curriculum Review: Diversity and Citizenship*, DfES, 2007, pp. 50–51.
[3] See Keith Ajegbo, et al., *Curriculum Review: Diversity and Citizenship*, DfES, 2007, p. 53.

此外，需要特别指出的是，报告建立了完善的评价机制。2007年的课程改革把公民教育列入普通中等教育证书考试的范围，强调要将公民教育与其他学科结合起来，一起进行评价和考核，这在政策层面再一次确认了公民教育的重要性，为在学校具体落地政策实施并达到预期效果提供了政策标准和依据。

（二） 提出英国基本价值观

英国自20世纪60年代以来推行多元文化主义政策，在一段时间内颇具成效，促进了英国社会整合，增强了少数族群对主流社会的认同感和归属感。但是，近年来接连不断的冲突让人们对多元文化主义越来越怀疑，进入21世纪，多元文化主义受到了越来越多的批判。2004年，种族平等委员会主席菲利普斯说，多元文化主义应该抛弃，在越来越需要共同的国家认同时，它倡导分离主义。当时的工党政府首相布莱尔在针对2005年伦敦地铁爆炸案的讲话中就提到："迁居英伦不只是一种权利，定居于此更带有一份责任。这个责任就是要分享和支持那些支撑英国生活方式的价值观念。"布莱尔的继任者工党前首相布朗认为，"英国性"是彰显英国个性的一种核心价值观念，应该以此作为团结少数族裔，增进国家认同的基础价值观念。卡梅伦在上台前就曾公开表示，多元文化主义是错误的，2011年，担任首相的卡梅伦在公开讲话中称多元文化主义已经失败，他说，英国的教育政策没能向少数民族描绘出那种他们愿意归属的社会前景，这将导致一些少数族裔青年缺乏归属感，从而很容易落入极端主义意识形态的陷阱。他表示，英国必须要坚决捍卫自由的西方价值观，主张增强国家认同。[1] 2011年，英国政府修订了《防御战略》（The National Security Strategy），提出英国基本价值观包括民主、法治、自由、尊重和包容[2]，并要求学校要为推动英国价值观作出努力。

2012年4月，英国在新的公民教育国家课程标准《公民身份学习计划》（Citizenship Programmes of Study）中重申了权利和义务、民主和正义以及英国身份认同和多样性等核心理论。2013年和2014年，英国教育部分别发布了《独立学校学生的精神、道德、社会和文化发展：教育部意见》（SMSC Devel-

---

[1] 参见王璐、王向旭：《从多元文化主义到国家认同和共同价值观——英国少数民族教育政策的转向》，载《比较教育研究》2014年第9期。

[2] 参见李泽生、袁涛：《推动核心价值教育：反极端化背景下英国中小学管理及其局限》，载《比较教育学报》2021年第2期。

opment of Pupils in Independent Schools: Departmental Advice）和《作为精神、道德、社会和文化的部分在学校推行英国基本价值观》（Promoting Fundamental British Values as Part of SMSC in Schools），要求相关学校推行基本价值教育。该指南指出，根据《教育法》（2002 年）第 78 条的规定，维持学校（maintained schools）应促进学生在学校和社会中的精神、道德、文化、身心发展，尤其要求学校要积极宣传英国基本价值观。必须鼓励学生以尊重和宽容的态度对待所有信仰、种族和文化的人。学生应该明白，虽然不同的人可能对"对"和"错"持有不同的看法，但所有生活在英格兰的人都受其法律的约束。教师守则要求教师在校内外保持高标准的道德和行为，不得做出任何破坏英国核心价值观的行为。此外，学校应该让家长意识到学校精神和教学应该支持英国民法和刑法的规则[1]。

　　该指南指出，学校应宣传促进民主、法治、个人自由以及对不同信仰和信仰者互相尊重和宽容等英国基本价值观。这必然会挑战学校中与英国基本价值观背道而驰的观点和行为。此外指南还对学校推行 SMSC 教育的目标、学生由此掌握的知识、学校推行英国基本价值观教育时采用的方式给出了详细的说明与建议，要求学校引导学生形成尊重理解多元文化、信仰的价值观念，并在此基础上掌握国家公共机构功能、民主决策进程、法律政策等知识，增强学生参与民主进程和国家事务的意愿，达到促进英国基本价值观念的作用。

　　2014 年 11 月底英国教育部发布了《提升学生精神、道德、社会和文化发展加强指南》（Strengthened Guidance on Improving the Spiritual, Moral, Social and Cultural Development of Pupils）。该指南将学校的任务和责任具体化，要求学校要帮助学生在理解和接受不同信仰方面给予更多的包容，避免演变成为偏见和歧视。英国基本价值观不应该仅仅成为浮于表面的形式化教育，而应更加注重内化的过程。学校的任务和责任被具体化地包含在指导文件中。例如英国教育部 2014 年重新修订发布了"独立学校标准"（Independent School Standards），新标准将英国基本价值放在了突出的位置，而且将"鼓励"一词替换为"积极推动"，中小学需要承担的责任有了很大的改变。在国家防范义务的规定下，推动英国基本价值观教育成了学校管理的刚性要求。英国教育标准

---

[1] See Education DF, "promoting Fundamental British values as part of SMSC in schools: departmental advice for maintamed schools", *department for education*, 2014.

办公室（Ofsted）和独立学校稽查处（the Independent Schools Inspectorates）在评估时也将具体考量学校在推动英国基本价值方面的表现。[1]

小　结

20世纪与21世纪之交，多元文化政策的各种弊端逐渐暴露出来，各种种族骚乱甚至暴力事件频发，国人对英国的认同感出现前所未有的危机，多项权威调查均显示，英国的国家认同渐趋下降，而民族主义日渐抬头。此外，全球化和一体化的发展更是加剧了英国国内国家认同的危机。英国开始重视对于"共同价值"的培养，逐渐抛弃多元文化政策。于是，新工党上台后，提出了"积极公民观"，开展了一系列旨在建设"新英国"的社会政策，在民族政策、对外关系、对内治理等方面均提出了具体明确的措施，旨在构建一个凝聚、统一的国家，在学校也开始推广英国核心价值观教育，英国的国家认同建设进入了新阶段。

新工党政府通过建立统一的公民教育体系，明确地回应了21世纪英国社会所面临的问题与挑战。公民教育振兴，社会反响强烈。2004年9月，社会服务志愿者组织开展了一项针对公民教育实施效果的调查，数据显示，25%的学生认为公民课使他们对他人有了更多的尊重，17%的学生认为公民课促进了更大的扩容，90%的学生认为公民课是有用的，78%的学生喜欢公民课，42%的学生认为公民课增强了他们的自信或提升了沟通技能。[2]《科瑞克报告》的发布在英国公民教育史上具有里程碑意义，不仅为促进英国公民教育提供了具体的指南，也为世界公民教育实践提供了必要的参考和依据。公民教育被正式纳入国家课程，加以推行和实施。之后又结合最新的社会问题，推行了兼顾统一性和多样性的一系列公民教育政策和实践，形成了一套较为完善的公民教育实施机制，着力在尊重多样性的基础上构建共享的价值观，提升国家认同。总之公民教育受到普遍的重视，英国人的公民意识、公民素养和公民技能相应有了较为显著的提升和改善。

---

〔1〕 参见李泽生、袁涛：《推动核心价值教育：反极端化背景下英国中小学管理及其局限》，载《比较教育学报》2021年第2期。

〔2〕 参见李丁：《英国青少年公民教育研究》，人民出版社2012年版，第208页。

CHAPTER 6　第六章

英国公民教育对中国思想政治教育的启示

"在世界各民族中，英国算得上是一个典型，它体现着一种独特的发展方式——英国发展方式。"[1] 这种方式以和平、渐进、改革为主要特色，其近代以来的历史进程，给人留下深刻的印象。就在这平稳的现象之下，英国经历了最深刻、最激烈的社会变化：它率先打开了现代文明的大门，最早实现工业化，它开创了现代政治制度，其科学与文化发展给人类留下了宝贵的精神财富。现代社会在英国的出现，似乎是自然而然发生的，英国的历史源远流长，其中既有传统，又有变革，两者交织在一起，冲突的双方在长期的斗争中相互融合，英国在两者中选择了协调的路径。正如英国的公民教育历程一样，起初采取了谨慎的中立和回避政策，经过慎重的支持和论证，最后进行大刀阔斧的改革和实践。这与英国一贯的平稳、渐进的发展方式不谋而合。虽然英国正式的公民教育起步比较晚，但无论是以社会力量为主导的早期公民教育的尝试，还是进入国家课程以后公民教育的稳步推进，其中都有诸多值得借鉴和反思的问题，这些对于我国开展相关教育实践和国家认同建设提供了一定的价值。

随着经济全球化、社会信息化和文化多样化的深入发展，世界日益成为彼此相连的一个整体，任何一个民族和国家都无法脱离世界历史而独立存在，世界的历史就是各个民族和国家在相互交往中逐渐形成和发展的。马克思深刻认识到世界历史的发展规律，他指出："一个国家应该而且可以向其他国家

---

[1] 钱乘旦、陈晓律：《在传统与变革之间：英国文化模式溯源》，江苏人民出版社2010年版，卷首语。

学习。"〔1〕中国式现代化是中国共产党领导全国各族人民在长期探索和实践中取得的重大成果，必须始终坚持并不断拓展和深化。习近平在党的二十大报告中指出："尊重世界文明多样性，以文明交流超越文明隔阂、文明互鉴超越文明冲突、文明共存超越文明优越。"〔2〕这一重要论述对于我们正确看待不同文明之间的关系，认识和把握人类文明发展的规律提供了指引，对增强文明互鉴，更好地构建人类命运共同体具有重要的指导价值。需要指出，在增进文明交流和互鉴的过程中，我们要始终坚持三个立场，一是独立自主的民族立场，保持本国本民族的精神独立性，在认识世界和把握规律时保持自己独立的思维方式、价值立场；二是坚持以人民利益为根本的阶级立场，深刻认识世界百年未有之大变局，我们必须坚持以人民为中心进行思考和研究，以人民的根本利益为初心和使命，自觉站在人民立场分析和解决问题；三是坚持开放进步的人类立场，以开放包容的态度加强与不同文明的交流和对话。因为马克思主义理论是为全人类的解放而创立的科学理论体系，一切进步的都应该成为无产阶级的研究对象，我们要对其他文明采取兼收并蓄的态度，为推进中国式现代化提供更丰富的思想参照。

  英国公民教育是在克服历史的阻力，探索资本主义的道路中形成和发展而来，它是历史的产物，又是实践探索的结晶，其中既有成功的探索，又有失败的教训。英国作为老牌的资本主义国家，其公民性的萌芽、自由民主的公民运动和公民教育思想的孕育，可以追溯到很远。霍布斯提出了有关自然法的原则、公民的思想，是近代自由主义的创始人；洛克的思想为人类确立了自由主义公民身份的基调；T. H. 马歇尔提出了"公民身份"的概念，这对于人类探索公民思想具有里程碑式的意义。今天英国在公民教育方面的探索和实践，助推了英国社会自身的发展，同时也为推进世界公民教育的发展提供了参考和借鉴。《科瑞克报告》在英国公民教育史上具有举足轻重的地位，它为其他国家开展相关教育实践和研究提供了启发，而且英国在不同阶段颁布了很多公民教育相关的政策文件，这些也具有一定的参考价值。英国公民教育受到来自英国政府和社会的普遍重视，具有广泛的社会基础，施行规范化管理，注重课程建

---

  〔1〕《马克思恩格斯选集》（第二卷），中共中央马克思 恩格斯 列宁 斯大林著作编译局编译，人民出版社1995年版，第101页。

  〔2〕党的二十大报告辅导读本编写组编著：《党的二十大报告辅导读本》，人民出版社2022年版，第56—57页。

设，强调实践教学，形成了一套完整的从实施到监督和评价的公民教育体系。

然而，我们也必须清醒地看到，英国作为典型的资本主义国家和殖民帝国主义国家，其国家根本政治制度决定了它自身的局限性。"根本制度表现在政治上，实行阶级专制；表现在经济上，采取阶级剥削；表现在文化上，实行笼络和欺骗政策。英国的根本制度，最根本的特点是不平等、私有制和对根本思想的禁锢……这种关系在阶级社会始终表现为对被统治阶级的专制统治、经济剥削和文化奴役。"[1]马克思、恩格斯在《德意志意识形态》中提出："统治阶级的思想在每一个时代都是占统治地位的思想，这就是说，一个阶级是社会上占统治地位的物质力量，同时也是社会上占统治地位的精神力量。支配着物质生产资料的阶级，同时也支配着精神生产的资料。"[2]因此，由于英国国家根本政治制度的局限性，其所倡导的真正的平等自由、民主法治的公民制度想要通过实施公民教育，满足全体社会成员利益的行动也是不可能的。帝国主义时期，正值资本主义的上升期，为了满足自身发展的需要，西方国家争相在世界范围内掠夺资源和财富，标榜"文明的使命"，大肆侵略别国领土，以英国为首的资本主义国家在世界各地瓜分殖民地，实行殖民剥削和压迫，给包括中国在内的亚非拉美等殖民地或半殖民地国家和人民造成了深重的灾难。为了转嫁国内经济危机，英国向中国大量倾销各种工业品，还不惜走私鸦片，掠夺中国丰富的资源，免费使用中国的廉价劳动力，企图通过这种方式扭转贸易逆差，巩固资产阶级的统治。马克思对英国的殖民主义进行了深刻的批判，揭露了帝国主义的本质，为中国人民坚定走中国特色社会主义道路提供了理论依据和思想保障。

对于今天英国国家制度的认识，必须以历史的态度客观地加以审视，以便于正确看待公民教育的历史发展进程，冷静和理性地评价英国公民教育的经验和教训。

第一节　对我国思想政治教育规律探索的启示

学界普遍认为，思想政治教育因其内容范围的广泛性，普遍存在于各个

---

[1] 李丁：《英国青少年公民教育研究》，人民出版社2012年版，第227页。
[2] 《马克思恩格斯选集》（第一卷），中共中央马克思 恩格斯 列宁 斯大林著作编译局编译，人民出版社1995年版，第52页。

国家。公民教育源于西方，其公民教育思想在西方有着悠久的历史和传统，为西方培育了一批又一批具有政治意识、高度责任感和积极参与国家事务和公共事业的合格公民。有学者称，"公民教育与我国的思想政治教育内涵最为相近，是国外开展思想政治教育的最常用表达"[1]。虽然具体概念表述上有所不同，但两者思想性、教育性的一般规定超越了阶级对立，是对人类普遍利益的表征。"从本源上看，原始社会没有阶级和政治教育，但有朴素的以优化和提升人的生存发展方式为宗旨的思想道德教育。阶级社会产生后，思想道德教育演变成为以阶级性和政治性为主导的思想政治教育，即便如此，它仍具备可以优化、提升人的生存发展方式的本质规定。这也是不同社会制度、不同意识形态下思想政治教育可以相互借鉴的原因之一。"[2]由此可以看出，即便概念表述不同，意识形态不同，但其都具有促进人类发展的一般性价值规定，这种概念规定上的对等性为开展思想政治教育的国际对话和研究提供了依据。

面对百年未有之大变局，思想政治教育作为中国特色社会主义的重要一环，应以国际视野关照中国价值和中国精神，在国际比较中借鉴他人优秀的文明成果，为中华民族伟大复兴提供思想支持和实践参考。为什么具有可借鉴性？思想政治教育作为现代化国家治理的一种方式，是各个国家精神生产的工具和手段，都是在人类共同的历史发展进程中展开的，其中存在一些具有共性的客观规律。兼具差异性和共通性使文明互鉴成为可能。

具体而言，虽然英国和中国分属于资本主义国家和社会主义国家，两者在意识形态领域有着明显的差异和不同，但是在教育逻辑、教育内容和方法上具有共通性。

在教育逻辑上，资本主义国家的思想政治教育是以巩固资本主义政权为根本任务的，因此在教育中着力强调资本主义制度的优越性，通过公民教育等方式让社会成员了解和掌握资本主义制度的政权系统、制度结构和运行规律等内容，通过证明其制度的合法合理性使社会成员自觉认同并对国家忠诚。作为对立面的社会主义，则是予以坚决的反对和排斥，在对比中形成自身优越性的证明。当然，基于资本主义立场的解读带有明显的主观倾向，缺乏客

---

[1] 陈立思主编：《比较思想政治教育》，中国人民大学出版社2018年版，第77页。
[2] 张耀灿：《思想政治教育学科建设研究》中国人民大学出版社2017年版，第143-144页。

观的理论依据和现实支撑。我们并非要借鉴其教育内容,而是透视其教育内容的底层逻辑,那就是以彰显制度的先进性和优越性为主导,在全面解读制度系统和进行差异比较中形成自身先进性的证明,以此达到维护自身政权的目的。中国在开展思想政治教育中可以借鉴其中的教育逻辑,充分认识到培养社会成员对于社会主义制度的认可和忠诚是关键,着力加强对于自身制度优越性的研究和教育,使社会成员了解和认知社会主义制度的历史演进、运行特征、价值取向等内容,在此基础上形成自觉的认知并逐渐上升为自信和爱国的精神力量。

在教育内容上,无论是资本主义国家还是社会主义国家,为了维护和巩固国家政权,都会生产丰富的教育内容,包括"政治教育、法制和纪律教育、道德教育、思想(世界观、人生观、价值观)教育、宗教教育、人格教育等诸多方面,涉及思想意识、文化心理和行为模式等各个领域"。[1]虽然各国在教育的具体目标任务上具有不同的特点,在概念和名称的使用和解读上各有特色,但是作为人类共同历史发展进程中的某一阶段,因共通的历史大背景,在教育内容上必然会形成某些相似性和普遍性的内容。比如道德教育,英国道德教育注重公民意识的培养,公民参与以及公共道德的塑造,培养具有自由平等意识,具有高度责任感和具有公共道德的合格公民。法国的道德教育注重培养学生高尚的道德品质,勇敢、荣誉、政治、宽容等都是其道德教育的题中之义。中国的公民道德教育以培养社会公德、职业道德、家庭美德、个人品德为着力点,倡导富强、民主、文明、和谐、自由、平等、公正、法治、爱国、敬业、诚信、友善的社会主义核心价值观。虽然各国在具体内容选择和阐释上有所不同,但在对崇高道德和价值的追求和取向上具有共通性,这为具体考察不同国家在道德教育方面的实施并批判性地学习和借鉴提供了逻辑前提。

教育方法是传播教育内容,实现教育目标的中介和手段,方法具有普遍性和丰富性的特点,方法本身并不具有意识形态的突出特性和内在影响,比如学校教育是各国开展思想政治教育的主要形式之一,这种形式不会因为在资本主义国家的使用而被其他国家否定和排斥,我国也是以学校教育作为思想政治教育的主阵地,教育方法的工具性价值表明了其适用范围的广泛性,

---

〔1〕 参见陈立思主编:《比较思想政治教育》,中国人民大学出版社2018年版,第2页。

其他国家的教育方法是可以被学习和借鉴的。比如英国在实施公民教育过程中非常注重知识教育和价值教育的协同育人模式，而且取得了较为有效的教育成果，我国也可以借鉴这种方法，结合具体的国情开展相关教育实践。

西方的政治学理论，一直非常关注公民在国家建设中的作用，培育与制度相符的公民被视为国家建构的核心。孟德斯鸠认为，政体的基本原则事实上是政体得以支撑和运作的国家价值取向和精神基础，其现实承载者就是公民，而配置的途径就是公民教育。因此，公民对政权、制度和国家的认同，很大程度上要取决于建构与政体相适应的公民教育体系。[1] 英国在近代以来取得了举世瞩目的成就，作为一个独特而又典型的国家，英国的公民教育具有许多成功的经验，也存在很多问题，这些都值得我国教育工作者加以思考和分析。当然，公民教育本身就是为迎合本国的政治文化而构建起来的一套系统，必然会随着不同国家的民族文化背景而改变，因此孤立地分析或是完全照搬，显然是不可行的。然而也要看到，虽然英国与中国的国情不同，但英国公民教育中尊重人的主体性，注重知识教育和价值教育的协同发展，重视个人参与国家事务的理念等具有普遍的意义，世界上不同的国家在这些方面的追求具有相似性。纵观英国现代公民教育的发展轨迹，从最初的民间倡导为主，到政府的谨慎支持再到后来的大力推行和改革，历经不懈地调整和修正，英国的公民教育表现出强烈的批判性和鲜明的时代感，而其中的合理理论和实践，为我国当前开展相关教育活动提供了借鉴。

一、注重主体性的协同发挥

主体是一个哲学概念，马克思主义哲学的核心思想在于实践，强调了人的主体性。该理论认为，人类的实践活动是理解和解释主体性的最关键因素。人只有在实践活动中才能把自己的思维和想法呈现出来，它是连接主观世界和客观世界的纽带，如果没有作用于客体的实践活动，也就无从谈及主体，就是在这种对象化的过程中，人的主体性得以突显。在马克思主义哲学中，实践被视为主体性的核心。人们通过参与实践活动，发挥主观能动性来改造世界，这是马克思主义哲学与其他哲学体系的主要区别。第二个维度是"现

---

[1] 参见林尚立：《现代国家认同建构的政治逻辑》，载《中国社会科学》2013 年第 8 期。

实的人"，马克思认为人的本质是一切社会关系的总和〔1〕，主体是指能够发挥能动性并指导具体实践的"现实的人"。主体性就是指"现实的人"在实践活动中所表现出来的能动性、自主性和创造性。具体到教育领域，教育者、教育对象作为教育教学活动的重要组成部分，是认识活动和学习活动的主体。教育者和受教育者在教育活动过程中都具有能动性，教育者可以对教育活动进行分析和改造，受教育者也不是被动地将所学的内容内化为自身的思想，而是主动地进行选择、收集、分析、创造，加入个人的理解，对教育内容进行转化，在与外界的对照中有选择地吸收或排斥，只有那些被教育对象认同的内容才会内化于心，并创造性地外化于行，因此才会在具体行为实践上呈现出差异化的特点。这就要求思想政治教育在实施中要注重个体的主体地位，创造有利于教育个体的主体性发挥的民主、开放的教育环境，注重教育系统和教育过程的主体性构建，构建主体性的协同发挥，着力培养教育个体的主体性品质，弘扬其自主性和能动性。

英国长期受自由主义思想和人本主义的影响，历史上关于自由民主思想的探索和重大发现，"给世界的自由民主运动及探索提供了重要的指导，使自由主义公民观一直支配了从过去两个世纪至今的历史"〔2〕。人本主义认为每一个个体都是独立的存在，其主体特征应该得到尊重，其个人的能动性应该得到充分的发挥，个体的权利是国家存在的基础，个人的权利和自由必须得到国家的重视和保障。人本主义强调个体的需求和自我发展，注重个体的自我体验、行为实践，这为人们认识教育的现象，发现教育的内在规律，彰显人文精神和价值，促进人的全面发展提供了理论基础。

英国非常注重以个体为本位的主体性原则，这在公民教育上得到了很好的体现。首先体现在为个体营造自由平等的发展环境，"这一环境保证所有人创造发展他们的本性和体现他们的不同特性；防止任意使用政治权威和强制权力；公民参与决定他们联合的条件（包括尊重个人判断的可靠性和合理性的设想）"〔3〕。科瑞克的民主和政治教育思想为推进英国公民教育的变革提供了理论依据和现实保障。他认为民主不仅意味着制度，还代表了行为，每

---

〔1〕 参见《马克思恩格斯选集》（第一卷），中共中央马克思 恩格斯 列宁 斯大林著作编译局编译，人民出版社1995年版，第60页。

〔2〕 李丁：《英国青少年公民教育研究》，人民出版社2012年版，第221页。

〔3〕 唐克军：《英国学校公民教育》，中国社会科学出版社2021年版，第12页。

个人都应该作为有价值的人得到平等尊重,实现不同意见的表达和对话,所以科瑞克推行的公民教育非常注重公民的个体性,所有人的意见都应该充分地表达和呈现。其次,体现在公民教育"以学生为中心"的教学过程中。学校为受教育者提供了发挥能动性和创造性的条件和保障,促使自我的成长和进化。教师不是单纯的知识灌输者,而应成为促进学生自我成长、自我完善的引导者、参与者,采取灵活多样的教育方法,鼓励、关怀和帮助学生激发自身的潜能,试图在老师和学生之间建立一种平等、信任的和谐师生关系,实现人与人之间的平等对话和思想交流。在英国,学校普遍安排班级圆桌会议作为班级讨论场所,借此发展学生的民主观念和决策能力,还推进教师采取民主的教学方式强化学生参与,海菲尔德小学通过采用班级圆桌会议等参与方式,成功地将这所曾经被学生调皮捣蛋问题所困扰的学校改造成了一所备受赞誉的积极行动学校。在这里,成年人和孩子共同合作,针对制定规则的问题展开讨论并达成共识,同时还利用圆桌会议来解决诸如霸凌等问题。[1]再次,学校文化为个体的全面发展提供保障。学校在培养学生自我成长和发展中善于营造良好的学校文化氛围,鼓励师生间形成真诚信赖的平等关系,人与人之间拉近关系、促进对话和互动。在交流中感受到自我成长的充分空间。民主的感觉是民主风气的直接产物,民主的校风意味着师生感到轻松、友好、非权威和学生的意见受到重视的气氛。民主的学校不仅对每个青少年友好,还展示其精神特征,这种精神会使师生关系更好;年轻人愿意负责;纪律得到改善;疏离感减少;学校更为有效。个体对风气什么感觉,就会产生什么样的行为和成长。当教师和学生营造了开放和温暖的氛围,学校成员之间出现尊重和平等的气氛,学校重视每个学生的意见,鼓励学生表达观点和倾向性,学生会从内心深处认可学校并自觉接受学校的教育,使学校成为更快乐、更有创造性和更为有效的机构。《课程检视:多样性和公民身份》中建议所有学校都应该建立适当的机制,确保倾听学生的声音并采取相应行动。

　　思想政治教育的对象是人,以人为本,推动人的全面发展是思想政治教育的最终追求。中国共产党历来非常重视思想政治教育工作,党的二十大报告提出"六个坚持",其中第一个就是坚持人民至上。作为教育对象的人具有主体性,因此人的个性的自由发展是思想政治教育的关键。教育者作为思想

---

[1] 参见唐克军:《英国学校公民教育》,中国社会科学出版社2021年版,第268页。

政治教育的实施主体，是影响思想政治教育成效的重要因素。教育者的观念、思想和行为对受教育者产生重要的影响。教育者的政治行为，影响受教育者的政治社会化，教育者的道德行为，影响受教育者的德性成长，教育者的行为实践，影响受教育者的行为发生，因此教育者要不断提升自身的素养和专业水平，建立共同发展、相互信赖的师生关系。此外教育方法是实现教育目的的手段，对受教育者的接纳和吸收产生影响，要实施主体性教学，在教学内容和方法上寻求改善，培养学生的主体意识。在对学生进行思想教育的过程中，学生的主观能动性是重要的教学成效保障。要充分尊重个体差异化的需求，坚持以人的全面发展为指引，依据不同学生的特点和需要制定差异化的教育内容，使用多样化的教学方法，真正实现因材施教，能够帮助学生从被动地接受转变为主动地吸收思想政治教育的内容，形成自身的主体意识，塑造健全的人格。这就要求教师要在主体性视域下发展自身的能动性，转变传统的教育理念，持续学习和改进适应学生发展特点的教育方式，以增强教学的有效性和针对性。此外还要注重思想政治教育的管理对受教育者的行为影响，这主要表现在对受教育者内部系统的引导和外部系统的规范。在教育中进行管理，在管理中进行教育。一方面要运用制度性的规范形成外部制约，另外也要采用一些非制度性的方式进行教育，影响受教育者的内部心理，通过内外合力，引导受教育者实现自我成长。

二、构建知识和价值兼顾的育人体系

跨课程的渗透性教学是英国公民教育的一大特征，一直为英国的教育政策所强调。英国官方文件要求将公民教育作为基本主题贯穿所有的学科教学。1990年，《支持公民教育》中提出公民教育包括：理解规则；认识活动；技能的培养和运用；通过学校活动学习民主的行为，从中学会在更广大的社区发挥作用。该报告要求在第二关键期通过英语、科学、历史和地理等课程学习"做公民"，学生要开展关于早期文明和法律等研究，开展社会调查并分析原因，提出对策；在第三关键期要通过英语、历史、宗教教育和社会科学等课程学习"做公民"，学生要探讨人权问题，开展相关实践活动；在第四关键期要借助技术、英语、科学等课程学习"做公民"，要参与社区实践项目。1998年《科瑞克报告》建议英国学校将公民教育与其他科目结合，尤其是历史与公民课的结合有明显的教育优势。[1]

　　跨课程是一种以一门课程为基础,通过与其他课程的整合来解决问题和开展社会行动的教学方式。与传统课程不同,跨课程是以学生为主、教师为辅,通过学生自主开展问题分析和路径探索,最终达成学习目标。学生通过批判性地调查社会问题并采取实际行动参与并解决问题,深化了对民主的理解,挑战了知识的权威,重新界定了课程的权力关系。美国学者詹姆斯·班克斯将课程整合划分为四个水平,分别为贡献方式、增添方式、转化方式和社会行动。"贡献方式"就是对其他课程目标所做的贡献;"增添方式"就是在不改变原有课程目标的前提下增添新的内容;"转化方式"就是通过不同的观点看某一问题;"社会行动"就是根据学生自己的发现采取相应的行动。[2]

　　唐克军基于这四种课程整合的方式分析英国跨课程的公民教育方式。第一是对公民教育目标做贡献。通过历史、地理、语言等课程都可以增进对社会、政治等公民知识的理解;还可以增强对政治价值观和国家的认同。1988年,英国开始实行统一的国家课程,教育大臣肯尼斯·贝克说,国家课程可以增强我们社会的凝聚力。在1996年的地理学会年会上,有人提出,面对日益趋同的全球文化,地理应该培养人们的国家共同体意识。第二是将公民主题与学科教学相结合。跨课程的公民教育就是超越本学科的内容表达政治价值的追求。比如在英语课上探讨关于人类道德行为的特征,在语文课上探讨社会和道德问题,在数学课上反思对于数学教育中的社会文化问题等。第三是在学科教学中坚持批判性。教育要求人们始终保持一种改造现实世界的批判精神,这是批判教育学的核心,促使人们重新审视权力的基础议题。比如英语课要求学生进行批判的反思,形成理解语言过程和结果的意识;通过地理教育培养民主积极的公民。第四是通过公民教育主题活动实现变革。公民教育关注的很多问题也是其他学科如历史、地理、戏剧关注的主题,通过对这些问题的关注和分析,开展社会调查,并采取相应的社会行动改变现状,解决问题。比如戏剧课程为年轻人提供了民主参与的空间,在戏剧创作和扮

---

[1] 参见唐克军:《英国学校公民教育》,中国社会科学出版社2021年版,第152-153页。

[2] See Ian Davies, *100+Ideas for Teaching Citizenship*, Continuum International Publishing Group, 2011, p.91.

演中培育了参与公共事务的积极公民的潜力。[1]

我国传统的思想政治教育比较依赖经验性的教学方法，注重显性教育的作用，以单向的知识灌输和讲授为主要形式，缺乏对教育对象差异化需求的充分关注和高度回应，由此导致了以教育者为主、教育对象为辅的问题。新时代背景下，价值观教育需要尊重人的发展规律，遵循教书育人的逻辑，面对教育对象认知水平的提升和日渐增加的需求，积极回应，寻求创新和变革。

在传统教育体系中，思想政治教育和专业教育存在较大的价值观分歧。人具有自然属性和精神属性，人的全面发展要求自然性和精神性的统一。人的本质属性决定了课程需要同时承担知识传授和价值观教育的功能。知识教育主要目的是教授专业知识和技能，主要为社会培养具有某种专长和技能的人，因此以客观的知识传输为主，力求呈现事实本来的样子，以此实现人的自然性。思想政治教育关注人的培养本身的问题。通过价值引领和教育使人树立正确的世界观、人生观和价值观，妥善处理个人与共同体的关系，培养必要的政治意识和观念，解决人的精神性。但是现实生活中，知识教育与价值观教育通常是相互分离的，这与教育同时肩负追求知识和塑造人格的双重任务不相符，片面强调知识性的专业教育无法解决人的全面发展的问题，而且也没法解决新时代人民对于物质生活和精神生活的更高要求。从目前的思政教育现实情况来看，思想政治教育对于具体社会问题缺乏强有力的解释，而受教育者普遍对思想政治教育感到反感和厌倦。这事实上就是专业教育与思想政治教育脱节导致的，思想政治教育沦为空谈，教育的育人导向和实践路径矛盾突出，未能形成合力。事实上，专业教育和思想政治教育的融合是实现人的全面发展的本质要求，而且两者的统一也是解决社会矛盾，促进共同发展的现实要求。

在时代的召唤下，"课程思政"被提出，这是我国在价值观教育领域的创新，将思想政治教育扩展到所有专业课，改变了传统思想政治教育的教学形式，实现了人的物质需求和精神需求的高度统一，具有鲜明的时代特征和深刻的价值内涵。"课程思政"为课程育人指明了方向，是提升思想政治教育科学性和有效性的重要举措。但是也要看到，由于"课程思政"作为新提出的育人观，发展时间不够长，还在不断进行探索和调整，在有些实施环节上还

---

[1] 参见唐克军：《英国学校公民教育》，中国社会科学出版社2021年版，第155-173页。

不够成熟和完善。比如有的"课程思政"由于没有从立德树人的高度进行设计和建构，导致定位不准、规划不够长远，没有真正掌握思政在专业课中的内涵和作用，缺乏对思政的专业投入，有的甚至生搬硬套地在专业课堂中加入思政元素，导致在"课程思政"方面出现套路化、标签化的倾向，偏离了育人的本意。

英国的跨课程教育很早就有，在多年的实践探索中形成了较为成熟的体系，而且十分强调由学习向社会行动的转化，知识性与实践性关联度很高，我国在开展相关思想政治教育创新探索的过程中可以借鉴英国好的做法和经验，结合自身特点，推进构建课程育人的新格局。

三、构建统领多元的价值共识

英国社会具有典型的多民族、多宗教、多文化的特点，尤其是二战后，随着移民的大量涌入，英国呈现出前所未有的多元化趋势，有学者曾说，在英国能够看到世界上任何一个民族的人，虽然可能有点言过其实，但却从侧面反映出了英国社会多元化的显著特征。英国长期以来是多元文化政策的倡导者和实施者，在很长一段时间里多元文化政策在协调不同民族、不同文化，促进民族融合方面发挥了巨大的作用。这些都反映在英国公民教育的指导思想和具体实施上。英国注重通过公民教育进行多样性和统一价值观的教育。培养学生在塑造核心价值观的基础上，尊重、包容不同群体和个人在价值观念、宗教信仰、生活方式等方面的差异和多样性。例如《科瑞克报告》提出公民教育要在不同的种族和宗教身份之间搭建桥梁，要为英国制定一个明确的多元文化公民观念，应对种族问题需要采取更加多元化的方式，这要求对种族多样性时刻保持敏感，同时尊重个人和他们所属的社会群体的公民身份。多数人必须尊重、理解和宽容少数人；少数人必须学会尊重多数人的法律、规则和习俗。在 2007 年颁布的《课程检视：多样性与公民身份》中规定新的公民教育课程将于 2008 年 9 月开始施行，将多样性问题纳入其课程体系，年轻人需要学习如何尊重多元文化，并在多元背景下培养有能力处理利益和观点分歧的能力。

"社会是由具有不同社会地位、不同利益诉求、不同思维方式和价值观念的个体所构成的，将这些千差万别的个体整合在一起，形成推动社会存在与发展的凝聚力，是社会良性运行的基本前提与必然要求。"〔1〕凝聚社会成员的价值共识，是促进社会整合，维系国家统一和稳定的基本前提。价值共识是指一套能够被大多数人接受和认可的价值体系和准则。价值共识是实现社会整合的精神力量，也是维护社会秩序稳定的心理基础。社会共识程度越高，社会结构就越发牢固。事实上，随着人类社会历史的发展，不同的国家形成了不同的价值取向，就算同一国家内部也存在着来自不同民族、不同阶层成员的不同价值观，价值的多元特点是现实。如何在多元中构建统一性，是多民族国家必须思考的现实命题。以社会价值共识统领多元价值认同，能够使社会成员在遭遇价值冲突时，用价值共识作为判断标准，自觉约束自身的价值取向，化解因价值差异而导致的政治、经济、文化等层面可能存在的分歧和矛盾，自觉维护国家的政权系统，这些都对维护社会的稳定和谐至关重要。在多元价值分歧日益突出的时代背景下，凝聚社会价值共识是摆在多民族国家面前的现实问题，也是新时代思想政治教育的重要任务。

有学者指出，公民教育实质上就是国家认同教育，〔2〕培养公民的共同价值观和对国家的认同是公民教育不可推卸的责任和使命。进入21世纪，多元文化主义在英国的弊端日益凸显，英国社会矛盾加剧，种族冲突和骚乱不断发生。英国政府开始意识到培养共同价值观的重要性，工党政府提出了"共同体凝聚"政策，布莱尔多次提到"英国性"的重要性，前首相布朗也提出英国要以共同价值观来增强国家凝聚力，卡梅伦提出"共享价值"的概念，并宣布在学校积极推广"基本英国价值观"教育的新政策，他认为英国需要某种形式的价值共识来团结彼此，建立共同家园。核心价值观是在多元文化背景中寻求社会共同认同的价值路径。如果只是片面强调尊重不同民族的文化特性和差异，不作任何整合和凝聚的努力，国家内部缺乏共享的价值观塑造和培育，那么就会对国家的稳定和团结构成威胁。

核心价值观作为文化的内核，体现着一个社会基本的文化精神，蕴含着共同的社会理想、社会价值和社会行为规范的基本取向，具有整合社会意识、凝聚国民共识、维系国家认同的重要作用，对于维护多民族国家的统一和稳

---

〔1〕 沈壮海主编：《新编思想政治教育学原理》，中国人民大学出版社2022年版，第57页。

〔2〕 参见韩震：《全球化时代的公民教育与国家认同及文化认同》，载《社会科学战线》2010年第5期。

定至关重要。中国有56个不同的民族，每个民族都具有自己民族独特的生活方式、文化传统和语言习惯，再加上不同地区在经济社会发展水平上呈现出不平衡的特点，这很容易产生分化甚至分裂，从而影响国家的统一。此外，随着全球化和一体化的多重影响，西方资本主义价值观持续渗透，来自国内不同阶层和群体和国外不同国家和组织的多重价值取向为我国的国家建设和社会稳定带来了严峻的考验。各种社会思潮交织并存，个体的价值取向越发多变，社会多元化已成为必然趋势。社会越是向着多元化发展，就越需要有共同的价值来引领，从而保证国家和社会的稳定发展。事实上，在讨论价值共识时，已经预设了一种基本的理论前提，那就是价值的多元性。国家的整体性特点要求必须基于多元性，凝练统一性，主流价值观应该以能被大多数人所认可和接受的共同理想为其方向，社会成员共同为之努力。

社会主义核心价值观是当代中国的主导价值，是社会主义先进文化的精髓，也是中华民族共同理想信念的集中体现，有着广泛和坚实的文化背景和思想基础。它扎根于中华民族的伟大实践，具有科学性、包容性的特点，将马克思主义作为其理论遵循，结合中国的实际，树立了基本的道德规范和行为准则，同时又吸收和接纳了其他积极的价值思想。它在我国各种文化价值目标中居于统摄地位和支配作用。弘扬社会主义核心价值观有助于超越文化差异，消除隔阂和分歧，整合社会力量，增进文化归属感和向心力，促进社会团结，维护社会的有序运行。

思想政治教育的价值导向是一元统领多元。当然也要注意，由于是自上而下的统一贯彻，思想政治教育在发挥国家认同和社会整合功能时带有一定的强制性，但正是在这种情况下，要特别注意关照不同民族的价值诉求，给予差异化足够的尊重和空间。尊重多样性并不意味着侵蚀统一的国家认同，相反，文化的多样性可以作为繁荣社会的契机，通过对多样性的深入了解，培养学生在面对多种挑战时的理性思维和应对能力，为未来生活做好准备。

四、强调教育全过程的实践性参与

实践性是思想政治教育的基本属性，马克思主义哲学认为，实践不是停留在思想意识的活动，而是通过人与客观世界的相互作用而引起的客观世界的实际变化，是连接主观世界和客观世界的纽带。马克思在《关于费尔巴哈的提纲》中指出"全部社会生活在本质上是实践的"[1]，这一论述揭示了社会和人的本质。思想政治教育的对象是人，人作为实践的主体，是客观存在的现实的人，同时具有身体力量和精神力量，两者相互依存，不可分割，都是在社会实践的过程中形成的。人的主体性的确立是个体在实践中所呈现的能动性、创造性，是以实践为基础而形成的。思想观念虽然来自主观世界，但其产生的来源、发展的动力，皆要归结为客观世界的实践。思维的真理性也要放在实践中加以检验，从而实现主观世界和客观世界的统一。思想政治教育以个体的主体性发挥为重要表征，实现精神向物质的转变。具体表现为主体的能动性、主体的自主性和主体的自为性。主体的能动性是人在认识和改造客观世界中所表现出来的精神状态，突出表现在目的的设定上，通过思想观念，预先设定行为目标，用自己的意志指导现实的实践。主体的自主性表现为教育对象在实践中展现的能够不受他人影响的进行自主的判断和自主的实践的能力，表现为实践对象的占有和支配。主体的自为性是自主性的拓展，自主是自为的前提，自为是自主的目的。自为就是指个体借助实践实现发展目标的现实化、对象化的过程。[2]在当代，发挥思想政治教育的实践性具有重要的意义。随着人们认知水平的提升，社会实践的迅速发展，思想政治教育必须进行深入研究和认识，从客观实际出发，结合鲜明的时代性特点，不断深化对教育的认识，忽视实践性，思想政治教育活动就会失去动力和基础，陷入经验主义和教条主义，束缚人的思想进步和全面发展。

公民教育是一项带有很强实践性的系统工程。积极公民很大程度上就是参与的公民，参与是公民教育的核心与有效途径。公民教育不仅要培养具有政治素养的公民，更重要的是要培养积极参与国家事务的具有公共精神的合格公民。公民个人和国家之间不是单向的关系，而是双向的互动过程。纵观英国的公民教育发展史，参与和实践是贯穿教育始末的一条主线，在诸多公民教育的实施文件中都特别提出了实践和参与国家事务的具体要求和实施路径，要求学生不仅掌握有关民主决策、政治参与、社区服务的相关知识，还要直接地参与到具体的实践中，在实践中感受和践行。

---

[1]《马克思恩格斯选集》（第一卷），中共中央马克思 恩格斯 列宁 斯大林著作编译局编译，人民出版社1995年版，第56页。

[2] 参见曹群：《论思想政治教育的实践性及其体现与发挥》，载《思想教育研究》2018年第11期。

在英国，公民的社区参与被视为获得公民资格的重要条件。《科瑞克报告》中把社区参与作为与社会和道德责任以及政治素养相互关联、相互依赖的重要公民教育内容之一。完整的公民身份意味着公民对国家的政治和地方社区的全面参与。报告还要求借助社区参与将学生所学的知识和技能贡献给公共社会，提高学生在社区中的负责任行为，促进社区的繁荣。报告还要求通过学校和社区参与、案例研究等方式讨论身边发生的社会问题，帮助学生将地方的学习与行动和全球性的思考相结合。《课程检视：多样性与公民身份》也指出，学校应该建立与社会的联系，为学生提供实践的机会，在实践中巩固所学的知识，锻炼相应的公民技能。学校的课程应该以当地社区的参考框架为基础才能扩展到国家和国际层面。多样性和公民身份教育必须与学生的日常生活相结合，学校和社区都必须作出努力，为学生提供实践和参与的机会。英国的许多中小学，都会安排"社区服务计划"。英格兰2002—2008年中学公民教育纵向研究发现，绝大多数学校与当地社区保持着良好的互动关系，83%的学校领导赞同学校与当地社区维持这种关联。[1]一些学校让学生参与地方社区甚至更为广大的世界，包括走访地方和国家的政治机构和开展一些国际互动等。

此外，英国的公民教育还特别注重学生的班级参与和学校参与，将实践性贯穿于日常教学、班级管理和学校生活的每一个环节。学生表达对学校的意见以及学习和决策等活动中的互动式参与，是对学生在公民方面的知识学习的最直接、最快速的运用，对未来参与真正的社会实践具有积极的促进作用。学生的参与不仅增进民主的公民教育，而且让学校成为更有创造性和更为有效的机构。英格兰教育局为公民课提供了有效的公民教育咨询活动的设计。通过设置专门性的咨询活动，吸引青少年参与并分享他们对社会问题的态度和观点。英国学校还非常看重学生通过学校委员会或学生委员会参与的作用。英格兰2002—2008年度公民教育的研究报告表明，所有受访的学校都通过这两个机构参与学校的决策。比如阿卡迪亚中学，学生代表参与课程评估、面试新职工，并作为学生董事参与学校董事会的会议。有的学校让学生出席教学会议，并就学校的相关具体工作咨询学生的意见，学生参与学校管理和决策的作用受到重视和强化，参与的过程本身就是知识的转化和运用过

---

[1] 参见唐克军：《英国学校公民教育》，中国社会科学出版社2021年版，第294页。

程，是主观世界在客观世界的反映和实践。[1]

我国的思想政治教育，以理论教育为主要形式，是由教育者根据国家的教育方针，有目的、有计划地给受教育者传授社会主义理论或者引导受教育者学习各种社会知识，培养正确的世界观、人生观和价值观，并以此提高政治素养，完善个人发展的一种教育方式。实践教育就是使受教育者在学习过程中参加社会实践活动，调动社会资源，达到知识与应用的高度统一。目前来看，我国的思想政治教育往往比较注重理论知识的传授，忽视了实践教育的价值和作用，缺乏完善的实践层面的系统化设计，较少通过组织学生参观访问、社会调查等实践教育环节实施思想政治教育，导致学生的学习积极性不高，有的甚至产生反感情绪。实践性是思想政治教育的本质属性，知识教育是基础，同时还需要培养运用知识进行实践和融入公共生活的能力。思想政治教育应该将实践放在重要的位置，积极搭建实践平台，以赋予其更完整、更有活力的内容。首先，学校作为教育的主阵地，应该为思想政治教育实践创造条件。在开展课堂教学方面可以采取更多互动式的教学方式，通过讨论、演讲、模拟等活动增强学生理论结合实践的能力，其次，畅通渠道，通过学生会等方式让学生参与学校的管理、发声，培养他们的参与能力和民主意识。最后，应该充分利用社会资源开展实践，毕竟教育的最终目的是为学生以后融入公共生活服务的，那么将平时的实践扩展到社区乃至国家层面，将更直接更生动地增强学生生活的体验。国家和社会应该建立完善的思想政治教育实践机制，努力创造条件、提供指导，国家、社会、学校开展联动，组织学生参与社会的公益活动、了解国家决策程序、政治制度等，在实践过程中掌握社会参与的方法，培养批判思维和合作能力等实践技能。

第二节　对我国国家认同建设的启示

作为一种重要的国民意识和政治资源，国家认同不仅是个体发展的重要保障，同时也是维系国家存在和发展的纽带。在现代国家中，国家认同是合法性的基础，而对于多民族国家而言，维护民族团结的基本条件也与国家认同密不可分。当今世界，尽管不同国家在政治制度、经济发展水平和文化传

---

[1] 参见唐克军：《英国学校公民教育》，中国社会科学出版社2021年版，第263—275页。

统方面都存在不同程度的差异，但每个国家都非常重视构建国家认同，要求本国公民对所属国家认可和忠诚。英国作为最早进入现代化的国家，在近代人类历史发展进程中扮演了举足轻重的角色。英国很早就以一个统一的民族国家形象出现，"英国性"被很好地表达和传播，随着国内外局势的变化，英国国家认同出现危机，国内民族主义抬头，英国采取了一系列维系和强化国家认同的举措，深入认识和借鉴西方国家认同建构的策略，有利于为我国现代化建设和社会主义民主政治建设提供参考。

一、构建基于制度性完善的政治认同

（一）完善社会主义民主政治建设

现代国家认同的现实政治基础是民主。"人民是建构国家制度的主体，是国家权力的唯一来源……只有基于民主原则发展起来的现代国家，才有现代国家认同问题。"[1]因此，要想建构有效的国家政治制度，必须坚持民主的原则，只有人民对国家的认同是发自内在的，才能真正地做到拥护国家制度体系，形成强烈的国家认同。民主构成了现代社会政治合法化的必要基础。

各国政府都在政治实践中竭力构建公正合理的制度体系，扩大民主，加强对政治权力的监督，维护和保障人民的权利，与其对应的社会、历史、文化形成内在契合，为社会成员提供充分的自由空间、保障条件和发展可能。维护人民的权利、规范国家的权力、维护公共利益，要求政治制度体系不但要具有价值上的合理性，还要具备工具上的合理性和有效性，只有两者有机统一，才能真正实现国家的稳定和巩固。因此必须将国家制度的建立置于具体的社会、历史和文化场域，其既是特定的社会历史和文化的产物，同时又是维系和巩固社会、历史和文化的重要保障。由此，国家制度就能够构建起具有稳定社会心理和文化传统的国家认同，从而保障国家统一和稳定。

英国在近代人类历史发展进程中扮演了重要的角色。英国最早实行政治变革，为西方资本主义的民主制度提供了样板。现代政治制度的起源可以追溯到英国，其中许多要素，如分权的原则，全民选举的原则，行政从属于立法、政府向选民负责的原则，法治而不是人治的原则，等等，最早都是在英

---

[1] 林尚立：《现代国家认同建构的政治逻辑》，载《中国社会科学》2013年第8期。

国形成的。民主化、法律化、制度化这些现代国家普遍要求的概念，也源于英国。英国政治制度几乎是现代西方国家政治制度的源头，大多数国家都在不同程度地基于英国样板而建立起自己的政治制度。[1] 英国的政治制度发展史始终以争取民主的权利为主线，早在盎格鲁-撒克逊人定居英格兰时，就形成了"王在法下"的政治价值观，如果从《大宪章》的诞生算起，英国的政治制度已经有800年左右的历史。1688年光荣革命，英国社会的政治斗争都是以王权、宪法和议会的权力分配为中心的。这一时期，权利法案的颁布提出个人自由的权利必须受到国家的保障，其他政治制度如议会制、选举制、内阁制等都在其中初步形成。19世纪中后期以来，英国工人阶级掀起了争取民主权利的一系列运动，英国民主政治制度进一步发展，20世纪以来，英国的政治制度日渐完善，基本上完成了民主化的进程。

当然，资本主义国家的民主政治本质上还是为资产阶级的统治而服务的，是一个阶级对另一个阶级的统治，制度本身具有局限性，不是真正的民主。我们必须要批判地看待西方的民主政治制度内涵和本质，但是，英国在漫长历史中，对于权利、平等、自由等具有普遍性意义的民主内容的孜孜以求，为中国当代民主政治建设提供了一定的参照。

民主政治制度建设是加强多民族国家政治合法性和政治认同建构的核心内容。戴维·伊斯顿（David Easton）将国家政治系统的合法性危机分为政治权力、政治体制和政治共同体认同危机。[2] 要想避免认同危机，就需要从这些方面增强政治系统的合法性。政治制度设定了一系列程序化的政治特征和政治行为准则，其中，最重要的就是以宪法为核心的政治制度建设，这在每个国家都是民主政治建设的核心内容，它不仅规定了国家权力正当性的来源，也赋予了政治权力运行的正当性，保证了国家意志的实现和国家政治领域的稳定。以宪法为核心的政治制度体系是多民族国家统一的基础，必须确立和保持宪法的权威性，以确保其协调多民族国家内部差异的根本性原则。

习近平在党的二十大报告中指出："全过程人民民主是社会主义民主政治

---

[1] 参见钱乘旦、陈晓律：《在传统与变革之间：英国文化模式溯源》，江苏人民出版社2010年版，第1页。

[2] 参见暨爱民：《国家认同建构：基于民族视角的考察》，社会科学文献出版社2016年版，第818页。

的本质属性,是最广泛、最真实、最管用的民主。"[1]报告将发展全过程人民民主作为中国式现代化的一个本质要求,并以此为起点对民主政治建设进行了全面部署。新时代背景下,全过程人民民主是具有中国特色的社会主义民主政治的概念,是习近平新时代中国特色社会主义思想的重要组成部分,是在总结和继承民主政治建设规律的基础上提出的新思想,是社会主义民主政治建设的继承和发扬。人民当家作主是社会主义民主的核心,也是全过程人民民主的关键,体现了马克思主义关于民主的本质要求。经过长期的探索和实践,我国的社会主义民主制度形成了完整的制度体系,还注重制度向民主实践的转化,有着完整的全面的参与实践的链条。我们要坚持走中国特色社会主义政治发展道路,毫不动摇地坚持和巩固中国特色社会主义制度,在健全和完善政治民主制度体系中充分发挥中国式民主的优势和特点,深化人民民主实践。

(二) 促进公平发展的需求满足

每个人都需要建立对国家的认同,而这种认同必须基于能够享受国家制度所带来的自由、发展和幸福。人是社会的主体,他们的生产和生活构成了整个社会。为了满足人与社会发展所需的秩序和保障,国家扮演着至关重要的角色。[2]党的二十大报告指出:"必须坚持在发展中保障和改善民生,鼓励共同奋斗创造美好生活,不断实现人民对美好生活的向往。"[3]人民是国家的主人,民众主体性的增长是构建政治认同的内在力量,对美好生活的需求在多大程度上得到满足,将直接影响人民认同国家的程度。新时代,我国社会的主要矛盾已经发生了根本性的变化,对强调"人的发展"的美好生活的向往成为社会成员的新的主导需求。国家满足人的发展需求的制度安排将直接影响人们的自由和发展的空间,进而影响人们对国家的认同。国家认同的建设其实就是国家本身的建设,国家建设的水平将直接决定国家认同的面貌。

英国四个民族地区长期以来在政治、经济、文化等领域存在着较大的差

---

[1] 党的二十大报告辅导读本编写组编著:《党的二十大报告辅导读本》,人民出版社 2022 年版,第 33 页。

[2] 参见林尚立:《现代国家认同建构的政治逻辑》,载《中国社会科学》2013 年第 8 期。

[3] 党的二十大报告辅导读本编写组编著:《党的二十大报告辅导读本》,人民出版社 2022 年版,第 42 页。

异,英格兰因地域优势、人口数量等因素影响,整体发展水平更高,一定程度上说,英国早期历史主要就是英格兰人的历史,是更强势族群与相对弱势族群之间对立冲突与融合的典型例子,英格兰在大不列颠早期的国家建构中始终居于中心地位。随着国家统一性建构和帝国扩张的需要日益增长,英国进行了一系列社会改革,在政治、经济、文化等领域增进地区参与,一定程度上促进了社会公平和发展。深入人心的新教信仰与"文明的使命"持久滋养了英国性的意识形态,自上而下的爱国情怀和对国家的积极忠诚被动员起来,越来越多的爱尔兰、苏格兰和威尔士人参与到国家的事务当中,分享国家发展的成果。

在新的历史背景下,我们必须坚持以习近平新时代中国特色社会主义思想为指导,实现充分的平衡的社会发展。社会公平是美好生活追求的基础和前提条件。社会公平就意味着不断优化利益分配,不断完善社会保障机制,使国家内所有社会成员都能够公平地参与分配、获取发展机会。实现社会公平正义,需要通过制度安排予以保障。经济发展是国家政治建设必不可少的物质基础,是政治权力和政治制度合法性的有力保障。经济的稳定发展和社会生活条件的保障是人民信任和认同国家的前提和基础。国家必须要规划好政府的职能,确保经济的增长,根据集体的需要对生产结构进行调整。社会主义基本经济制度以人民的共同富裕为目标,从所有制经济的发展模式和分配制度等方面形成了保障社会公平的制度性要求。尤其需要指出,我国的部分少数民族地区,因为自然条件和历史文化等因素的制约,地区间经济发展水平呈现不平衡的特点。国家要制定符合民族地区特点的经济发展政策,着力调整民族地区的经济结构,完善经济福利制度,加大政策支持和经费投入,促进民族地区经济的均衡发展。只有使人民能够共享发展的成果,才能彰显国家的能力和对于个体的关怀,从而使社会成员在心理上产生对国家的信任感,进而发展为政治认同。此外,还要加强法制建设和社会保障机制建设,在宪法和法律基础上确立各民族成员的社会行为准则,切实保障各民族成员在社会生活和个人发展中的平等参与和分享的权利。

二、培育中华民族的文化认同

(一)用社会主义核心价值观引导文化认同

核心价值观作为文化的内核,体现着一个国家基本的文化内涵和价值导向,是一个国家得以存在和发展的心理基础和精神灵魂。核心价值观具有社会整合、凝聚共识、提升国家认同的作用,对于多民族国家的统一和稳定具有重要的影响。培育核心价值观能够影响国家内各成员的文化认同,增强个体对于主流文化的认同,增进对国家的认同感和归属感。

进入 21 世纪,面对全球化、民主化的多重渗透,英国社会出现了许多消极负面的现象,青年人消极惰怠、政治意识淡薄,政治参与率明显下降,地区民族主义情绪高涨,苏格兰于 2014 年实行全民公投就是有力证明。为了应对英国国内严峻的社会问题,增强国家的认同感和凝聚力,英国政府采取了一系列有力措施,"共享价值观""基本英国价值观"等概念相继提出,2014年,英国教育部出台《在学校推广基本英国价值观作为 SMSC 教育的一部分——政府给公立学校的建议》(Promoting Fundamental British Values as Part of SMSC in Schools)。该建议提出借助 SMSC 教育(即精神、道德、社会和文化的发展教育计划),增进学生对英国性的理解,将核心价值观与学生在社会、道德、精神和文化方面的发展结合起来,推动核心价值教育成了学校管理的刚性要求。

社会主义核心价值观是中国共产党在深刻认识和理解理论知识和中国国情基础上提出的,内容包括提倡富强、民主、文明、和谐、自由、平等、公正、法治、爱国、敬业、诚信、友善。这二十四个字高度凝练了当代中国的价值共识,反映社会主义核心价值体系的丰富内涵和实践要求,深刻回答了我们要建设什么样的国家、培育什么样的公民的重大问题,是当代中国精神的集中体现。党的二十大报告指出:"社会主义核心价值观是凝聚人心、汇聚民力的强大力量。"[1]这一重要论述进一步强调了社会主义核心价值观的核心地位和深远影响,为全面贯彻社会主义核心价值观、在全社会共建休戚与共的思想道德基础指明了方向。我们要把培育和践行社会主义核心价值观作为凝心聚力、固本培元的基础性工程推进,将中国精神、中国价值融入社会主义建设全局。

当代世界大多数国家都是由多民族构成的国家共同体,如果说文化认同的核心在于构建自身的价值观,那么核心价值观就是在多元文化背景下寻求

---

[1] 党的二十大报告辅导读本编写组编著:《党的二十大报告辅导读本》,人民出版社 2022 年版,第 39 页。

社会共享的，适合共同体稳定和发展的价值观。它提出了一个价值整合的公共标准，超越民族、语言、宗教的文化差异，寻求国民的包容和团结。对于多民族国家而言，国家内部必然包含着来自不同民族的文化传统、宗教信仰、风俗习惯，每个民族都有其独特性，而这些也必然反映并维系着各民族差异化的身份认同。如果片面强调各民族的身份认同，很可能会在国家内部形成一种影响国家认同和社会稳定的力量，极端情况下，会对国家存在的基础造成威胁。中国作为一个典型的多民族国家，每个民族在生活习惯、价值观念上存在着明显的差异，再加上不同区域由于历史、自然等原因在经济社会发展方面不均衡，尤其是中西部地区相对发展水平较低，容易使生活在这些地区的人民产生某种疏离感，进而消解对国家的认同和归属感。这时候，社会主义核心价值观的践行将有助于消除彼此之间的分歧和矛盾，增进国民的向心力和归属感，进而达到维护国家统一，促进社会稳定的目的。社会主义核心价值观在多元文化价值中居于统摄地位，有利于形成统一的中华民族文化认同。对于存在分裂主义倾向的地区，有利于提高民族成员的辨别和判断能力，自觉去"极端化"和抵御外来分裂势力的思想渗透和现实破坏。

（二）以弘扬中华优秀传统文化坚定文化自信

"缺少连续的历史感和文化认同，对某种形式的'总体共同体'的确认和认同也就变得异常困难；而缺少了这种共同体认同，现代个人的自我人格认同和表现便失却了必要的文化中介。"[1]英国一直拥有自由主义的传统，长期秉持着开放和多元发展的原则，在全球化纵深发展的今天，英国顺应时代的要求增加了培养世界公民的内容。然而，英国意识到本民族文化传统对于国家存在的重要意义，"英国性"作为英国文化特性的高度凝练，自民族国家建立以来，一直被视作国家认同建构中的重要工程。面对当下英国社会出现的新危机，英国前首相卡梅伦在出席慕尼黑国际安全会议期间，公开发表讲话称多元文化主义在英国已经宣告失败，并重提"英国性"和"共享价值观"的重要性，英国试图重新塑造具有英国特性的国家认同。

中华优秀传统文化为国民提供了连续的历史感和文化认同，为中华民族共同体意识的确认和认同提供了文化内涵和精神气质。党的二十大报告指出：

---

[1] 赵颖：《文化公民身份与国家认同研究》，东南大学 2015 年博士学位论文。转引自万俊人：《经济全球化与文化多元论》，载《中国社会科学》2001 年第 2 期。

"中华优秀传统文化源远流长、博大精深,是中华文明的智慧结晶,其中蕴含的天下为公、民为邦本、为政以德、革故鼎新、任人唯贤、天人合一、自强不息、厚德载物、讲信修睦、亲仁善邻等,是中国人民在长期生产生活中积累的宇宙观、天下观、社会观、道德观的重要体现,同科学社会主义价值观主张具有高度契合性。"[1]

在传承中华优秀传统文化的同时,要充分体现现代性和先进性,建设与时俱进的现代文化。发挥文化主体的自觉性、反思性,充分发掘传统文化中的优秀内容和价值意蕴,更新文化观念、树立现代精神,以改革和探索的勇气将公民文化植入民族文化,同时也要与当代中国相结合,实现传统与现代的结合。首先要发挥自觉性的作用,全面系统地认识中华传统文化,明确中华传统文化是各民族的集体智慧结晶,不仅包含主体民族的文化内容,也包括其他少数民族的内涵表达,这是一体多元的文化概念,要尤其注重少数民族的文化地位,形成全面体现各民族文化精华的中华传统文化体系。其次要反思文化的现代属性,充分挖掘传统文化中的优秀基因,实现从传统向当代的转化和运用。从当代国民的文化需要和社会发展的角度重新审视传统文化的角色和作用,与时俱进地完善、更新传统文化。当然,在加强与外来文化接触,融入世界文明的过程中,要注意保留自身独特的文化属性和特质。改革开放以来,中国积极向西方开放,又引进借鉴了西方优秀的文化成果,在解决当代问题方面,中国传统文化也显示出了积极的整合价值,为当下世界秩序的整合与重建提供了良好的路径借鉴。

---

[1] 党的二十大报告辅导读本编写组编著:《党的二十大报告辅导读本》,人民出版社2022年版,第16页。

结 语
CONCLUSION

　　本书从国家认同视角考察英国公民教育的发展历程,力图从公民教育和国家认同的相互关系中勾勒英国公民教育的历史发展轨迹,透析国家认同在公民教育中的动态体现,呈现不同历史时期英国公民教育的价值观念和政策实践,总结其发展特征。本书以英国国家认同建构为基本遵循,综合考虑公民教育的主体脉络,将英国的公民教育划分为四个主要的发展阶段,即英国早期的国家认同与公民教育的尝试、帝国主义时期的国家认同与极端整合的公民教育、二战后国家认同的调整与公民教育的理性探索、21世纪前后的英国国家认同的重新塑造与公民教育的变革发展。现代国家建立之初,英国国家认同松散混合,公民教育处于自发的状态,但受到了很多思想家和民间机构的关注,教育不仅强调公民对国家的责任和义务而且也开始强调公民的权利。帝国主义是19世纪后期到二战前国家身份的主旋律,倡导公民教育的民间教育组织和协会成为推动公民教育发展的生力军,公民教育因帝国主义主题的贯彻而呈现出极端整合的特点。二战后国家重新调整定位,多元文化主义兴起,官方转变了以往一直谨慎的态度,开始加强对公民教育的指导,公民教育作为跨学科课程纳入国家管理。21世纪前后,面对日益加剧的国家认同危机,英国提出"基本英国价值观"的概念,注重"英国性"的重塑,公民教育经历了深刻的变革,正式被纳入国家课程,取得了长足的发展。

　　研究国家认同视角下的英国公民教育是为了引发对我国当前思想政治教育和国家认同建设的思考。基于对英国现代公民教育发展轨迹的特点分析和价值透视,本书分别提出了对我国思想政治教育和国家认同建设的启示,对我国思想政治教育的启示包括：注重主体性的协同发挥；构建知识和价值兼顾的育人体系；构建统领多元的价值共识；强调教育全过程的实践性参与。对我国国家认同建设的启示包括：构建基于制度性完善的政治认同；培育中华民族的文化认同。

当然，在肯定英国的公民教育的同时，也必须清楚地看到，其中也潜存着不少的问题，比如由于政府对公民教育的干预和管理时间较短，相对民间组织和非政府组织而言，政府的弱势问题比较突出，因此国家指导性的文件依据无法完全匹配和满足具体实施过程中的需求。再加之长期以来英国各个地区在自己的教育政策上拥有较大的自由度和发言权，因此对公民教育的贯彻和执行中也容易出现不均衡的倾向；英国公民教育源于政治教育，长期以来非常重视政治价值导向的教育，但随着文化多元主义的扩散，教育偏重政治的问题不断受到批评；由于长期以渗透性教学为主要方式，公民教育课在学校缺乏应有的独立地位，导致学校在总体的课程设计、监督评价和学生的学习方面，难以推动公民教育取得实质性的效果。此外，师资缺乏充分的专门性的公民教育培训和辅导，这也是重要问题，有些学校对公民教育的师资分配和使用存在随意性，很多没有接受过专门性训练的老师被安排开设公民教育课程，没有过硬的职业技能和素质，这对公民教育的深化产生了不利的影响。

公民教育是强化国家认同的基本教育路径，在一定范围内能够增强人们对国家的认同感和归属感，有助于弥合民族关系，促进文化包容和谅解，加强民族团结和社会稳定，但是"任何人都不能因此将国家认同的建构完全寄托在国家意识形态层面的教育与宣传上……真正的本在于这种宣传与教育所服务的国家制度是否为创造国家认同提供了可能"[1]。人们是否认同和热爱国家，很大程度上来说，要看国家是否为人的自由和全面发展创造了充分的条件，是否满足了人们发展的需求，正确地处理了人、社会和国家的关系。因此，国家认同包含在国家建设中，国家建设的好坏直接影响人们对国家的认同程度。国家制度的健全及其国家结构体系的优化必须要与所处的社会、历史和文化形成内在的契合，只有这样才能成为维系社会稳定、巩固国家的统一的动力和保障。英国近年来国内矛盾加剧，苏格兰在2023

---

[1] 林尚立：《现代国家认同建构的政治逻辑》，载《中国社会科学》2013年第8期。

年发起第二次全民公投申请，北爱尔兰的局势持续紧张，未来英国的走向到底会怎样，如何在制度上寻求优化，促进多元一体的协同发展，如何在政策上贯彻落实，实践国家建设和治理的基本价值，有待于英国的进一步探索和努力。

参考文献

一、中文文献

（一）经典文献

[1]《马克思恩格斯选集》（第一卷），中共中央马克思 恩格斯 列宁 斯大林著作编译局编译，人民出版社1995年版。

[2]《马克思恩格斯选集》（第二卷），中共中央马克思 恩格斯 列宁 斯大林著作编译局编译，人民出版社1995年版。

[3]《马克思恩格斯选集》（第四卷），中共中央马克思 恩格斯 列宁 斯大林著作编译局编译，人民出版社1995年版。

[4]《列宁选集》，人民出版社1995年版。

[5] 中共中央马克思 恩格斯 列宁 斯大林著作编译局编：《列宁专题文集、论辩证唯物主义和历史唯物主义》，人民出版社2009年版。

[6] 习近平：《论坚持推动构建人类命运共同体》，中央文献出版社2018年版。

[7]《习近平谈治国理政》（第一卷），外文出版社2018年版。

[8]《习近平谈治国理政》（第二卷），外文出版社2017年版。

[9] 中国社会科学院马克思主义研究院编：《马克思 恩格斯 列宁 论意识形态》，人民出版社2009年版。

（二）著作

[1]［英］安迪·格林：《教育、全球化与民族国家》，朱旭东等译，教育科学出版社2004年版。

[2]［英］安迪·格林：《教育与国家形成：英、法、美教育体系起源之比较》，王春华等译，教育科学出版社2004年版。

[3]［英］安东尼·D. 史密斯：《全球化时代的民族与民族主义》，龚维斌、良警宇译，中

央编译出版社 2002 年版。

[4] [英]安东尼·史密斯:《民族主义——理论、意识形态、历史》,叶江译,上海世纪出版集团 2011 年版。

[5] [英]安东尼·吉登斯:《民族-国家与暴力》,胡宗泽等译,生活·读书·新知三联书店 1998 年版。

[6] [英]安东尼·吉登斯:《现代性的后果》,田禾译,译林出版社 2000 年版。

[7] [英]安东尼·吉登斯:《现代性与自我认同:现代晚期的自我与社会》,赵旭东、方文译,生活·读书·新知三联书店 1998 年版。

[8] [英]阿萨·布里格斯:《英国社会史》,陈叔平等译,商务印书馆 2015 年版。

[9] [美]艾恺:《世界范围内的反现代化思潮——论文化守成主义》,贵州人民出版社 1991 年版。

[10] [英]奥尔德里奇:《简明英国教育史》,李洪绪等译,人民教育出版社 1987 年版。

[11] [英]厄内斯特·盖尔纳:《民族与民族主义》,韩红译,中央编译出版社 2002 年版。

[12] [美]本尼迪克特·安德森:《想象的共同体:民族主义的起源与散布》,吴叡人译,上海人民出版社 2005 年版。

[13] [加]查尔斯·泰勒:《自我的根源:现代认同的形成》,韩震等译,译林出版社 2001 年版。

[14] 陈立思主编:《当代世界的思想政治教育》,中国人民大学出版社 1999 年版。

[15] 陈立思主编:《比较思想政治教育》,中国人民大学出版社 2018 年版。

[16] 车文博主编:《弗洛伊德主义原著选辑》,辽宁人民出版社 1988 年版。

[17] [英]戴维·米勒:《论民族性》,刘曙辉译,译林出版社 2010 年版。

[18] 党的二十大报告辅导读本编写组编著:《党的二十大报告辅导读本》,人民出版社 2022 年版。

[19] [美]戴维·罗伯兹:《英国史:1688 年至今》,鲁光桓译,中山大学出版社 1990 年版。

[20] [英]德里克·希特:《何谓公民身份》,郭忠华译,吉林出版集团有限责任公司 2007 年版。

[21] 《法学词典》编辑委员会编:《法学词典》,上海辞书出版社 1984 年版。

[22] 复旦大学历史系、复旦大学中外现代化进程研究中心编:《近代中国的国家形象与国家认同》,上海古籍出版社 2003 年版。

[23] [英]高士:《英国公民教育》,黄嘉德译,商务印书馆 1938 年版。

[24] [英]弗里德利希·冯·哈耶克:《自由秩序原理》,邓正来译,生活·读书·新知三联书店 1997 年版。

[25] 胡斌武:《社会转型时期学校德育的现代化》,中央编译出版社 2006 年版。

[26] [英] 霍布豪斯:《自由主义》,朱曾汶译,商务印书馆1996年版。

[27] [英] 霍布斯:《论公民》,应星、冯克利译,贵州人民出版社2003年版。

[28] [英] 霍布斯:《利维坦》,黎思复、黎廷弼译,商务印书馆1985年版。

[29] [英] 埃里克·霍布斯鲍姆:《民族与民族主义》,李金梅译,上海人民出版社2000年版。

[30] [英] F.E.霍利迪:《简明英国史》,洪永珊译,江西人民出版社,1985年版。

[31] [德] J.G.赫尔德:《论语言的起源》,姚小平译,商务印书馆1998年版。

[32] 暨爱民:《国家认同建构:基于民族视角的考察》,社会科学文献出版社2016年版。

[33] 江山野主编:《英国学校课程》,河北教育出版社2001年版。

[34] 姜守明:《从民族国家走向帝国之路》,南京师范大学出版社2000年版。

[35] [德] 卡尔·施米特:《论断与概念:在与魏玛、日内瓦、凡尔赛的斗争中(1923—1939)》,朱雁冰译,上海人民出版社2006年版。

[36] 瞿葆奎主编、金含芬选编:《英国教育改革》,人民教育出版社1993年版。

[37] 蓝维等:《公民教育:理论、历史与实践探索》,人民出版社2007年版。

[38] 李丁:《英国青少年公民教育研究》,人民出版社2012年版。

[39] [英] 琳达·科利:《英国人:国家的形成,1707-1837年》,周玉鹏、刘耀辉译,商务印书馆2017年版。

[40] 李立国:《工业化时期英国教育变迁的历史研究:以教育与工业化的关系为视角》,广西师范大学出版社2010年版。

[41] [英] 劳伦斯·詹姆斯:《大英帝国的崛起与衰落》,张子悦、解永春译,中国友谊出版公司2018年版。

[42] 李友梅等:《社会认同:一种结构视野的分析——以美、德、日三国为例》,上海人民出版社、格致出版社2007年版。

[43] 李慎明主编:《马克思主义国际问题基本原理(上、下册)》,社会科学文献出版社2008年版。

[44] [美] 罗伯特·A·达尔:《现代政治分析》,王沪宁、陈峰译,上海译文出版社1987年版。

[45] 刘晓明主编:《人本的教育:英国教育考察》,南京师范大学出版社2004年版。

[46] 刘新科:《国外教育发展史纲》,中国人民大学出版社2007年版。

[47] 刘争先:《公民教育与国家建构的互动关系研究——基于中国近代公民教育史的考察》,浙江教育出版社2021年版。

[48] 吕达、周满生主编:《当代外国教育改革著名文献(英国卷·第二册)》,人民教育出版社2004年版。

[49] 吕达、周满生主编:《当代外国教育改革著名文献(英国卷·第一册)》,人民教育

出版社 2004 年版。

[50] [英] P. J. 马歇尔主编：《剑桥插图大英帝国史》，樊新志译，世界知识出版社 2004 年版。

[51] [法] 马里旦：《人和国家》，霍宗彦译，商务印书馆 1964 年版。

[52] [德] 马克斯·韦伯：《支配社会学》，康乐、简惠美译，广西师范大学出版社 2010 年版。

[53] 马戎：《族群、民族与国家构建：当代中国民族问题》，社会科学文献出版社 2012 年版。

[54] 马胜利、邝杨主编：《欧洲认同研究》，社会科学文献出版社 2008 年版。

[55] [美] 曼纽尔·卡斯特：《认同的力量》，夏铸九等译，社会科学文献出版社 2003 年版。

[56] [英] 奥德丽·奥斯勒、休·斯塔基：《变革中的公民身份：教育的民主与包容》，王啸、黄玮珊译，教育科学出版社 2012 年版。

[57] 钱乘旦、许洁明：《大国通史·英国通史》，上海社会科学院出版社 2007 年版。

[58] 钱乘旦、陈晓律：《在传统与变革之间：英国文化模式溯源》，江苏人民出版社 2010 年版。

[59] 秦树理主编：《国外公民教育概览》，郑州大学出版社 2005 年版。

[60] 汝信主编、中国社会科学院文献情报中心、重庆出版社合编：《社会科学新辞典》，重庆出版社 1988 年版。

[61] [美] 塞缪尔·亨廷顿：《文明的冲突与世界秩序的重建》，周琪等译，新华出版社 1998 年版。

[62] [美] 塞缪尔·亨廷顿：《我们是谁？——美国国家特性面临的挑战》，程克雄译，新华出版社 2005 年版。

[63] 时延春主编：《公民政治素质研究》，郑州大学出版社 2005 年版。

[64] 沈壮海主编：《新编思想政治教育学原理》，中国人民大学出版社 2022 年版。

[65] 孙兰芝主编：《公民教育的国际视野》，西南师范大学出版社 2005 年版。

[66] 檀传宝：《学校道德教育原理》，教育科学出版社 2003 年版。

[67] 唐克军：《英国学校公民教育》，中国社会科学出版社 2021 年版。

[68] [美] 托马斯·雅诺斯基：《公民与文明社会》，柯雄译，辽宁教育出版社 2000 年版。

[69] 托尼·布莱尔：《新英国：我对一个年轻国家的展望》，曹振寰等译，世界知识出版社 1998 年版。

[70] 王承绪、徐辉主编：《战后英国教育研究》，江西教育出版社 1992 年版。

[71] 王振华主编：《撒切尔主义——80 年代英国内外政策》，中国社会科学出版社 1992 年版。

[72] [加] 威尔·金里卡：《当代政治哲学》，刘莘译，上海三联书店 2003 年版。
[73] [加] 威尔·金里卡：《少数的权利民族主义、多元文化主义和公民》，邓红风译，上海译文出版社 2005 年版。
[74] [加] 威尔·金里卡：《自由主义、社群与文化》，应奇、葛水林译，上海世纪出版集团 2005 年版。
[75] 吴文侃主编：《中小学公民素质教育国际比较》，人民教育出版社 2001 年版。
[76] 衣俊卿：《文化哲学十五讲》，北京大学出版社 2004 年版。
[77] [德] 威廉·冯·洪堡特：《论人类语言结构的差异及其对人类精神发展的影响》，姚小平译，商务印书馆 2011 年版。
[78] 阎照祥：《英国史》，人民出版社 2003 年版。
[79] 阎照祥：《英国政治制度史》，人民出版社 1999 年版。
[80] [古希腊] 亚里士多德：《政治学》，吴寿彭译，商务印书馆 1965 年版。
[81] [英] 约翰·洛克：《教育漫话》，徐大建译，商务印书馆 2018 年版。
[82] [美] 约翰·罗尔斯：《罗尔斯论文全集》，陈肖生等译，吉林出版集团有限责任公司 2013 年版。
[83] [德] 尤尔根·哈贝马斯：《包容他者》，曹卫东译，上海人民出版社 2002 年版。
[84] [德] 尤尔根·哈贝马斯：《后民族结构》，曹卫东译，上海人民出版社 2002 年版。
[85] [德] 尤尔根·哈贝马斯：《在事实与规范之间：关于法律和民主法治国的商谈理论》，童世骏译，生活·读书·新知三联书店 2003 年版。
[86] 张耀灿：《思想政治教育学科建设研究》，中国人民大学出版社 2017 年版。
[87] 祝怀新：《英国基础教育》，广东教育出版社 2003 年版。
[88] 周平：《民族政治学》，高等教育出版社 2007 年版。
[89] [美] 茱迪·史珂拉：《美国公民权——寻求接纳》，刘满贵译，上海人民出版社 2006 年版。

（三）期刊论文

[1] 陈鸿莹：《英国公民教育简述》，载《外国教育研究》2003 年第 9 期。
[2] 曹群：《论思想政治教育的实践性及其体现与发挥》，载《思想教育研究》2018 年第 11 期。
[3] [英] 大卫·伯内特：《英国的多元文化教育与公民教育》，刘绪译，载《湖南师范大学教育科学学报》2014 年第 4 期。
[4] 范微微等：《多元文化社会中的国家建构与公民教育》，载《教育学报》2012 年第 5 期。
[5] 冯建军：《公民身份的国家认同：时代挑战与教育应答》，载《社会科学战线》2012 年第 7 期。

[6] 高永久、朱军：《论多民族国家中的民族认同与国家认同》，载《民族研究》2010 年第 2 期。

[7] 顾成敏：《公民教育与国家认同》，载《郑州大学学报（哲学社会科学版）》2011 年第 4 期。

[8] 韩震：《以文化认同熔铸国家认同》，载《中国党政干部论坛》2014 年第 5 期。

[9] 韩震：《全球化时代的公民教育与国家认同及文化认同》，载《社会科学战线》2010 年第 5 期。

[10] 韩震：《教育如何促进国家认同？》，载《人民教育》2015 年第 20 期。

[11] 贺金瑞、燕继荣：《论从民族认同到国家认同》，载《中央民族大学学报（哲学社会科学版）》2008 年第 3 期。

[12] 贺敏：《十八世纪不列颠民族认同及启示》，载《青海社会科学》2017 年第 5 期。

[13] 侯明华：《民族共同语与英格兰身份认同》，载《浙江学刊》2017 年第 2 期。

[14] 胡君进、刘争先：《中国公民教育研究述评（2011-2015 年）：取向、对象与方法》，载《中国人民大学教育学刊》2017 年第 2 期。

[15] 胡琦：《新教与近代早期英格兰民族认同》，载《历史教学（下半月刊）》，2012 年第 9 期。

[16] 黄崴、黄晓婷：《近十年公民教育研究的回顾与展望》，载《清华大学教育研究》2009 年第 1 期。

[17] 黄岩：《试论全球化与国家认同》，载《前沿》2007 年第 11 期。

[18] 贾美华：《英国公民教育案例研究》，载《教育科学研究》2018 年第 8 期。

[19] 贾志斌：《如何加强少数民族大学生的国家认同教育》，载《西北民族大学学报（哲学社会科学版）》2011 年第 1 期。

[20] 蒋一之：《英国公民教育的历史变革与现状分析》，载《外国教育研究》2003 年第 11 期。

[21] 姜守明：《教皇权的衰落与英国民族国家的兴起》，载《辽宁大学学报（哲学社会科学版）》2006 年第 1 期。

[22] 金太军、姚虎：《国家认同：全球化视野下的结构性分析》，载《中国社会科学》2014 年第 6 期。

[23] 孔德永：《政治认同的逻辑》，载《山东大学学报（哲学社会科学版）》2007 年第 1 期。

[24] 乐先莲：《英国公民资格观及其在公民教育中的实践》，载《比较教育研究》2014 年第 10 期。

[25] 李崇富等：《全球化进程中的国家认同》，载《中国社会科学》2013 年第 9 期。

[26] 李崇富：《马克思主义国家观和国家认同问题》，载《中国社会科学》2013 年第

9 期.

[27] 李兰芬:《国家认同视域下的公民道德建设》,载《中国社会科学》2014 年第 12 期.

[28] 李素华:《政治认同的辨析》,载《当代亚太》2005 年第 12 期.

[29] 李远龙:《广西防城港市的族群认同(上)》,载《广西民族学院学报(哲学社会科学版)》1999 年第 1 期.

[30] 李萍、钟明华:《公民教育——传统德育的历史性转型》,载《教育研究》2002 年第 10 期.

[31] 李晓丽、曾长秋:《传统与变革中的英国公民教育》,载《西南科技大学学报(哲学社会科学版)》2009 年第 3 期.

[32] 李智环:《民族认同与国家认同研究述论》,载《西南科技大学学报(哲学社会科学版)》2012 年第 2 期.

[33] 李泽生:《从母国到共享文化:演进中的英联邦认同》,载《西南大学学报(社会科学版)》2013 年第 2 期.

[34] 林亚芳:《英国的公民教育》,载《江西教育科研》2001 年第 10 期.

[35] 林尚立:《现代国家认同建构的政治逻辑》,载《中国社会科学》2013 年第 8 期.

[36] 刘丙元:《英国青少年公民道德教育的发展趋势及其启示》,载《当代教育科学》2020 年第 3 期.

[37] 刘丹:《全球化时代的公民身份变迁与国家认同的建构》,载《思想理论教育》2012 年第 11 期.

[38] 刘德林:《简析英国现代民族国家的形成与英帝国的建立》,载《东北农业大学学报(社会科学版)》2018 年第 3 期.

[39] 刘海涛、张月梅:《英国公民教育及其意义》,载《继续教育研究》2017 年第 1 期.

[40] 刘社欣、王仕民:《文化认同视域下的国家认同》,载《学术研究》2015 年第 2 期.

[41] 刘志来:《麦考莱的历史撰述与英国国家认同的建构》,载《湖北第二师范学院学报》2015 年第 11 期.

[42] 吕大永:《脱欧对英国民族国家身份认同的挑战》,载《管理观察》2018 年第 26 期.

[43] 宁莹莹:《政府主导时期英国公民教育发展的特点及启示》,载《中小学德育》2013 年第 7 期.

[44] 欧阳景根:《社会主义多民族国家制度性国家认同的实现机制》,载《浙江社会科学》2011 年第 5 期.

[45] 潘兴明:《英国国家身份认同:理论、实践与历史考察》,载《英国研究》2009 年第 1 辑.

[46] 彭丽婷:《英国中小学公民素养教育及实施方法》,载《现代教育论丛》2018 年第 5 期.

[47] 史志钦、田园：《身份认同危机与英国反恐政策的困境》，载《当代世界社会主义问题》2018年第4期。

[48] 沈桂萍：《对多民族国家一体化建构若干问题的思考》，载《中央社会主义学院学报》2004年第3期。

[49] 唐克军、蔡迎旗：《科瑞克与英格兰公民教育的理论想象》，载《华中师范大学学报（人文社会科学版）》2016年第6期。

[50] 陶翀、饶从满：《英国人国家认同建构中的公民教育：作用考察与背景分析》，载《外国教育研究》2018年第11期。

[51] 王海燕：《文化价值认同视角下英国公民教育对我国思想政治教育的借鉴研究》，载《改革与开放》2014年第10期。

[52] 王璐、王向旭：《从多元文化主义到国家认同和共同价值观——英国少数民族教育政策的转向》，载《比较教育研究》2014年第9期。

[53] 王葎：《〈科瑞克报告〉20年看英国公民价值观教育》，载《当代中国价值观研究》2018年第3期。

[54] 王颖、秦裕华：《关于新疆民族文化认同与宗教认同》，载《新疆大学学报（哲学人文社会科学版）》2008年第6期。

[55] 王卓君、何华玲：《全球化时代的国家认同：危机与重构》，载《中国社会科学》2013年第9期。

[56] 韦平：《多元文化主义在英国的成与"败"》，载《世界民族》2016年第3期。

[57] 韦平：《多元文化主义之后：英国的共同体凝聚政策》，载《世界民族》2019年第2期。

[58] ［加］威尔·金里卡：《多民族国家中的认同政治》，刘曙辉译，载《马克思主义与现实》2010年第2期。

[59] 乌小花、李安然：《坚守中国道路自信：对英国国家认同危机的反思》，载《世界民族》2017年第6期。

[60] 吴海荣：《教育分权下英国学校公民教育的课程差异与困境》，载《外国教育研究》2014年第7期。

[61] 吴海荣：《多元文化背景下英国学校公民教育的内在张力》，载《现代中小学教育》2015年第12期。

[62] 徐新建：《英国不是"不列颠"——兼论多民族国家身份认同的比较研究》，载《世界民族》2012年第1期。

[63] 伊恩·戴维斯、陈代波：《英国公民教育与文化传统——伊恩·戴维斯教授访谈》，载《学术月刊》2015年第12期。

[64] 于春洋：《英国民族国家的历史建构与身份认同困境》，载《西北师大学报（社会科

学版）》2016 年第 2 期。

[65] 于海涛、金盛华：《国家认同的研究现状及其研究趋势》，载《心理研究》2013 年第 4 期。

[66] 王缉思：《民族与民族主义》，载《欧洲》1993 年第 5 期。

[67] 王业昭：《英格兰民族的构建与民族特性的演变》，载《世界民族》2009 年第 3 期。

[68] 肖滨：《公民认同国家的逻辑路与现实图景——兼答对"匹配论"的若干质疑》，载《中山大学学报（社会科学版）》2011 年第 4 期。

[69] 肖滨：《两种公民身份与国家认同的双元结构》，载《武汉大学学报（哲学社会科学版）》2010 年第 1 期。

[70] 詹小美、王仕民：《文化认同视域下的政治认同》，载《中国社会科学》2013 年第 9 期。

[71] 张灯、蒲瑶：《刍议公民教育与思想政治教育之关系》，载《西北工业大学学报（社会科学版）》2016 年第 4 期。

[72] 张雪琴：《国家认同视域中公民身份的内涵检视和生成机制研究》，载《河南社会科学》2018 年第 10 期。

[73] 张天浩：《十八大以来中国特色社会主义公民教育研究综述》，载《渭南师范学院学报》2018 年第 14 期。

[74] 赵倩倩：《基于公共生活的英国大学公民教育路径特色研究》，载《课程教育研究》2018 年第 51 期。

[75] 赵明玉、范微微：《现代民族国家建构视阈中的公民认同教育》，载《比较教育研究》2013 年第 7 期。

[76] 郑航：《英国中小学公民教育的发展及其特点》，载《外国中小学教育》2000 年第 4 期。

[77] 周光辉、李虎：《领土认同：国家认同的基础——构建一种更完备的国家认同理论》，载《中国社会科学》2016 年第 7 期。

[78] 周光辉、刘向东：《全球化时代发展中国家的国家认同危机及治理》，载《中国社会科学》2013 年第 9 期。

[79] 周光辉：《国家认同的规范之维》，载《学习与探索》2016 年第 8 期。

[80] 周长鲜：《英国青年议会及其对国家认同的塑造机制》，载《新视野》2016 年第 1 期。

[81] 曾亚勇：《国家认同危机与苏格兰独立问题的反思》，载《国际关系研究》2015 年第 3 期。

（四）学位论文及其他

[1] 陈鸿莹：《英国中小学公民教育的特质及其影响因素研究》，东北师范大学 2004 年硕

士学位论文。

[2] 丁燕:《公民核心价值观教育研究》,山东大学 2015 年博士学位论文。

[3] 丁野:《英国中学公民教育发展的新趋势:"积极公民"培育》,华东师范大学 2015 年硕士学位论文。

[4] 杜兰晓:《大学生国家认同研究》,浙江大学 2014 年博士学位论文。

[5] 樊丽:《英国政治传统视域下的公民教育问题研究》,江西师范大学 2014 年硕士学位论文。

[6] 付铁男:《美国现代化进程中的公民教育与道德教育关系》,东北师范大学 2010 年博士学位论文。

[7] 管晓婧:《思想政治教育国际比较的借鉴问题研究》,东北师范大学 2021 年博士学位论文。

[8] 黄艳娥:《当代大学生公民意识教育研究》,华中师范大学 2013 年博士学位论文。

[9] 姬振旗:《20 世纪 80 年代以来英国中小学公民教育研究》,河北师范大学 2009 年博士学位论文。

[10] 李阳:《维多利亚时代后期英国中产阶级的教育改革——以伦敦教育委员会（1870-1904）为例》,南京大学 2013 年博士学位论文。

[11] 刘向东:《文化多元语境下的国家认同建构——多元文化主义逻辑下族群权利与国家认同关系分析》,吉林大学 2015 年博士学位论文。

[12] 粮建中:《从民族性到全球化:英国"现代英语"教育的变迁研究》,湖南师范大学 2019 年博士学位论文。

[13] 宁莹莹:《政府主导时期的英国公民教育研究》,南京师范大学 2013 年硕士学位论文。

[14] 邱琳:《英国学校价值教育研究》,武汉大学 2010 年博士学位论文。

[15] 沈晓晨:《反新疆分裂斗争中的国家认同问题研究》,兰州大学 2014 年博士学位论文。

[16] 苏守波:《美国现代化进程中的公民教育研究》,东北师范大学 2010 年博士学位论文。

[17] 田挺:《国家认同建构的政治传播路径研究》,东南大学 2017 年硕士学位论文。

[18] 韦诗业:《民族认同与国家认同的和谐关系建构研究》,武汉大学 2012 年博士学位论文。

[19] 巫阳朔:《中美高校思想政治教育比较研究》,中共中央党校 2012 年博士学位论文。

[20] 吴艳华:《新疆少数民族大学生国家认同教育发展研究》,华中师范大学 2016 年博士学位论文。

[21] 徐小田:《国家认同视角下英国中小学公民教育研究》,山东师范大学 2021 年硕士学位论文。

[22] 姚文帅:《国家认同的价值研究》,中央民族大学 2016 年博士学位论文。

[23] 赵颖:《文化公民身份与国家认同研究》,东南大学 2015 年博士学位论文。

[24] 赵明玉:《现代化进程中的英国公民教育研究》,东北师范大学 2008 年博士学位论文。

[25] 张金洪:《全球化时代的族群认同与国家认同研究——以四川凉山彝族为个案》,西北工业大学 2018 年博士学位论文。

二、英文文献

(一) 著作

[1] Andrew Simpson, *Language and national identity in Asia*, Oxford University Press, 2007.

[2] Anthony D. Smith, *National Identity*, University of Nevada Press, 1991.

[3] Audrey Osler, *Citizenship and Democracy in Schools: Diversity, Identity, Equality*, Trentham Books Ltd, 2000.

[4] Banks, J. A., Democracy and Diversity: *Principles and Concepts for Educating Citizens in a Global age*, University of Washington Press, 2005.

[5] Carter V. Good, Winifred R Merkel, *Dictionary of Education*, McGraw-Hill, 1945.

[6] Carolyn P. Boyd, *Historia Patria: Politics, History and National Identity in Spain, 1875-1975*, Princeton University Press, 1997.

[7] Anthon P. Cohen, *The Symbolic Construction of Community*, Routledge, 1985.

[8] Denis Lawton, et al., *Education for Citizenship*, Cromwell Press, 2000.

[9] Derek Heater, *A History of Education for Citizenship*, RoutledgeFalmer, 2004.

[10] Derek Heater, *Citizenship: the Civic Ideal in World History, Politics and Education*, Longman Group UK Limited, 1990.

[11] David Kerr, *Citizenship: Local, National and International*, in *Learning to Teach Citizenship in the Secondary School*, RoutledgeFalmer, 2003.

[12] Keith Faulks, T., *Citizenship in Modern Britain*, Edinburgh University Press, 1998.

[13] David Powell, *Nationhood and Identity: The British State Since* 1800, IB Tauris, 2002.

[14] Gadamer, Hans-Georg, Truth and Method, Continuum Press, 1994.

[15] Hansen, R., British Citizenship after Empire: A Defence, The Political Quarterly Publishing Co. Ltd, 2000.

[16] Ian Davies, 100+*Ideas for Teaching Citizenship*, Continuum International Publishing Group, 2011.

[17] J. J. Findley, A. Thomas, *Arnold of Rugby: His School Life and Contributions to Education*, Cambridge University Press, 1898.

[18] Jose Harris, "Nationality, Rights and Virtue: Some Approaches to Citizenship in Great Brit-

ain", in R. Bellamy, et al., eds., *Linedyes of European Citizenship Palgrare Macmillan*, 2004.

[19] Kerry J. Kennedy (ed.), *Citizenship Education and the Modern State*, RoutLedge Falmer, 1997.

[20] Krishan Kumar, *Visions of Empire: How Five Imperial Regimes Shaped the World*, Princetion University Press, 2017.

[21] Krishan Kumar, *The Making of English National Identity*, Cambridge University Press, 2003.

[22] Mary Anne Perkins, *Nation and Word*, 1770-1850: Religious and Metaphysical Language in European National Consciousness*, Routledge, 2016.

[23] Orit Ichilov, eds., *Citizenship and Citizenship Education in a Changing World*, Routledge, 2013.

[24] Pattie, C, et al., *Citizenship in Britain: Values, Participation and Democracy*, Cambridge University Press, 2004.

[25] Peter J. Hemming, Elena Hailwood., "Religious Citizenship in Schools in England and Wales: Responses to Growing Diversity", in Andrew Peterson, et al., eds., *The Palyrave Handbook of Citizenship and Education*, Palgrave Macmilan, 2018.

[26] Srividhya Swaminathan, *Debating the Slave Trade: Rhetoric of British National Identity*, 1759-1815, Routledge, 2009.

[27] Thomas Marshell, Tom Bottomore, *Citizenship and Social Class*, Pluto Press, 1992.

[28] T. H. Eriksen, "Ethnic Identity, National Identity and Intergroup Conflict: The significance of personal experiences", in R. D. Ashmore, et al., eds., *Social Identity, Intergroup Contlict and Contlict Reduction*, Oxford University Press, 2018.

[29] Tim Edensor, *National Identity, Popular Culture and Everyday Life*, Routledge, 2002.

[30] Keith Ajegbo, et al., *Curriculum Review: Diversity and Citizenship*, DFES, 2007.

(二) 期刊论文及其他

[1] Alexander, C., et al., "Contesting Cultural Communities: Language, Ethnicity and Citizenship in Britain", *Journal of Ethnic and Migration studies*, Vol. 33, No. 5., 2007.

[2] Audrey Osler, "Patriotism, Multiculturalism and Belonging: Political Discourse and the Teaching of history", *Educational Review*, Vol. 61, No. 1., 2009.

[3] Audrey Osler, Hugh Starkey, "Citizenship Education and National Identities in France and England: Inclusive or exclusive?", *Oxford Review of Education*, Vol. 27, No. 2., 2001.

[4] Biku Parekh, "Defining British National Identity", *Political Quarterly*, Vol. 71, No. 1., 2000.

[5] Claire Tinker, "Rights, Social Cohesion and Identity: Arguments for and against State-funded Muslim Schools in Britain", *Race Ethnicity and Education*, Vol. 12, No. 4., 2009.

[6] Cochrane, R., et al., "Politics and values in Britain: A test of Rokeach's two-value mod-

el", *British Journal of Social and Clinical Psychology*, Vol. 18, No. 2., 1979.

[7] Debi Roker, et al., "Young People's Voluntary and Campaigning Activities as Sources of Political Education", *Oxford Review of Education*, Vol. 25, No. 1-2., 1999.

[8] Elton-Chalcraft, S., et al., "To Promote, or not to Promote Fundamental British Values? Teachers' Standards, Diversity and Teacher Education", *British Educational Research Journal*, Vol. 43, No. 1., 2017.

[9] Farrell, F., "Why all of a sudden Do We Need to Teach Fundamental British values? A Critical Investigation of Religious Education Student Teacher Positioning within a Policy discourse of Discipline and Control", *Journal of Education for Teaching*, Vol. 42, No. 3., 2016.

[10] Fenton, S., "Indifference towards National Identity: What Young Adults Think about being English and British", *Nations and Nationalism*, Vol. 13, No. 2., 2007.

[11] Guibernau, M., "National identity, Devolution and Secession in Canada, Britain and Spain", *Nations and Nationalism*, Vol. 12, No. 1., 2006.

[12] Hassen Zriba, "Exclusiveness and Inclusiveness in the British National Identity", *International Journal of Multicultural and Multireligious Understanding*, Vol. 5, No. 2., 2018.

[13] Hugh Starkey, "Citizenship Education in France and Britain: Evolving Theories and Practices", *the Curriculum Journal*, Vol. 11, No. 1., 2000.

[14] Ingrid Storm, "Ethnic Nominalism and Civic Religiosity Christianity and National Identity in Britain", *The Sociological Review*, Vol. 59, No. 4., 2011.

[15] Kumar, K., "Nation and Empire: English and British National Identity in Comparative Perspective", *Theory & Society*, Vol. 29, No. 5., 2000

[16] Kumar, K., "English and British National Identity", *History Compass*, Vol. 4, No. 3., 2006.

[17] Langlands, R., "Britishness or Englishness? The Historical Problem of National Identity in Britain", *National and Nationalism*, Vol. 5, No. 1., 1999.

[18] Levine-Clark, M., "From 'Relief' to 'Justice and Protection': The Maintenance of Deserted Wives, British Masculinity and Imperial Citizenship, 1870-1920", *Gender and History*, Vol. 22, No. 2., 2010.

[19] Linda Morrice, "British Citizenship, Gender and Migration: the Containment of Cultural Differences and the Stratification of Belonging", *British Journal of Sociology of Education*, Vol. 38, No. 5., 2017.

[20] Manning A., Roy. s, "Culture Clash or Culture Club? National Identity in Britain : The Journal of the Royal Economic Society", *The Economic Journal*, Vol. 120, No. 542., 2010.

[21] Marsh, A., "The 'Silent Revolution,' . Value Priorities, and the Quality of Life in Britain", *The American Political Science Review*, Vol. 69, No. 1., 1975.

[22] David McCrone, "Unmasking Britannia: the Rise and Fall of British National Identity", *Nations and Nationalism*, Vol. 3, No. 4., 1997.

[23] McGuigan, J., "British Identity and 'the people's princess'", *The Sociological Review*, Vol. 48, No. 1., 2000.

[24] Modood, T., "Establishment, Muliticulturalism and British Citizenship", *The Political Quarterly*, Vol. 65, No. 1., 1994.

[25] Nasar Meer, et al., "Embodying Nationhood? Conceptions of British National Identity, Citizenship, and Gender in the 'Veil Affair'", *The Sociological Review*, Vol. 58, No. 1., 2010.

[26] Laura O'Connor, Daniel Faas, "The Impact of Migration on National Identity in a Globalized World: A Comparison of Civic Education Curricula in England, France and Ireland", *Irish Educational Studies*, Vol. 31, No. 1., 2012.

[27] R Bilali., et al., "The Role of National Identity, Religious Identity, and Intergroup Contact on Social Distance across Multiple Social Divides in Turkey", *International Journal of Intercultural Relations*, Vol. 65, 2018.

[28] Rhys Andrews, AndrewMycock, "Dilemmas of Devolution: The 'Politics of Britishness' and Citizenship Education", *British Politics*, Vol. 3, No. 2., 2008.

[29] Speck, W. A., "Will the Real 18th Century Stand up?", *The Historical Journal*, Vol. 34, No. 1., 1991.

[30] Struthers, A. EC., "Teaching British Values in Our School: But Why not Human Rights Values", *Social & Legal Studies*, Vol. 26, No. 1., 2017.

[31] Wolton, S., "Immigration Policy and the 'Crisis of British Values'", *Citizenship Studies*, Vol. 10, No. 4, 2006.

[32] Ken Fogelman, "Citizenship Education in England", in Kerry kennedy (ed.), *Citizenship Education and the Modem State*, Routlendge, 1997.

[33] Bernard Crick, "Education for citizenship and the teaching of democracy in schools", *Final report of the Advisory Group on Citizenship*, Qualifications & Curriculum Authority, 1998.

[34] Henry Erskine Cowper, "British Education, Public and Private and the British Empire, 1880–1930", Ph. D. Dissertation of University of Edinburgh, 1979.

[35] Department for Education. Promoting Fundamental British Values as part of SMSC, https://www.gov.uk/government/publications/promoting-fundamental-british-values-through-smsc.

[36] Trence H. Mclaughlin, "Citizenship Education in England: The Crick Report and Beyond", *Journal of Philosophy of Education*, Vol. 34, No. 4., 2000.